信息时代的银行服务

战 松 编著

中国财政经济出版社

图书在版编目（CIP）数据

信息时代的银行服务/战松编著．—北京：中国财政经济出版社，2011.7
ISBN 978－7－5095－2991－1

Ⅰ.①信…　Ⅱ.①战…　Ⅲ.①信息技术－应用－银行－商业服务－研究
Ⅳ.①F830.4－39

中国版本图书馆 CIP 数据核字（2011）第 135050 号

责任编辑：翁晓红　　　　责任校对：王　英
封面设计：郁　佳　　　　版式设计：兰　波

中国财政经济出版社出版

URL：http：//www.cfeph.cn

E－mail：cfeph＠cfeph.cn

社址：北京市海淀区阜成路甲 28 号　邮政编码：100142

发行处电话：88190406　财经书店电话：64033436

三河市国英印务有限公司印刷　各地新华书店经销

787×960 毫米　16 开　15.5 印张　237 000 字

2011 年 7 月第 1 版　2011 年 7 月河北第 1 次印刷

定价：32.00 元

ISBN 978－7－5095－2991－1/F・2533

（图书出现印装问题，本社负责调换）

本社质量投诉电话：010－88190744

前 言

《信息时代的银行服务》是由花旗集团基金会支持的“金融信息教育系列丛书”的第三册。

经济的高速发展离不开金融创新，信息技术是推动金融服务产业不断创新的重要动力。一个健康的、安全的、有活力的信息技术产业能满足中国金融业不断变化的需求，这对金融产业和整体经济的持续发展至关重要。花旗集团充分认识到金融信息教育的重要性，并在国内对该领域的发展给予长期支持。

本系列丛书的前两册《面向 IT 专业的银行实务基础》（西南财经大学出版社 2007 年版）和《银行信息系统管理概论》（中国金融出版社 2010 年版）出版之后，在实际教学过程中得到了高校师生的积极反馈并获得了广泛好评。在此基础上，第三册书《信息时代的银行服务》系统地梳理了信息技术产业与银行产业相互促进的发展和变迁脉络。信息技术的发展对改变传统银行生存和服务的模式产生了颠覆性的作用，也带来了全新的挑战。如何在信息时代探索创新的银行运营与服务模式，是值得学术界和业界不断关注和思索的课题，本书进行了很好的尝试，相信能为推动高校金融信息教育、培养金融信息人才提供助力。

在此，我要特别感谢西南财经大学金融学院、四川大学经济学院、西安交通大学银行信息管理系、中国科学院金融科技研究中心的专家们参与“金融信息教育系列丛书”的编写。本系列丛书将对关注金融信息技术教育的师生产生积极的影响。同时，我也要感谢工商银行、农业银行、兴业银行、民生银行、中国银行等行的四川分行为这套丛书最终出版付出的努力。

中国是当今全球经济增长最快的经济体之一，中国银行业在经济的快速增长中发挥了至关重要的作用。这是一个充满变化和经济结构调整的时代，更多变化意味着更多挑战和机遇，金融信息改革和创新也随之变得前所未有的重要。从这个意义上讲，这套丛书的出版发行恰逢其时。希望大家能从中得到收获。

欧兆伦

花旗中国首席执行官

花旗银行（中国）有限公司董事长

2011 年 7 月 6 日

目　录

1.

信息技术与信息时代

1.1

信息技术发展的阶段

当西方社会逐渐由中世纪进入文艺复兴时期，长期被宗教神权所压抑的自然科学得到了极大的发展空间，人类文明迸发出一系列耀眼的思想火花，其中一项重要技术就是出现了能帮助人进行计算的机器。从 17 世纪初一直到 20 世纪初，欧美各国出现了众多的机械式计算辅助设备，包括计算尺、差分机、制表机、按键式计算器等。

1642 年法国数学家帕斯卡发明了世界第一台机械式加法机，利用齿轮传动原理，通过手摇操作的方式进行加法计算（见图 1－1）。

【图 1－1】　世界第一台机械式加法机

1674 年德国数学家莱布尼茨发明了机械式乘法机，利用阶梯形轴和步进齿轮可以进行连续重复的加法运算（即乘法运算）（见图 1 –2）。

【图 1 –2】 机械式乘法机

1822 年英国数学家巴贝奇研制了差分机模型，能够把函数表的复杂算式转化为差分运算，并以简单的加法代替平方运算。囿于当时工业技术水平限制，主要零件无法达到实际运用所需的高精确度，最终未能投入使用（见图1 –3）。

【图 1 –3】 差分机模型

1834 年英国数学家巴贝奇研制的分析机模型，以蒸汽为动力，驱动齿轮机构运转进行运算，其中采用了三个具有现代意义的装置：（1）保存数据的齿轮式存储装置；（2）从存储装置读取数据的运算装置（以连续重复的加法来实现乘法运算）；（3）控制操作顺序、选择需处理的数据以及结果输出的装置（首次提出程序控制的构想）（见图 1－4）。

【图 1－4】 分析机模型

1878 年瑞典人奥涅尔在莱布尼茨的乘法机的基础上发明了手摇机械式计算机（见图 1－5）。

【图 1－5】 1936 年荷兰飞利浦公司制造的二进制手摇机械式计算机

20 世纪初，随着电子技术的飞速发展，例如电子管、继电器的相继发明和被应用于计算机上，计算机开始了质的转变，逐渐由以机械式为主体向以电子式为主体的过渡。尤其是 1939 年第二次世界大战爆发，为了满足战场通讯和后期保障的军事需要，同盟国和协约国都加强了对计算机技术的研发工作，极大地促进了信息技术的发展。

1938 年德国科学家朱斯采用电子管和继电器，利用电力驱动计算机（见图 1 –6）。

【图 1 –6】 1941 年研制的 Z –3 型计算机

1943 年 12 月，为了破译德国的密码，英国研制出世界上第一台应用型可编程计算机——“巨人”，它包括 1 500 个电子管，5 个处理器并行工作，每个处理器每秒能处理大约 5 000 个字符（见图 1 –7）。

【图 1 –7】 第二次世界大战期间，英国专为破译德军密码而研制的“巨人”计算机

1943 年，为了解决计算大量军用数据的难题，美国军械部拨款资助，由宾夕法尼亚大学的莫奇利和埃克特领导炮弹弹道数据研究小组，经过 3 年多的工作，于 1946 年 2 月 14 日研制成功了世界上第一台电子计算机“埃尼阿克”（ENIAC），宣告了人类信息时代的来临。“埃尼阿克”共使用近 18 000 个电子管，外加近 1 500 个继电器以及其他器件，总体积约 90 立方米，重达 30 吨，占地 170 平方米，运算速度为每秒 5 000 次加法，或者 400 次乘法，比机械式计算机的速度快 1 000 倍。当“埃尼阿克”公开展出时，计算炮弹轨道只需 20 秒，比炮弹自身的飞行速度还要快。有 500 万个焊接点，耗电 160 千瓦，其运算速度为每秒 5 000 次。电子管计算机主要采用真空电子管和磁鼓来存储数据，并且由于对应各种不同的特定任务，因此，操作指令即计算机语言都各不相同。

“埃尼阿克”首次实现了利用电子线路进行运算，但由于它没有存储器，只能够通过电子管做的寄存器寄存 10 个数码，因此当需要换算其他题目时，必须对电子线路进行重新焊接和编程，很费时间（见图 1－8）。

【图 1－8】 世界上第一台电子计算机“埃尼阿克”

第二次世界大战结束后，电子技术进一步发展，再加上各国政府和国际组织也开始尝试推动计算机技术在国民经济其他领域的应用，使信息技术得到了突飞猛进的发展。

1948 年，美国贝尔实验室发明了晶体管（见图 1－9），10 年后，采用晶体管和磁芯存储器的第二代电子计算机逐渐取代了体积大、耗能高、故障多、价格贵、通用性差的电子管计算机，极大提高了电子计算机的性能并降低了成本。晶体管的诞生，使人们步入了一个全新的电子世界，其体积小、重量轻、耗电省的优点，使得人们可以将以往一座大楼似的电子计算机制成立柜大小、而运算速度和可靠性还要大大超过其上一代的电子计算机。但早期的晶体管造价昂贵，主要用于需要进行大量数据处理的原子科学领域的超级计算机。

【图1-9】 电子管与晶体管

1951 年，J. Presper Eckert 和 John Mauchly 研制成功第一台商用计算机 UNIVAC-1，并被美国人口普查部门用于人口普查。这标志着电子计算机进入了一个崭新的、商业应用的时代。

1958 年，集成电路在美国德克萨斯仪器公司成功问世，并从 1963 年开始大规模普及在电子计算机上，电子计算机开始步入集成电路时代。20 世纪 60 年代，集成电路的发明，使得一台小型电子计算机便能容纳几千个电路，大一些的则可增加 100 倍以及更多，因此，电子计算机的体积变得更小，功耗更低，但运算速度变得更快，其可靠性也大为提高，不仅可以用于数值计算，同时也可以进行大规模的数据处理，并可以在中心程序的控制协调下同时运行多个不同的程序。集成电路是现代电子信息技术飞速进步的集中体现，以至于早在 1965 年，英特尔的创始人之一戈登·摩尔就提出了著名的摩尔定律：“集成电路上可容纳的晶体管数目，约每隔 18 个月便会增加 1 倍，其性能也将提升 1 倍。”

20 世纪 70 年代以后，大规模集成电路和超大规模集成电路相继研制成功（见图 1-10），尤其是具有革命性意义的微处理器的出现，使得包括运算器和控制器等在内的成千上万个电子元件都可以被集成在一块芯片上，这不但标志着信息技术在硬件领域的划时代成就，而且也扫清了电子计算机进入民用领域的技术壁垒，信息技术也被打上了“现代化”的烙印。同时，现代国际互联网 Internet 的雏形——美国军方的 ARPAnet 网络（Advanced Research Projects

Agency network）也基本成形，并向大学和商业部门等非军方机构开放接入，从此网络技术、多媒体技术在商用、民用领域也得到了空前的发展。电子计算机在商业应用中逐渐开始添加诸如打印机、磁带、磁盘、内存、操作系统等部件，提高了电子计算机的适应性，以更有效地用于商业用途。除了硬件领域的诸多成就之外，通用的高级电子计算机语言的出现，如 BASIC、COBOL、FORTRAN 等，不但使得为电子计算机设定指令（或编写程序）变得更加容易，而且还催生了新的职业（如程序员、分析员和计算机系统专家）和新的产业（如软件业）。DOS、WINDOWS、UNIX 等操作系统的相继出现，也使得电子计算机的操作更加方便和简单，民间应用和商业应用更加普及。纵观此后的现代信息技术的发展历程，可以分为以下几个阶段。

【图 1－10】　集成电路、大规模集成电路与超大规模集成电路

1.1.1　计算机基础软硬件的快速发展阶段

在对锗、硅等半导体材料的提炼和加工技术取得突破性进展之后，能够用

于复杂运算的集成电路得以研制成功，计算语言和算法以及操作指令也相应开发出来，使得集成电路能够程序化地实现既定的运算过程。这是现代信息技术发展的基础性变革。从此以后，人类借助可编程软件在电子计算机上的应用开启了人工智能之门。

1958 年夏，美国德克萨斯仪器公司在一个几平方毫米的基片上集中了几十个或上百个电子元件，并构成了一个逻辑电路，这便是世界上第一个半导体集成电路。而众多的小规模和中规模的集成电路构成了现代电子计算机的基本元件。这种高度集成化的电子计算机体积更小、速度更快、故障更少，受到国民经济各部门各行业的普遍欢迎。不久后，基于集成电路的微处理器也面世了，1971 年 Marcian E. Hoff 在 INTEL 公司开发成功第一块 4 位系统的微处理器 4004，包含有 2 300 个晶体管，时钟频率为 108 KHz，每秒执行 6 万条指令。1974 年 INTEL 公司发布了 8 位系统的微处理器芯片 8080。同年末，MITS 公司发布了第一台商用个人计算机 Altair 8800，售价 397 美元，内存仅为 256 个字节。1975 年，Bill Gates 和 Paul Allen 创办了 Micor Soft 公司，该公司目前已经成为全世界最大、最成功的软件公司，并完成了第一个在 MITS 的 Altair 计算机上运行的 BASIC 程序。1976 年，斯蒂芬·沃兹（Stephen Wozinak）和斯蒂芬·乔布斯（Stephen Jobs）创办苹果公司，并推出了针对个人用户的 Apple I 型计算机。1978 年，INTEL 公司推出了 16 位系统的微处理器 8086，同时又推出了价格低廉的 8 位系统的 8088 以满足低端的个人电子计算机市场的需要，这正是 IBM 公司的第一代个人电脑所采用的微处理器。

【小故事】斯蒂芬·乔布斯与苹果电脑

生长在硅谷附近的斯蒂芬·乔布斯，在中学期间结识了中学电子俱乐部负责人斯蒂芬·沃兹，两人同样都对电子学非常感兴趣。随着电子计算机技术的发展，两人都梦想着能够拥有一台自己的电子计算机，但是当时市面上的电子计算机都是体积庞大、价格不菲的商用机，于是两人开始考虑自行开发。不过此时的微处理器市场基本为英特尔公司的 8080 芯片所垄断，它不但售价昂贵(270 美元)，而且还不出售给未注册的公司或个人。1976 年，两人在旧金山威斯康星计算机产品展销会上购买到了与 8080 芯片的功能相差无几、但售价仅为 20 美元的由摩托罗拉公司开发的 6502 芯片。这两位斯蒂芬设计了一个电路板，将 6502 芯片和接口及其他一些部件安装在上面，并与键盘、视频显示器等外部设备连接在一起，于是就组装成功了世界上第一台个人电子计算机。

此后，为了将之推向市场并批量生产，两位斯蒂芬卖掉了自己的汽车和计算器，成立了一家名为“苹果”的电子计算机公司，并开始了小批量生产。1977 年，苹果公司在全美首届电子计算机展览会上推出了 Apple II 个人电子计算机，它一改过去个人电子计算机的沉重粗笨、设计复杂、难以操作的特点，变得十分小巧轻便、操作简便，并且可以安放在家中使用，广受市场好评。苹果电脑从此成为世界级的知名电子计算机品牌，苹果公司也凭借此产品一跃成为美国个人电子计算机行业龙头（见图 1 - 11）。

【图 1 - 11】 1977 年苹果公司推出的 Apple II 个人电子计算机

1979 年，IBM 公司不甘心个人电子计算机市场被苹果公司独占，开始与 INTEL 公司、微软公司等合作联合开发个人电子计算机。1981 年 IBM - PC（即 Personal Computer 个人电脑）问世，个人电子计算机的硬件市场竞争加剧。同时微软公司凭借其为 IBM 公司开发的 DOS 操作系统，为自己的日后崛起和发展壮大奠定了坚实的基础。个人电脑以及操作系统的开发和推广应用对电子信息技术和信息产业具有深远的影响，不但使信息技术的发展路径从面向军用和机构转为面向民用、商用和个人，甚至还引发了一系列的社会变革。直到现在，面向个人用户、面向商业用途仍然是信息技术发展的主要考虑因素（见图 1－12）。

【图 1－12】 IBM 公司推出的第一款针对个人用户的电脑产品——PC Model 5150，标志着个人电脑时代的来临

1980 年 10 月，微软公司在西雅图计算机产品公司程序员蒂姆·帕特森编写的 86－DOS 操作系统的基础上开发出了 MS－DOS 操作系统，由于其专门配合 IBM－PC 的开发设计策略，使得 MS－DOS 操作系统也常被世人称为“PC－DOS操作系统”。20 世纪 70 年代初，施乐公司便开始在电子计算机上研制和应用关于图形用户界面（即后来的 Windows 视窗操作系统的雏形）、图标、菜单和定位设备等技术，这些成果后来在 20 世纪 80 年代初苹果公司推出的 Macintosh 操作系统中有所体现，苹果电脑为其用户提供了具有划时代意义的友好的图形对象界面的操作系统。而在 1985 年，微软公司推出了同为图形对象模式的 Windows 视窗操作系统，与苹果公司在软件操作系统领域展开了激烈竞争。1995 年，微软公司继续推出“Windows95”操作系统，基本垄断了个人电脑操作系统市场，同时其友好的开放的模式也推动个人电脑成为现代信息时代最重要、最实用的电子终端设备。个人电脑软硬件的飞速发展还推动了服务器、掌上电脑、互联网络以及动漫、电玩、网络购物、电子商务等相关产业的研发和推广应用。

【小故事】Windows 操作系统的发展历程

Windows 操作系统的成功，主要得益于硬件终端设备（主要包括电子计算机的微处理器和内存等）性能的提高以及对第三方软件的开放式的态度。

1. Windows 1.0。微软公司的 Windows 1.0 于 1985 年 11 月问世，比苹果公司的 Mac 系统晚了近两年，它实质上只是 MS－DOS 操作系统的图形扩展界面，并非一款独立的操作系统，但已经初步具有了有限的多任务能力，并能够支持鼠标的运行。

2. Windows 2.0。在解决了与苹果公司在知识产权方面的法律纠纷之后，微软公司获得了在 Windows 2.0 中使用苹果公司的 Mac 系统的图形用户界面的许可，完全能够实现重叠式窗口和图标等功能，并且获得了一些重要的应用软件如 Word、Excel 等的支持，使得 Windows 操作系统的应用范围逐渐扩大。

3. Windows 3.0。微软公司于 1990 年发布了全新的 Windows 3.0 操作系统，具有了文件管理和更优秀的图形功能，图形界面更受用户的欢迎，保护和增强模式能够更有效地利用内存，在操作系统市场上取得了巨大的成功，基于 Windows 操作系统的第三方应用软件也不断增多。

4. Windows 95。1995 年微软公司发布的 Windows 95 操作系统，使得电子计算机和图形界面的操作系统真正实现了个人化的普及。Windows 95 操作系统中捆绑了用于互联网络访问控制的 IE 浏览器，并首次引进了日后成为标准配置的“开始”按钮和任务栏。

5. Windows 98。微软公司于 1998 年推出的 Windows 98 并非一款全新的操作系统，而是在 Windows 95 基础之上进行的优化，其操作稳定性大为提高，能够支持多台显示器、互联网络电视以及更大容量的硬盘分区等功能，但其将 IE 浏览器集成到图形界面中的做法，为日后的微软公司垄断案埋下了伏笔。

6. Windows 2000。2000 年 2 月，微软公司发布 Windows 2000 操作系统，这是结合了 Windows 98 和 Windows NT（微软公司为工作站、网络服务器和大型计算机等提供的网络操作系统，也可作为个人电子计算机的操作系统）的众多优良功能的升级产品，它已经不单单是一个电子计算机的操作系统了，已经成为一个图形化的、可中断的、可自动在线升级的面向商业环境的操作系统平台。此时微软公司已经在操作系统市场上占据了绝对优势，标准的统一和应用规模的扩大为第三方应用软件开发商提供了更多的市场机会，也为 Windows 操作系统的推广普及创造了更广阔的空间。

7. Windows XP。微软公司于 2001 年发布 Windows XP 操作系统，它集成了 Windows NT 的架构与 Windows 95/98/ME 的友好用户界面，尽管其安全性备受诟病，但在文件管理、速度和稳定性等方面都有了进步，尤其是升级后的图形用户界面让普通用户倍感轻松和亲切。

8. Windows Vista。2007 年 1 月微软公司高调发布了 Windows Vista 操作系统，它采用了全新的图形用户界面，但是第三方应用软件开发商和电子计算机硬件厂商们并没有及时跟进推出支持 Vista 系统的产品，而且有关其性能不可靠的负面消息充斥市场，严重影响了其销售。

9. Windows 7。Windows 7 是微软公司于 2009 年 10 月推出的一款号称具有革命性变化的操作系统，旨在简化日常电脑操作，使之更加快捷和高效，其中包含有全新的搜索工具、任务栏和联网工具，在可靠性、相应速度、笔记本电脑应用、个性化、视听娱乐优化等方面有了很大的提高。

综合而言，现代信息技术发展早期所取得的成就主要体现在电子计算机基础硬件的不断升级，对信息处理的能力飞速增强，而且以 DOS、Windows 操作系统为代表的软件业的发展使得电子计算机能够在非专业用户中迅速得到普及。这一阶段虽然现在看来技术含量相对有限，但其对于现代信息技术发展所起到的作用是革命性的。

1.1.2 计算机网络的全球互联互通阶段

在早期基础软硬件快速升级的基础上，电子计算机具有了较强的信息处理能力，但单一的电子计算机已经不能满足社会的需要，甚至个人用户都已经产生了共享资源、沟通信息的强烈需要。现代信息技术的主要发展障碍已经由信息的处理和储存转化为信息的搜集和传输，因此，电子计算机网络的互联互通、互联网技术的开发和信息网络的构建就成为现代信息技术发展第二阶段的主要内容。

20 世纪 60 年代，古巴核导弹危机、越南战争相继爆发，美国和前苏联之间的冷战态势也随之升温，美国军方认为单一集中的军事指挥中心一旦遭受毁灭性的核打击，将导致全国的军事指挥趋于不堪设想的瘫痪后果，因此有必要构建一个由多个分散指挥点组成的指挥系统，以保证在部分指挥点被摧毁后其他指挥点仍能够正常工作。而这些分散指挥点之间的联系就是通过某种形式的通讯网络来实现的。1969 年 11 月，美国国防部高级研究计划管理局（ARPA——Advanced Research Projects Agency）开始着手试验组建一个仅有 4 个结点的通讯网络，由 4 所大学的 4 台不同类型的大型计算机主机联网构成，这个网络就是后来 INTERNET 的前身 APRAnet。

20 世纪 70 年代，随着接入结点组建增多（1975 年就已超过了 100 个结点），ARPAnet 为了方便不同类型主机之间的信息资源共享，尤其是与另外两个已有的网络——卫星网络（SATnet）和夏威夷的无线分组网络（ALOHAnet）相连接，在 APRAnet 内不但增加了专门接口的信号处理机和专门的通信线路，还开发和应用了新的电子计算机交流协议簇——传送控制协议/互联网协议（TCP/IP），使得 APRAnet 的试验性和排他性大为降低。1974 年英国伦敦大学和挪威地震研究中心加入 ARPAnet，计算机网络首次实现了国际互联。1975 年，ARPAnet 结束了网络试验阶段，正式移交美国国防部国防通信局运行。在前期试验基础上，为解决网络互联问题，更多的人力、物力、财力投入到了第二代网络协议的开发工作中。1980～1983 年期间，ARPAnet 中的所有主机都转换成为采用 TCP/IP 协议进行网络互联，这也标志着 TCP/IP 开始成为网络互联的通用协议。1983 年，美国国防部国防通信局将 ARPAnet 分为两个独立的部分：一部分作为纯粹军事用途，被命名为 MILnet；另一部分仍被称为 ARPAnet，用于进一步的科学研究和民间推广。1986 年，美国国家科学基金会（National Science Foundation，简称“NSF”）利用 ARPAnet 发展出来的 IP 的通讯技术，在 5 个科研教育服务超级电脑中心的基础上建立了名为 NSFnet 的广域网，这是 NSF 在美国建立的按地区划分的计算机广域网。由于 NSF 的鼓励和资助，许多大学、政府资助的研究机构甚至私营的研究机构都把自身的局域网并入 NSFnet，最终彻底取代 ARPAnet 成为 Internet 的主干网。1987 年，NSF 与 IBM 公司、MCI 电话公司以及 MERIT 网络公司等商业机构签署合作协议，共同开发和管理 Internet 网络，从此国际互联网络开始了商业化的进程，其中蕴藏的巨大商业机会也吸引了越来越多的商业实体的加入，现代信息技术在互联网络领域的发展速度大为提升。

【小故事】ARPAnet 网络发展简史

1969 年美国出于冷战时期的国家安全需要，由国防部支持开发并建立了一个分布式节点的网络，这就是被后人视为互联网络鼻祖的 ARPAnet，构成该网络系统的 4 个节点为位于美国中西部地区的加州大学洛杉矶分校（UCLA）的 SDS Sigma 7、斯坦福研究所（SRI）的 SDS 940、加州大学圣芭芭拉分校（UC Santa Barbara）的 IBM 360 和犹他大学（University of Utah）的 DEC PDP10。

从 1970 年开始，ARPAnet 逐渐向美国东部沿海地区的高校和政府机构扩张，到 1971 年 9 月，节点数增加到了 18 个（见图 1－13）。

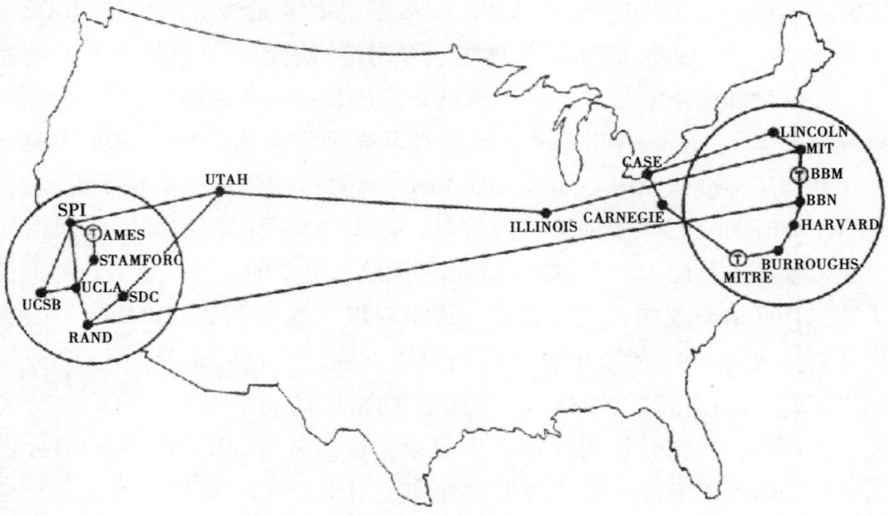

【图 1－13】 18 个节点

1973 年，ARPAnet 开始通过卫星通讯的方式从美国大陆向外部进行了延展，新增的两个海外节点，一个是跨越了太平洋的夏威夷，一个是大西洋的挪威。当年 9 月，ARPAnet 的节点数已经增加到 40 个（见图 1－14）。

自从 ARPAnet 向美国东部地区和海外拓展以来，其中的节点飞速增加，1983 年出于军事安全的考虑，其中的 45 个专门军事用途的节点被分离出来，构建了 MILnet。同年，TCP/IP 协议开始在 ARPAnet 中投入应用。

1986 年，一个联接了美国大超级计算中心——普林斯顿大学（Princeton University）、匹兹堡大学（University of Pittsburgh）、加州大学圣地亚哥分校

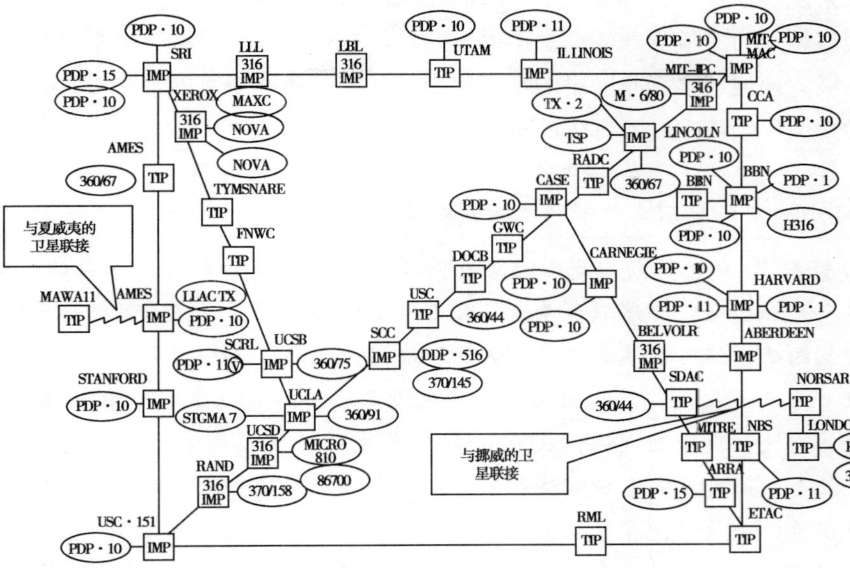

【图1－14】 40个节点

(UCSD)、伊利诺伊大学厄本那香槟分校（UIUC）和康奈尔大学（Cornell University）的全新网络 NSFnet 问世，从此 ARPAnet 上的节点逐渐切换到了 NSFnet 上。1987 年，已经被广泛应用于民用和商用领域的 NSFnet 在高速发展中逐渐脱离政府的资助，转而由 Merit Networks 公司、IBM 公司和 MCI 公司联合进行商业运作。1990 年，随着冷战时期的结束，美国面临的外界军事威胁大为降低，ARPAnet 的历史使命终结，NSFnet 全面接过了国际互联网络发展的接力棒。

不可否认，美国政府的鼓励、资助与保障在现代信息技术尤其是国际互联网络的早期发展过程中起着至关重要的作用。1991 年，时任参议员的艾尔·戈尔提出在美国范围内构建“信息高速公路”的设想。1993 年戈尔当选副总统后，更加致力于推动美国政府资助“信息高速公路”的建设以及国际信息网络的构建（1994 年戈尔在日本京都的国际通讯联盟大会上呼吁各国合作建立全球信息网络）。同年，美国国会还相继通过了《信息与技术法案》和《国家信息结构建设法案》，以约束和保障联邦政府经费资助（此类政府性资助在 1994 年商业机构大量介入后逐渐终止）的信息技术研究能够推动基础教育、社会服务、医疗保健等公众产业，并勾画了政府网络政务、咨询等公务服务项目的未来发展模式。这也导致了后来的互联网络的应用模式逐渐由信息资源的查询渠道转变为增值服务的提供渠道。此后，各种类型的信息网络服务商大量涌现，极大地便利了互联网络的推广应用，互联网络逐渐成为企业运营、民众生活乃至国民经济中必不可少的重要工具。

【小故事】艾尔·戈尔与“信息高速公路”

20 世纪 50 年代中期，美国经济在第二次世界大战后取得了巨大的成就，但是各个州和国家级公路超负荷地承担着繁重的运输任务，交通拥挤的现象几乎成为制约美国经济发展的瓶颈。为了解决这一问题，当年的美国国会议员老戈尔（艾尔·戈尔之父）提出关于大力建设高速公路的议案，并于 1956 年得以实施。老戈尔提议的《高速公路法案》成为后来美国高速公路发达、经济繁荣、社会快速发展的保证和法律依据。从 20 世纪 80 年代中期开始，时任美国国会议员的小戈尔也开始为美国的“信息高速公路”建设摇旗呐喊。

1992 年艾尔·戈尔提出关于建设美国“信息高速公路”的议案，即用 20 年的时间，耗资 2 000 亿～4 000 亿美元，建设以现代信息技术为基础，以光纤网为骨干网，纵横美国国土，联接学校、研究机构、图书馆、实验室、企业乃至每个家庭，使全体公民共享信息资源的国家信息基础设施，即信息时代的“高速公路”，并以此作为未来美国发展政策的重点和产业发展的基础。此举不但将永远改变人们的生活、工作和相互沟通的方式，使所有的美国人方便地共享海量的信息资源，而且也将产生比工业革命更为深刻的影响。对比 20 世纪中期欧美国家兴起的高速公路的建设，可以预见，未来的信息高速公路建设将在经济振兴中发挥巨大的积极作用，有着战略意义。

信息高速公路的建设，既要依赖于现代信息技术中的微电子、光电子、声像、电子计算机、通讯等相关领域的技术发展，也要依靠政府的决策。20 世纪 90 年代初，美国的有线电视网络、电信网络和电子计算机网络已经初具规模。在“信息高速公路”建成之际，办公模式的改变将大大减轻铁路、公路和航运的负担，并相应地减少能源消耗和污染，远距离的教学和医疗诊断将节省大量时间和资金，社会劳动生产率将会提高，国民生产总值将普遍增加。

1996 年，北美地区的数据传输总量中国际互联网所占的比重首次超过了传统的电话业务；1999 年，世界跨国公司 500 强中 95% 采用了国际互联网来进行企业集团的管理；“.com”风潮开始席卷全球；互联网络用户数量正在飞速增长，根据国际互联网协会ISOC的最近统计结果，截至2009年年底，全球互联网络用户已经超过18亿。

1.1.3 现代信息技术成果的推广应用阶段

在现代信息技术发展的中前期，变革的重点在于软硬件技术障碍的解决；到了现代信息技术革命的后期，已经越来越显现出推广应用的特征。现代信息技术成果在生产、消费、科研、娱乐、商务等领域的推广应用成为信息革命的主要任务。

1971年，時任BBN科技公司工程师的洛伊·汤林逊在APRAnet网络上发出第一封电子邮件，为人类世界带来一种全新的交流沟通的方式以及一种全新的产业。直至今日，可能也很难界定到底是“.com”推动了“e-mail”，还是“e-mail”带动了“.com”，总之这股全新沟通方式所引发的热潮甚至影响到了娱乐事业。1998年，由美国好莱坞当红影星梅格·瑞恩和汤姆·汉克斯主演的电影《电子情书》（You've Got Mail）反映的就是一个以美国在线（AOL）所提供的电子邮箱服务为背景发展起来的现代浪漫爱情故事。

20世纪80年代，ARPAnet网络逐渐从军事研究转向大规模的商业化运营。从此，以电子计算机、互联网络等为代表的现代信息技术开始广泛应用于生产消费的各个领域，新型的现代信息产业和全新的信息时代已经初具雏形。

1967年，英国人约翰·谢珀德-巴伦（John Shepherd-Barron）根据自动售货机的原理制造出了第一台自动提款机，安装于英国伦敦北部的巴克莱银行埃菲尔德大街分行，它能识别特殊支票并自动支付相应的现金。1977年花旗银行董事长沃尔特·里斯顿建成了拥有400多台自动柜员机的网络，在现代信息技术的支持下，ATM这部“没有灵魂的机器”实现了“花旗从来不睡眠”的承诺（见图1-15）。20世纪80年代，美国银行业在花旗银行成功经验的引领下开始大规模装备、应用自动柜员机（ATM），从此银行业全面进入信息时代，并始终站在现代信息技术推广应用的前沿。

1983年，日本任天堂公司推出Family Computer游戏机，即中国人熟知的FC红白机；1989年又进一步推出二代FC游戏机——超级任天堂和附带俄罗

【图1-15】 花旗建成的自动柜员机（ATM）

斯方块游戏的 Game Boy 掌上游戏机（见图1-16）。这一系列的举措不但改变了游戏模式的未来发展方向，还标志着现代信息技术开始与休闲娱乐相结合，创造出来全新的休闲娱乐产业。

【图1-16】 日本任天堂公司的 FC 游戏机和 Game Boy 掌上游戏机

美国联邦电讯委员会（Federal Communications Commission）于1981年发布《电讯业管理条例》，宣布对普通通讯业务进行征税和监管，但不对新兴的信息和讯号服务业加以限制。此举为现代信息产业的发展提供了相对宽松的制度环境，也推动了行业内竞争所带来的效率提升。美国国会于1996年通过了《电子通讯法》，加强对 Internet 的规范化管理，以推动国际互联网络的应用普及。

20世纪90年代也是网络贸易、电子商务飞速发展的时代，根据美国国际数据公司 IDC 的统计资料，1997年全球电子贸易营业额已经达到150亿美元。为了促进电子化、网络化的国际贸易活动的发展，许多发达国家纷纷呼吁对网络贸易、电子商务不要加以管制，应实行全面的自由化。此外世界贸易组织、经合组织、欧盟等跨国组织，也开始就网络贸易、电子商务中存在的问题进行国际对话、交流和协调，提供政策建议和标准参照，以推动网络贸易、电子商务的自由发展。

进入21世纪后，现代信息技术取得了全面的发展和推广。例如，以中央处理器即CPU芯片、网络服务器、多媒体软件等为代表的电子计算机的软硬件技术飞速发展并迅速得到产业化的推广和普及；以路由器、光传输系统、蜂窝移动通信等为代表的通讯技术正日益提高生产的效率和消费的效用；信息的获取与处理技术在传感、处理和应用等层面获得了明显的成就；信息安全技术的应用和推广也取得了巨大的经济效益和社会效益。现代信息技术的成就与推广为全球经济发展和社会进步做出了巨大的贡献。

第三代手机，即国人俗称的“3G手机”，已经成为引领生活、工作新潮流的时尚先锋。第三代手机集语音通信、多媒体通信为一体，将现代信息技术尤其是互联网络技术、数据打包技术等充分融合到手机系统中，具有极高的数据传输速度，能够处理图像、音乐、视频流等多种媒体形式，并且能够提供包括网页浏览、电话会议、电子商务等多种形式的信息增值服务。

1.2 信息技术的产业化

1.2.1 信息技术与产业发展

现代信息技术变革最直接的成果就是导致了电子计算机零部件制造、通讯设备制造以及网络架构、系统集成等新型制造业的兴起和发展，其中作为电子计算机的运算核心和控制核心的中央处理器的飞速进步正引领着现代信息产业的发展。这些新兴的现代信息设备制造业，并没有将传统的生产品或消费品作为生产加工的目标，而是代之以能够获取、传输、存储和处理信息尤其是数字信号的零部件和设备，如中央处理器、主机板、内存储器、硬盘驱动器、路由器、交换机等，既是现代信息技术革命的成果体现，又是推动现代信息产业不断前进的技术和装备基础。此外，伴随着这些新型制造业而发展起来的软件产业，不但适应了人机交流的各种需要，也为硬件设备的更新升级提供了持续的动力。新型信息设备制造业为现代社会提供了具有超强计算能力的硬件平台，而软件产业便将人类社会的各种需求按照电子计算机的语言分解成了可交由硬件平台执行的各种运算任务。相对于硬件设备的成就而言，当前软件产业的发展尚未充分利用硬件设备的运算处理能力，软件产业正迎来快速发展阶段，因此，各经济发达国家将其作为经济发展的支柱产业，发展中国家也将软件产业作为提升信息时代本国综合实力的重要手段，竞相优先发展本土的软件产业。

现代信息技术通过推广和应用，还带动了传统产业的发展。例如银行业就是现代信息技术推广和应用的典型成功案例。自从电子计算机系统问世以来，银行业便率先开始了信息产品的应用和推广，首先从电子设备替代传统手工操作开始，逐渐过渡到目前全面推广网络信息系统，不但加快了信息交换的效率，也提高了资金划拨的速度，极大地解决了在途资金积压问题；国际银行业的合作与交流也得以加强，从而促进了银行业乃至国际金融业的飞速发展（见图 1 – 17）。当前，在大众所熟知的诸如汽车、医疗、国防等众多领域，电子化、数字化、智能化产品层出不穷，在电子政务、电子商务、电信、旅游等领域的应用也越来越深入。许多被传统观点视为“夕阳行业”的传统产业焕发出了新的生机。在银行业以外，传统的加工制造、交通运输、商贸餐饮、影视娱乐等产业也通过现代信息技术的普及和应用，提高了生产效率，增加了原有产品或服务的附加价值，从而推动了现代社会经济的发展。

现代信息技术的发展还在继续深入进行中，在电子计算机和现代通信尤其是网络技术的软硬件基础上，人类社会已经开始进入一个数字化、信息化、网络化的时代。以网络接入服务、网络内容提供等为主的新型服务产业必将对传统产业造成巨大的冲击，但同时也必将为一些传统产业，尤其是通讯、多媒体等产业带来新的发展契机。

1.2.2 信息技术产业化的特征

虽然有人将信息技术革命称为人类文明史上继蒸汽技术革命和电力技术革命之后的第三次工业革命，但信息技术的产业化确实有着与传统的工业化经济完全不同的特征。

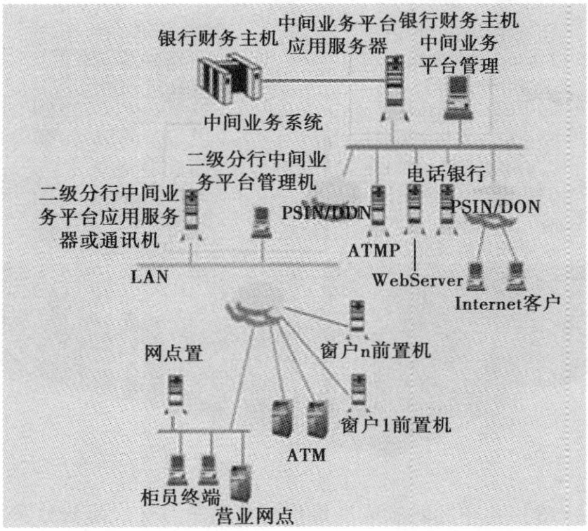

【图1－17】　银行电子化

传统的工业经济的生产对象是具有不同实体形态的能源、物质，而信息技术产业化的生产对象是没有实体形态的数字信号、信息、网络。现代信息产业中虽然也包含着大量新型设备制造业，但总体来说，这些产业并非现代信息产业的主体，而只是生产和加工现代信息产业所需的处理信息、数据的工具而已，它们无法单独挑起现代信息技术发展的重担，甚至不能单独存在。信息设备制造业必须与软件产业等其他信息产业结合起来，在充分利用设备零件的运算能力的基础上才能起到应有的作用。与传统制造业的典型代表诸如钢铁、汽车、建筑等行业相比，信息技术产业化具有明显的虚拟化特征。新型的信息技术产业虽然可能并不能直接为社会提供有形的物质上的改进，但新型信息工具的出现满足了人们的需求，提高了人们获取信息、处理信息的能力。现代信息技术的突飞猛进，给人类经济社会的发展和生产效率的提高带来了极大的推动。以微电子技术为基础，以电子计算机、通讯和网络技术为主体的现代信息技术，已渗透到社会经济的各个领域。现代信息技术革命及其推广应用，已给人类经济生活方式带来根本性的变化。

2009 年 10 月，由中国国防科技大学研制、成为科技竞争力和综合国力的重要标志、运算能力每秒超千万亿次的超高性能的电子计算机“天河一号”亮相湖南长沙，中国成为继美国之后世界上第二个能够自主研制超千万亿次超级计算机的国家（见图 1－18）。

「天河一号」

全系统峰值性能	1 206万亿次/秒
Linpack实测性能	563.1万亿次/秒
共享存储总容量	1PB
全系统包含通用处理器(CPU)	6 144个
全系统包含加速处理器(GPU)	5 120个
互联通信网络的单根线传输速率	10Gbps
目前投资	6亿元人民币
使用寿命预计	10年
全系统运行情况下耗电	1 280度/小时

【图1－18】　中国研制成功每秒运算逾千万亿次超级计算机

1.2.3　信息技术产业化的障碍

虽然现代信息技术已经取得了巨大的成就，但信息技术产业化所面临的诸多障碍也是显而易见的。目前世界各国正展开广泛的国际合作以期妥善解决这些问题，为现代信息技术提供更广阔的发展空间，让信息技术产业化取得更大的经济成就。

工业化经济时代，行业和产品的标准和制式曾是困扰各国工业经济发展的重要障碍。而工业标准和制式往往可以通过生产集中、规模效应等市场经济原则在一国境内自发地得以实现，然后再推广至世界各地普及应用。但是现代信息技术的产业化很难在一国境内实现生产集中，一国境内的需求也完全无法实现规模经济，因此，现代信息技术产业化的相关标准和制式无法通过市场经济原则自发实现，只能通过专业国际组织以及各国政府之间的协调和谈判来达成。

【小知识】中国银联的银行卡技术标准体系

1. 卡片标准。中国银联的银行卡技术标准包括对BIN号和磁道信息格式的规定，对卡片规格、签名条、全息标的使用，以及对银联标识在卡片上的位置等方面的规定。目前，卡片规格、签名条、全息标的使用，以及银联标识在卡片上的位置等内容都已在银发［2001］57 号、银卡办［2001］008 号、银卡办［2002］005 号等文件中作了规定。金融行业标准 JR/T0008 – 2000《银行卡发卡行标识代码及卡号》以及银联函［2003］85 号文件对 9 字头和 6 字头 BIN 号的使用作了规定，金融行业标准 JR/T0009 – 2000《银行卡磁条信息格式和使用规范》对卡片的磁道信息格式作了规定（见图 1 – 19）。

【图 1 – 19】　中国银联标志

2. 交换系统标准。此标准包括跨行信息交换报文、通信接口、应答码等方面的规定。已有的交换系统方面的标准主要包括《银行卡联网联合技术规范》和《银行卡跨行转账技术规范》等。目前，中国银联已在上述两个标准的基础上，组织制定《银行卡联网联合技术规范》V2.0，并正在向各成员银行推广。

3. 受理渠道标准。此标准包括 POS、ATM、网上支付、手机支付以及其他各种新型银行卡受理终端设备的技术标准。已有的受理渠道标准主要包括金融行业标准 JR/T0001 – 2000《银行磁条卡销售点终端规范》、金融行业标准 JR/T0008 – 2001《银行磁条卡自动柜员机（ATM）应用规范》、《中国银联直联 POS 终端规范》、国家标准《金融税控收款机第四部分 银行卡受理设备规范》，还有正在组织制定的《中国银联直联 MIS 商户系统技术规范》和《中国银联直联 ATM 终端技术规范》等。

4. 安全标准。此标准包括对银行卡联网联合过程中的密钥、加密机、PIN 以及机具等方面的安全要求。已有的金融行业标准是 JR/T0003 – 2001《银行卡联网联合安全规范》。

5. IC 卡标准。IC 卡的应用由于关系到整个银行卡应用体系的变更，故涉及卡片、交换和终端设备各个方面的标准。目前，已有的金融行业标准是《中国金融集成电路（IC）卡规范》。

6. 其他技术标准。

信息技术产业化进程中的另一大障碍便是相关信息产品和服务的定价以及产权保护问题，甚至目前关于国际互联网络的所有权和经营权的归属问题都没有得到彻底的解决，因此，目前国际互联网络上存在的大量的信息非法传输以及由此引发的黑客攻击、盗版侵权、电脑病毒等一系列相关问题的症结也一直无法厘清。有观点认为，信息产品和服务的产权归属及其定价应该根据单位产品和服务的供需状况来确定，但又有人担心这种做法会导致信息产品和服务的供应商过于重视现有产品和服务的生产和供给，忽视新型产品和服务的研发以及新型市场的拓展，这就会降低信息技术产业化的创新效率，从而影响信息技术的进步。由于产权归属不明晰，再加上大多数信息产品和服务的非法复制和传播的成本都相当低，因此，盗版侵权在世界各国都屡见不鲜。目前在国际互联网络上，大多数网络服务商都提供了大量的信息产品和服务的免费下载模式，这种运营方式虽然吸引了众多的网络用户，但那些信息产品和服务的原创者们的权益无法得到有效保护，最终会打击信息技术创新的积极性，妨碍信息技术产业化的发展。

信息技术进步的原动力之一就是解决人类社会的安全问题，但无法否认的是，信息技术产业化在解决了既有的安全问题的同时，又带来了新型的安全问题，例如国际互联网络上的黑客攻击、木马病毒等问题。当前国际互联网络上盛行的网络购物、电子银行等交易和业务，由于频繁地遇到技术性问题（如硬件瘫痪、网络阻塞等）和人为侵扰（如盗用账号、窃取资金和个人信息等），因而饱受世人诟病，难以全面替代传统的商业交易模式和银行业务。更有甚者，有些信息产品和服务商特意设计出能够窃取用户私密信息或控制用户电子设备的所谓“漏洞”，使得信息技术产业化所引发的信息安全问题甚至由此引发的国家安全问题都备受关注。

【小故事】微软公司软件的“后门”①

2010年11月4日，一则题为“WP7存在后门，微软可远程删除用户手机软件”的消息充斥国内各大门户网站，主要内容涉及流传已久的关于微软公司发布的操作系统软件留有可被监控的“后门”：“11月4日消息，据国外媒体报道，Windows Phone 7系统存在一个后门，微软可以利用它远程删除用户手机中的应用软件。”虽然这则消息未得到任何官方证实，但由此引发的市场讨论仍在继续中。

Windows Phone 7 商店产品管理总监 Todd Biggs 近日在接受媒体采访时承

① 资料来源：http://www.chinanews.com.cn/it/2010/11-04/2635093.shtml。

认了这一说法，并表示，保留这样的功能是为了以防万一：“如果很多用户安装了一款流氓软件，我们就必须远程控制统一从用户手机中删除该软件。”Biggs 同时表示微软不会轻易启用这样的功能：“现在我们并不用去想那么遥远的事情，但是我们保留这项手段。”

据了解，在手机系统中保留远程操作权限并不是微软一家独有，在 iPhone 中内置的 App Store 应用商店和 Android 手机的 Android Market 中都有这样的功能。

自由竞争与垄断是市场经济运行中永远无法回避的一对矛盾，就信息技术产业化而言，初期的研发和运行都需要大量的人力、财力和物力的投入，这就决定了信息产业资金密集型的特征，也就是说如果没有实现规模经济效应，那么新型信息产业就不可能获得成功。但是如果没有妥善的调控，这种成功必然会导致资本需求、规模效应等进入壁垒的形成。此外，由于信息产业是高科技产业，所以必然也就具有技术密集型的特征，一旦某企业或某国的技术标准和产品制式取得了成功，在产业化的推广过程中就很难避免以保护高新技术的产权为表现形式的行业垄断的出现。例如在美国的信息技术产业化过程中，就先后出现过 IBM 公司（1969 年）、AT&T 公司（1974 年）、微软公司（1994 年）等垄断诉讼的案例。但是这些公司的案例又引发了大众的另类思维——这种垄断与自由竞争的争论，到底应该为了技术进步而容忍行业垄断，还是应该为了提倡市场竞争而保护落后者呢？（当微软公司被美国司法部裁定违反了美国反垄断法时，比尔·盖茨不无讽刺地指责美国司法部是在保护市场失败者和落后技术。）

【小故事】微软公司的垄断诉讼①

早在 1990 年，美国联邦贸易委员会就开始对微软公司是否把 MS - DOS 与应用软件捆绑在一起进行销售而展开调查，后来由美国司法部接手。1995 年微软公司与司法部达成协议，在其发布的 Windows 95 操作系统中不附加其他条件，才使得 Windows 95 操作系统最终得以面世。但随后微软公司为了在互联网络应用领域与网景公司、太阳微系统公司等相抗衡，开始在其所有新开

① 资料来源：“WP7 存在后门　微软可远程删除用户手机软件”，中国新闻网，http：//www.chinanews.com.cn/it/2010/11-04/2635093.shtml，2010 年 11 月 4 日。

发的 Windows 操作系统中捆绑了 IE 浏览器软件，从而再度引起了美国司法部的注意。

1997 年美国司法部向哥伦比亚地方法院递交诉状，指控微软公司违反协议将 IE 浏览器与操作系统捆绑销售。1999 年美国司法部更是联合多个地方政府诉讼微软公司违反了反垄断法，指控微软公司为了维护自己的特许经营权以及开拓新市场，非法利用其已经拥有的市场优势，打击竞争对手（即微软公司曾经企图非法阻止网景公司的浏览器进入 Windows 操作系统支持的软件市场）。

1999 年 11 月美国联邦地区法院认定微软公司存在垄断行为。2000 年 4 月美国联邦地区法院判定微软公司滥用其对个人电脑操作系统市场的垄断力量，违反了美国反托拉斯法。从 2002 年开始，微软公司陆续与司法部和各州政府达成和解协议，微软公司不得参与可能损及竞争对手的排他性交易；电脑制造商将使用统一的合同条款；微软公司公布 Windows 操作系统的部分源代码，使竞争者也能在 Windows 操作系统上编写应用程序。

虽然微软公司在美国的垄断诉讼终于尘埃落定，但全球各地的反垄断指控却此起彼伏：2004 年欧盟判定微软公司在 Windows 操作系统中捆绑媒体播放器的做法违反了反垄断法，对其开出了 4.97 亿欧元的罚单；此后在日本和韩国，微软公司也陆续遭到违反垄断法案的指控。

1.3 信息时代的经济技术特征

1.3.1 信息技术进步所带来的影响

现代信息技术是面向社会经济各个层面、各个部门的工具和平台，用于进行信息的搜集、存储、处理和传输。信息技术并不能独立存在和发展，必须依附于其他产业和部门，才能成为推动时代发展的力量。信息时代就是信息技术的发展和应用的时代，信息技术的进步为人类社会提供了认识世界、增进生产效率、提高消费效用的工具和手段，同时社会日益增长的物质文化需求又推动着信息技术不断前进。现代信息技术并不是某几个国家或阶层的专属工具和手段，它的广泛应用已经遍及世界各国，不分国界、种族和阶层，在当前社会经济生活的各个层面都或多或少地存在着。

作为一种先进的工具和手段，现代信息技术一旦被劳动者所掌握并运用到生产领域，原有生产部门的劳动生产效率便会得到极大的提高。与此同时，现代信息技术的产业化又为社会经济发展提供了全新的增长点和持续的推动力。在信息技术革命后涌现的信息设备制造、信息搜集加工传输、软件开发、网络服务等新型产业，都是以往工业化经济发展中未曾出现过的新生事物，它们对未来社会经济发展所能起到的推动作用也是不可限量的。信息技术的进步及其产业化，不但改良了传统的制造、加工等产业，也造就了新型的软件、网络等产业，改变和深化了原有的社会分工。劳动生产的独立性、专业性得到了极大的加强，市场经济的效率显著提高。传统社会严密划分的刚性结构逐渐转变成松散结构，生产协作方式及社会分工由显性转变为隐性。这种具有“虚拟”性质的新型社会大分工还远未终结，也许它将像其他几次社会大分工一起，彪炳社会经济进步的历史，引领人类进入全新的信息时代。

信息技术进步不但提高了劳动生产效率，推动了生产部门的发展，也在逐渐改变人类社会的生活方式，增进消费效用和社会福利。信息技术进步为人类提供了全新的劳动工具和生产手段，改变了劳动方式和组织形式，提高了劳动效率，将人类从繁重的日常事务性活动中解放了出来，获得了更多的自由、闲暇和福利。现代信息技术已经发展到了以网络通讯等技术为核心的阶段，这对人类世界沟通联络的影响是巨大的。现在不论个人、组织还是国家之间的沟通联络的方式和效率都随着信息技术尤其是国际互联网络的应用和推广而发生着改变，相互之间的联系在不断密切，了解也在不断加深，对信息获取的满足感在逐渐提高，对未知世界的恐惧感在逐渐消退。在现代信息技术进步的推动下，人类社会的效率和效用的改善已经在传统的物质世界的基础上附加了大量精神层面的内容，社会福利得到了全面提高。

1.3.2 信息时代的经济技术特征

信息时代的标志就是现代信息技术全面渗透到了社会经济生活的各个层面，人类世界的生产、消费、学习、娱乐、交流等活动都借助实用高效的现代信息技术手段或工具来完成，信息时代具有与传统工业时代全然不同的经济技术特征。

以信息时代的生产消费为例，工业时代的生产消费对象是看得见摸得着的实体性质的产品，服务也多附加于产品之上；而在信息时代，大量非实体形式的信息产品和服务已经能够脱离实体产品而独立存在，并且成为生产和消费的基础或主要对象。工业时代的厂商追求生产领域的规模经济效应，甚至为了保护既得利益而不惜压制创新的出现；信息时代的创新却成为企业制胜的法宝，推动消费领域的规模经济效应才是获取利润的关键。工业时代的产品和服务，由于技术水平和固定成本等因素的制约，单一、趋同的现象十分严重，消费者的个性化需求很难得到体现和满足；而信息时代的代工、外包等灵活多样的生产方式降低了企业对固定资产的依赖，经营的灵活性、集约性大为提高，不但改善了产品和服务的性价比，而且其差异化、个性化的特征极大地满足了现代消费者的需要。信息时代消费者与生产者之间的互动也更加频繁和便捷，通过电子计算机终端和电讯网络，消费者将消费信息提供给生产者，间接参与了生产设计，结果使得生产与消费之间的界限模糊、功能交叉。

18 世纪 60 年代，工业技术产业化尤其是蒸汽机的发明和普及应用，建立起了以机器为主的大工业生产体系，机械动力逐步代替了人力和畜力，人类社会进入了工业时代。此时，生产不再仅仅是为了生产者自己的享用，更多的是为了出售进行商品交换，消费体系和大规模的商业体系从此完全独立出来。信息时代不再以大机器为基础，而是换成了从事脑力劳动、信息活动的人，随着对信息资源的开发和利用的逐渐深入，智力支出成为劳动的主要内容。信息时代的智能电子设备和电讯网络已经替代了传统机器，成为主要的劳动生产工具，这些新型工具甚至部分具有了人类的智能，使得它们不但能够替代人类完成体力劳动，同样也能在脑力劳动领域让使用者感到更加轻松和高效。如 1997 年轰动世界的人机国际象棋大战，IBM 公司设计的具有人工智能的电子计算机——深蓝最终战胜了世界棋王卡斯帕罗夫获得了胜利，它由 32 部处理器组成，运算速度每秒高达 2 亿 ~ 3 亿步棋，远远超过了标准国际象棋比赛中为选手分配的 3 分钟 1 步棋的速度（见图 1 – 20）。随着科学技术的发展，信息资源成为人类主要的劳动对象之一，甚至是最重要的资源之一，这也是信息产业吸引越来越多的人投身于此的原因。信息技术成为信息时代生产力进步的核心因素，它已经渗透到了生产力的实体要素中，推动着现代社会经济的发展。

【图 1-20】 具有人工智能的电子计算机——深蓝

1.3.3 信息时代的优势和局限

信息时代的优势是显而易见的，如节约了人力、物力，增进了生产力实体要素的功效，提高了劳动生产率等等。从节约财力、物力的角度来看，信息技术的发展甚至对自然环境生态保护都具有不可忽视的积极影响。全新的社会经济发展模式降低了对物质资源的依赖，知识经济、信息经济开始吸引全球的瞩目，自然资源和化石能源的高消耗比例逐渐下降，人类社会的可持续发展正步入良性循环的轨道。信息时代的劳动者通过现代信息技术的武装，提高了劳动生产的精准度，并通过软硬件的替代解放了自己。虽然大工业时代的机械设备已经在体力劳动方面在一定程度上解放了人类，但远不如信息时代精准和彻底。例如，现代制造业中普遍采用的自动流水线、机械手臂、机器人等等加入了现代信息技术的设备，不但可以替代人类完成脏活、累活、危险作业等非熟练工作，甚至已经在许多发达国家替代了技术要求较高的熟练工人；现代软件产业的应用，已经让智能电子设备能够完成一些简单、繁琐的脑力劳动。在现代信息技术的帮助下，人类社会已经走上了全面发展、彻底解放的道路（见图 1-21）。

在看到信息技术发展与产业化所带来的好处的同时，也无法回避其消极的影响和局限。例如，各国政府普遍关注的就业率问题在信息技术产业化的过程中就不可避免地受到经济结构调整的负面影响，虽然新型信息产业会提供许多新的就业岗位和机会，但由于自动装备对人力资源的部分替代而导致了劳动力

【图 1－21】 由电脑控制的自动化汽车生产线

相对过剩，造成低技术含量的劳动力出现失业率上升的状况；现代社会的人际交流中已经加入了网络化、智能化的系统和方式，虽然有助于人类突破地域、时间等传统桎梏，提高了办公和沟通的效率，但传统社会所强调的亲情、人情却在逐渐淡漠，逐渐被冷冰冰的电子符号所替代；现代社会提供的高科技手段也给许多居心不良的人有了可乘之机，这对人类社会的安全保障提出了新的课题。

现代信息技术发展及其产业化为现代社会造成的积极推动和消极阻碍都是不可避免的，优势的发挥和问题的解决也不可能是一蹴而就的，人类社会已经进入了一个新型的时代，全新的生产方式、生活方式和产业都彰显着这个时代的特征：社会分工更加深化，消费方式甚至消费内容更加多样化，闲暇时间和社会福利普遍增多。

2.

网络经济的形成与发展

2.1

信息时代的经济技术环境

2.1.1 信息时代的经济特征

信息时代是一个以电讯网络为核心，以数字化、信息化、网络化为特征的时代，现代信息技术发展及其产业化正在对企业的生产、个人的消费、政府的管理乃至经济发展模式产生着巨大的影响，甚至还在潜移默化地改变着经济发展模式。现代经济发展模式已经不能完全用传统的理论来解释了，全新的经济模式——网络经济、信息经济、数字经济、知识经济、新经济等新名词都从某个方面强调了这个时代经济发展模式的特征。例如，信息经济，强调的是信息产业化和产业信息化对经济发展所起到的决定性的作用；数字经济，强调的是数字技术对社会的改变以及经济活动的数字化搭建的全新的政治经济系统；知识经济，强调的是知识已经成为当前经济增长的内生要素，依靠人力资本来完成的教育、创新、研究、开发成为经济发展的持续动力；而新经济，则描述了通过现代信息技术革命和制度创新所实现的经济持续增长与低通货膨胀率、低失业率并存的新型的经济运行状况。

就网络经济而言，虽然目前对其表述和定义尚未达成严格的共识，但这一提法所强调的是当前经济发展是建立在包括电子通讯网络、国际互联网络等有形或无形的网络在内的技术和沟通联络方式上的，资源分配、生产经营、生活消费等活动都是基于现代信息技术所搭建的网络来实现的。信息时代的国际互联网络已经成为生产生活的基础要件，网络经济不但是现代信息技术快速发展的成果，也是推动现代信息技术前进的主要力量。数字化的电讯网络为生产力注入了新的活力，信息成为新的生产要素，全球经济发展通过电讯网络以数字符号的形式呈现出崭新的面貌。尤其是新型的信息产业，如多媒体、信息咨询、网络中介等等，其产品和服务都可以通过国际互联网络来提供和获得，而传统产业也逐渐实现了电子商务平台化的转变或改造，个性化、多样化、小型化的生产和消费模式成为现代社会经济活动的主流。

【小知识】新经济

在20世纪90年代初至21世纪初期的10年左右的时间里，美国出现了自从第二次世界大战后罕见的持续性的经济高速增长。这段时期美国的经济增长速度平均在4%左右，而失业率和通货膨胀率却持续下降并维持在较低水平。根据美国官方的统计资料，与20世纪60年代肯尼迪－约翰逊总统时期和20世纪80年代里根－布什总统时期相比较，20世纪90年代的经济繁荣，经济增长持续的时间更长，经济周期波动趋于缓和，失业率和通货膨胀率都保持在较低水平。1996年年底美国《商业周刊》杂志将这种经济现象命名为“新经济”，并将之归结为“两种趋势，第一种趋势是经济的全球化，第二种趋势是信息技术革命”。时任美国联邦储备委员会主席（1987~2006年）的艾伦·格林斯潘曾经这样描述美国“新经济”的特征：“现在已经越来越难否认近年来出现的情况同典型的战后商业周期有若干深刻的差异。不仅经济扩张达到了创纪录的长度，而且它已经做到比预期的经济增长更为强劲。最引人注目的是，面对至少比30年来所曾经历过的更为紧张的劳工市场，通货膨胀仍然处于驯服状态。”

虽然人们对美国“新经济”的内涵与实质存在许多争论，但有一点是不可否认的，就是美国经济正在从传统的工业经济模式向一种新型的信息经济模式发生着根本性的转变，现代信息技术对经济发展的巨大贡献正在逐步显现出来。现代信息技术向各行业和部门渗透，从劳动生产率的提高中获得了巨额回报。电子计算机、互联网络技术等等现代信息技术成果的作用，绝不亚于当年的电气化和流水线。当然，美国政府对科技创新的积极倡导和支持的政策也起到了积极的作用。在1992年的总统竞选演说中，克林顿和戈尔就明确提出了

"技术——经济增长的火车头"这个口号，并以建设"信息高速公路"作为美国经济发展的切入点。20 世纪 90 年代美国经济在信息化、全球化的大平台上的运行，推动了美国生产力的持续发展。现代信息技术的高速发展不仅是一场人类社会的信息传输与信息储存的革命，也对社会经济提出了创新的要求，电子商务、信息高速公路等信息时代的产物，正在全面地改变着人类社会的生产和生活。

2.1.2 信息时代的社会生活

社会经济运行的信息化和网络化推动着网络经济的产生和迅猛发展，现代信息技术已经不仅仅只是为人类社会提供计算、存储、处理和传输大量的社会经济数据和信息的方法和手段，更在悄然改变着人类社会的生产和生活方式。信息时代的人类社会是由人和电子计算机构成的互动社会系统，尤其是依靠电子计算机所构建起来的电子通讯网络等基础设施为人类社会提供了全新的具有互动功能的数字网络环境。网络环境的表现形式往往决定于供给者所掌握的信息和知识，以及使用者的需要和观念，呈现出多维度和非连续性的变化。在这样的环境中，人类社会通过有形的电子基础设施以及无形的互联网络系统，借助于电子流或电磁波等媒介来实现存储、处理和交换数字化、符号化的信息，不但可以体验各种虚拟的现实，甚至可以将一些社会实体转换于这个虚拟环境之中。这使得电子通讯网络逐渐具有了许多社会功能，开始重新构造现代社会的政治经济结构和秩序，并刺激着实体经济的发展。

信息时代给人们的生活和工作带来很大的变化。现代信息技术的发展，不断地改写着日常社会生活的版图，以往程式化的生活和工作方式悄然发生着改变（见图 2－1）。家庭电子计算机与"信息高速公路"之间的互联互通，把个人与世界联系在一起，享受着信息时代的种种创新。信息时代人们的生活更加方便，依靠现代信息技术的发展和普及应用，原来许多需要走出家庭的消费、娱乐等活动，现在依靠电子计算机控制的家庭信息化系统，完全可以"坐享其成"。这不仅为人们生活提供更多的便利，而且也在促使社会生活方式产生新的变化。如购物可以通过专业的商品网站查找信息并实施采购，订购后由专业的物流公司负责按照要求的时间运送。当互联网络把全球联接成为一个整体以后，传统的工作方式也在发生变化，如传统中有形的办公室逐渐成为一个无形的流动的场所，只需要一台便携式的电子计算机，任何地点都可以成

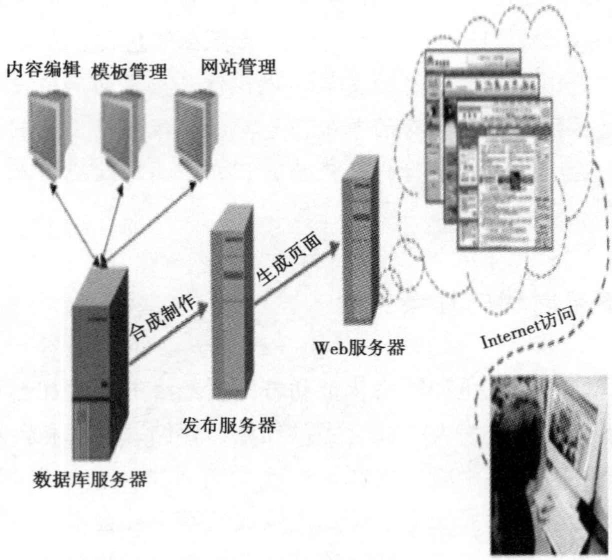

【图 2-1】电子政务网站不但极大地节约了政府机构的设置，也极大地方便了百姓生活

为办公地点，以电子数据资料交换为核心的电子商务逐渐取代了传统的商贸模式，各种利用互联网络展开的经济活动风起云涌。

【小知识】“第六感”——2009 年最震撼的现代信息技术成果

2009 年 2 月，来自美国麻省理工学院媒体实验室的印度裔研究生普拉纳夫·米斯特莱在 TED（技术、娱乐和设计）大会上展示了一项结合实体世界和虚拟世界的现代信息技术——“第六感”。

“第六感”技术超越了人类天生的五种感官对世界的认知，通过人工感应方式进入互联网络，将实体信息转换为数字信息，并在互联网络中的海量信息里查询相匹配的结果，使得对事物的认知变得更加全面和便捷。“第六感”技术可以选择在任何一个有形界面上进行投影，如墙壁、玻璃、镜子、书桌甚至是手掌，就如同坐在电脑显示屏前操作一般。人们可以通过手指的比划来指挥感应设备和相应的硬件终端设备，实现相应的功能。“第六感”装置的雏形仅仅由一个网络摄像头、一个微型投影仪、一个便携式电池包和一部与互联网络相联接的 3G 手机组成，其工作原理也非常简单，即“实物摄像—网络查询—信息反馈”，也就是由 3G 手机负责采集图像，由联网的电子计算机在后台服务器和互联网络的信息数据库中查找和反馈相应的数据信息，然后将这些反馈信息通过投影仪展现出来。

“第六感”技术挣脱了键盘、显示屏等外部硬件终端设备的桎梏，人类可以运用手势或者是语音等感应系统与信息数据库进行互动式交流，现实世界和虚拟世界正在快速地融合。正如同普拉纳夫所说，人类感兴趣的并不是电脑之类的硬件终端设备，而是信息。所有能够为人类的信息沟通扫除障碍的现代信息技术的新突破，都必然会成为信息时代的追逐热点。

2.1.3 网络经济的技术环境

现代信息技术为信息时代的网络经济提供了先进的技术环境，主要涉及信息搜集、处理、存贮、传输和应用五个方面。从硬件设备来看，网络经济运行必备的要件就是电子计算机网络，它是通过通讯设备和电讯线路将处在不同地理位置中相对独立的多个电子计算机联接而成的复杂系统，可以实现数据通信、资源共享和分布处理等功能。用于电子计算机之间联络的通讯连线形式多样，可以是双绞线、同轴电缆、光缆等有形形态（见图2－2～图2－4），也可以采用无线传输媒介，例如微波、红外线、激光以及卫星线路等。

在远程联接和传输过程中，为了避免电子信号的远距离衰减和失真，往往还会在线缆上安装中继器。复杂一些的情况包括：如果由一根接入线联接多台终端设备来集中协同工作，就需要有集线器的帮助；如果用的是诸如电话线之类的模拟信号网线，就需要用调制解调器来帮助完成由电话线传输的模拟信号和供电子计算机使用的数字信号之间的转换。即便是这样，也只是实现了初级网络，即局域网的联接。按照电子计算机终端设备之间距离的远近，或电子计算机网络覆盖地域面积的大小，可以将电子计算机网络从小到大划分为局域网、城域网、广域网、国际互联网。国际互联网中包含了无数个广域网，广域网中包含了无数个城域网，城域网中包含了无数个局域网，局域网由单个电子计算机终端所组成。为了实现从一个域网到另一个域网的联接，必须使用路由器，这样局域网便联接成为城域网，城域网又可以联接成广域网，广域网便构成了国际互联网，因此，国际互联便是由全球各地的大量的路由器所联接的广域网或局域网所构成的。此外，在各种域网中，有些电子计算机终端设备的地位和作用是不同的，这就是工作站和服务器。各种域网中都充斥着各种类型的针对数据共享的服务请求和服务提供，这些工作都是由域网中的工作站和服务

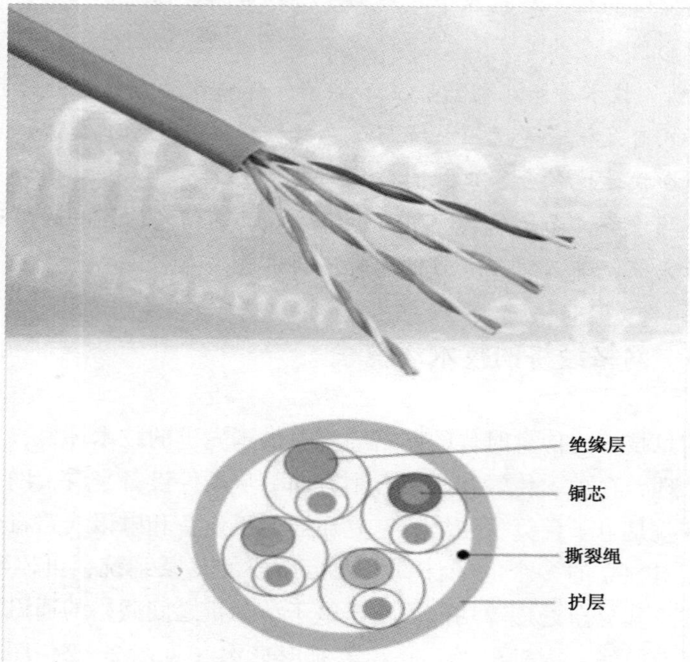

【图2-2】双绞线，由两条相互绝缘的导线按照一定的规则互相缠绕在一起而制成的一种用于数字信号传输的通讯网络连线

器来完成的，尤其是在域网中联接的电子计算机数量较多，共享资源规模较大的场合。其中专门用于存储和管理共享数据的电子计算机被称为“服务器”，域网中其他的电子计算机被称为“工作站”。

电子计算机和网络之间的通信联络、资源共享等功能的实现除了要利用上述各种硬件设备之外，还必须借助一系列的软件或协议来达成。例如在国际互联网通过 WWW 程序浏览网页时，通过点击链接，将访问请求转达到相应的服务器上调用程序来执行访问请求，并将结果反馈工作站。这种被调用的软件就是网络操作系统，它是向各种域网中计算机提供服务的，运行在服务器上，在联网的计算机用户之间实现共享，基于普通的电子计算机操作系统，增添了网络操作所需要的能力的特殊操作系统。网络操作系统不同于运行在工作站上的单用户操作系统；由于所提供服务类型的差异，也不同于只有分时操作功能的多用户操作系统。网络操作系统不但可以确保多用户同时对资料数据的访问，还可以管理各用户的权限，确保关键数据的安全。现在常用的网络操作系

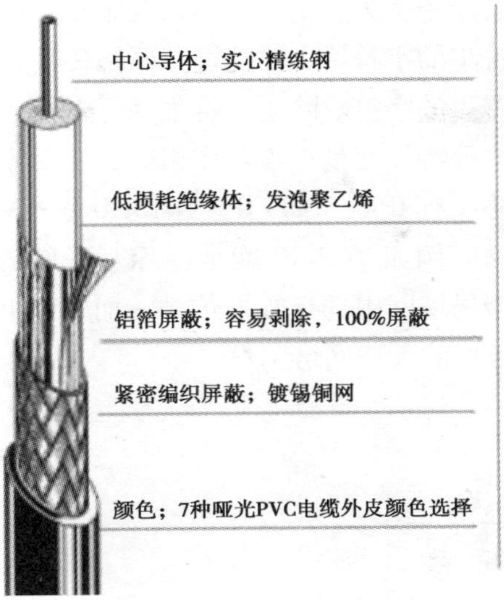

【图 2－3】在有线电视网络中广泛采用的同轴电缆

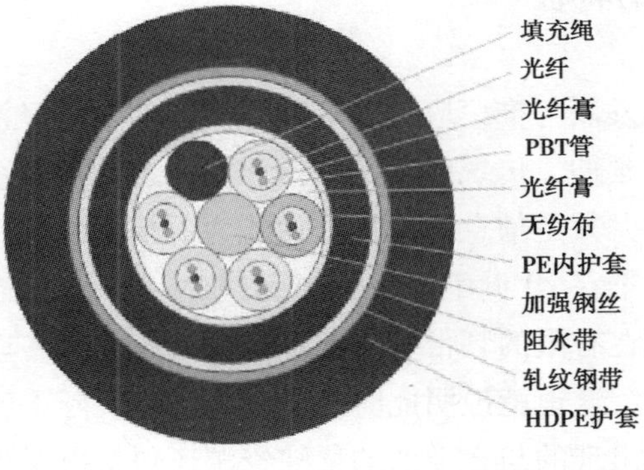

【图 2－4】光缆已经逐渐取代铜缆成为信息时代最主要的通讯连线方式之一

统软件有 Windows NT、NetWare、Unix 和 Linux 等。各种域网都由许多具有信息交换和处理能力的电子计算机以及下级域网相互联接所构成，为了确保整个域网有条不紊地工作，就要求每台电子计算机或下级域网都必须遵守一些事先约定好的有关数据格式以及时间顺序等方面的规则。而网络协议则是在网络中的各种终端设备之间进行互相通信联络时所必须遵守的规则、约定或标准。简单地说，各种域网中的电子计算机想要实现顺利的相互通信，就必须使用同样的网络语言，这就是网络协议。例如，当某域网中的一台工作站与服务器进行通信时，如果电子计算机终端所采用的字符集不同，便会导致服务器无法识别由工作站传输来的命令。为了实现通信，规定双方都必须将各自字符集中的字符转换为标准字符集的字符后，才能进行网络传输，待到达对方主机后，再转换为该终端的字符集的字符。除了字符集字符，其他诸如显示格式、行长、行数、屏幕滚动方式等特征变量也需要作相应的转换才能被对方主机所识别和响应。常用的网络协议有 IPX、TCP/IP、NetBEUI、NWLink 等，它们分别适用于不同的场合和网络，例如 TCP/IP 就是国际互联网的基础通信协议，NetBEUI 则特别适合在小型局域网中进行数据传输，而 NWLink 则主要面向使用 Novell 公司 NetWare 服务器的大型网络用户。

2.2 网络经济的特点

2.2.1 网络经济的特征

现代信息技术的发展与推广应用，造就了新型的网络经济运行形态，这并不是工业经济的简单延伸，传统的经济理论和规则遭到了颠覆，其中首当其冲的便是由于人类智力尤其是信息的搜集处理能力的提高所导致的对稀缺资源的定义的改变。例如，早在 20 世纪初，世界无线电联盟就开始遭遇有关无线电频带的使用问题，即在有限的频带宽度和地理区域内，某一段无线电频率只能提供给一组用户使用，这也就说明此时的无线电频率实际上已经成为一种稀缺资源。在信息时代新出现的与之类似的稀缺资源还包括电子计算机中的存储空间以及国际互联网中的地址空间等。在网络经济中，信息资源、注意力资源也成为企业关注的重点。信息资源的特殊性在于可以进行代际之间的转移和积累，而且还具有再生性，但这是一个长期的过程，包括采集、整理、加工、维护、更新等环节，以及在此基础上进行的开发、管理和利用。信息资源的有效开发，能够极大地提高传统实体资源的使用效率。从某种程度上来看，信息资源是无限的，面对这种无限的信息资源，人类自身的注意力资源就变得相对有限和稀缺了，这已经成为网络经济中各商家争夺的热门无形资产，这是网络经济中实现潜在购买力的前提和关键。

信息时代的技术发展也为经济运行打破了时空的限制。国际互联网络的运转是不分地域全天候连续进行的，它可以在全球范围内进行信息的搜集和传播，相关产品和服务的交易也没有地理位置的障碍，原来由于时差等因素无法完成的经济活动也能通过国际互联网络顺利开展，全球化真正在网络经济中得到了实现。受到人力、物力、财力的限制，传统经济运行往往在时间序列上表现出串行的特征，而现代信息技术的发展和应用为经济活动的并行运转提供了巨大的帮助，经济运行的时间成本大大降低，生产经营的效率大为提高。借助现代信息技术的帮助，跨越国界甚至洲界的巨额资金流动都可以在很短的时间内精准地完成，这在传统的时间和空间概念中是难以想像的。

信息时代的经济运行构筑在虚拟空间中，因此，网络经济常常呈现出明显的虚拟化的特征，这也是数字化时代的外在表现形式。电子计算机本身是具有实体形态的，但由它构建起来的网络世界尤其是国际互联网络却是不可捉摸的，在其基础上开展的网络经济活动也就具有了虚拟化的特征。但是网络经济无法脱离外部实体经济而独立存在或运行，网络经济与现实世界是相互依存、相互促进的。在网络经济运行中，传统经济的产品和服务被进行了数字化处理，产品和服务的传播变成了数字、信息的沟通，数字化产品和服务的边际收益呈现出递增现象，企业的扩张成本、营销成本大为降低。同时虚拟化、数字化的产品和服务的市场价格逐渐下降，消费的边际效用呈现出递增态势，需求持续增长。在供需两方面积极因素的共同推动下，网络经济已经成为当前经济发展的新方向。

2.2.2 网络经济与工业经济

工业经济依靠机械动力迈入了现代化的大门，但相较于传统的工业经济而言，网络经济的智能化和自动化的程度在现代信息技术的帮助下得到极大提高，相应地增进了劳动生产效率，社会分工更加细致入微，新市场和新产品层出不穷。信息时代的网络经济发展已经不再单纯依靠劳动者的体力，而更多地转向通过知识、信息与传统生产要素的结合以实现更大的增长效用。就连财富也不再简单地以物质来衡量，智力、知识同样成为财富的源泉和代表。传统产品和服务中知识、智能的含量不断增加，简单机械已被智能机械所替代，这些都归功于现代信息技术的发展和推广应用。电子数据处理成本以及通信成本大幅度下降，国民经济各领域、各部门都在飞速地进行着自动化和智能化的改造和重构。例如，办公室里的智能化办公系统，家庭里的智能化家用电器，工厂里的自动化生产线，农村的自动化农用设备等，都是网络经济发展阶段性成果的真实写照。

网络经济运行中海量信息的搜集和传输都是通过通信连线来实现的，有形的如光缆，无形的如微波，通过这些渠道来搜集和传输信息，已经能够达到实时的效果。再加上电子计算机等自动化、智能化的终端设备和智能应用软件的帮助，对信息的处理和应用也能够达到快速和优质的要求。也许还无法分清到底是网络经济实现了快速优质，还是优质快速的要求催生了网络经济，但不可否认的是，网络经济可以更快速、更方便、更直接地在产品服务的直接供应者和直接消费者之间进行沟通。市场、企业的组织构架正在重建，管理层次、中间环节丧失了其存在的必要性而逐渐减少，甚至生产者和消费者之间的绝对分野也在模糊化，双方可以通过互联网络对产品服务进行即时交流，也就是说消费者可以对设计和生产提出建议，生产者可以指导消费者使用，这样既有利于降低社会整体交易成本，也可以不断提高社会经济效益。网络经济的快速与高效不但体现在生产和经营的具体活动中，甚至还能在产业升级结构调整中得到体现。现代信息技术的发展是日新月异的，以此为基础的网络经济与传统经济运行模式相比，就更加在整体上注重教育培训和研究开发。网络经济中的企业如果不能持续地进行创新，很快就会被竞争对手赶超和淘汰。网络经济中的创新不仅仅体现在产品服务创新和技术创新上，还包括制度创新、理念创新、管理创新和组织结构创新等方面。只有不断创新的经营模式，不断创新的产品和服务，才能确保和拓展企业的市场份额和持续发展的动力。

2.2.3　网络经济的核心

网络经济是建立在遍及全球范围的，由电子计算机、通信技术、信息资源等构成的复杂网络系统基础上的，其核心就是综合性的全球信息网络平台，在这个平台上开展的经济活动是在全球范围内的相互开放、相互联动、资源共享的。各国社会经济、各领域的相互依存和双向交流，相互的贸易往来、投资、文化交流等活动都离不开国际互联网络。在国际互联网络的帮助下，在“开放、共享、双赢”的理念的推动下，企业之间的竞争与合作的范围已经跨越国界、洲界，甚至竞争与合作二者已经相互交融在一起，企业发展活力和应变能力得到了极大的提高。遍布全球的跨国企业集团所占比重的上升就是一个明显的例证。企业之间的竞争优势不仅需要由传统的物质资源来维系，更要依赖信息、知识以及客户关系。对资源的占有方式也由以往的独占转为推广和共享，企业之间、企业与客户之间的竞争中包含了合作依存，合作中又蕴藏着良性的竞争推动，互联网络让这一切的实现更加灵活和有效。

综合来看，网络经济是典型的以网络为工具、以信息为核心资源、以经济全球化为目标、以组织结构扁平化为表现形式的经济运行模式。在网络经济中，信息技术研发、信息服务、电子商务和其他相关信息产业成为主导产业。网络经济不仅以国际互联网为工具和平台，而且将现代信息技术和互联网络资源渗透到社会经济的各个领域，并发挥着核心的推动作用。网络经济脱胎于传统工业经济，其核心内容就是现代信息技术尤其是互联网络技术与传统工业经济融合在一起，以实现传统产业的信息化和网络化。虽然网络经济不可避免地会给传统工业经济带来巨大的冲击，但是网络经济的发展离不开新型信息产业和网络信息技术的支撑，还必须渗透到传统工业经济各部门中去发挥其能动的作用。传统工业经济的信息化、网络化改造，不仅是在为网络经济的发展拓展空间，更是为自身的不断发展提供持续的动力。

2.3 网络经济的交易原则

传统的工业经济依靠大批量和大规模的物质生产来推动，企业运营往往表现出典型的资源密集型或劳动力密集型的特征，其交易原则也基本符合古典经济学的原理，如资源稀缺、边际收益递减、垄断与竞争、规模经济效应等规律就是工业经济运行的精辟论述。但在信息时代的网络经济运行中，经济规律和交易规则已经在悄然发生着改变。例如，能够被人类所开发和利用资源的种类和数量大大增加，尤其是信息资源、知识资源甚至有无限扩展的趋势；边际收益递减和规模经济有限的趋势也逐渐被互联网络范围的扩展所抵消。网络经济共享化、传播化的特性有力地促进了生产率的提高，推动了传统产业的调整和重构，开发了新型的产业模式，对全球经济发展起到了积极的影响。

2.3.1 边际收益/效用递增

古典经济理论中关于边际收益或边际效用的描述都是在一定阶段后会呈现出递减态势，也就是说不论是什么样的产品和服务，随着生产量或消费量的递增，企业或个人获得的生产利润或消费效用会逐渐递减，这种现象大多是伴随着边际成本递增的现象而出现或导致的。对于生产者或者消费者而言，随着生产或消费规模的提高，收入或满足感增加的速度已经逐渐跟不上成本或倦怠感的上升速度了，这种情况在规模扩大到一定程度时还会随着生产和消费数量的增加，单位净收入或净效用呈现为零甚至为负值。传统工业经济中的生产者或消费者就是根据边际收益递减或边际效用递减规律，在单位产品服务的净收入或净效用为零时停止生产或消费的，市场中的供给与需求在此时也就实现了均衡状态。

【小笑话】吃饼

相信许多人小时候都听过这样一则小笑话：

有一个人饿极了，便到一家小吃店买饼吃。他吃完一个饼不饱，接着吃第二个饼。这样一连吃了六个饼，他还不饱。直到吃完第七个饼，他才感到满足了。可是，这时他突然懊悔起来："唉，早知道这样，我一开始就吃第七个饼，岂不够了，何必白白吃那六个呢?"

这个小笑话如果还要延续下去的话，那么就让这个人继续吃第八个饼、第九个饼……大家可以设想一下，他一定会感到吃不消，这时他所能感觉到的效用简直就是一种惩罚了。这便是边际效用递减规律起到的作用。

但是在信息时代的网络经济中，边际收益或边际效用递减的规律常常与现实世界产生矛盾，甚至出现了边际收益递增的现象。按照古典经济学对边际收益递减的描述，边际收益递增就是指在生产者的产量逐渐上升时，由于平均成本不断被摊薄，使得单位产品的边际收益呈现递增态势。其实这种情况在传统工业经济中也并非罕见，例如，某企业固定成本的绝对金额以及所占比重都很高，这家企业要达到规模经济或是边际收益递减的拐点就很漫长，这样它在很长的一段时间内都能维持着边际收益递增的状态。但是就传统工业企业而言，这种状态不可能持续太久，这是由于传统工业经济主要依靠人力、物力之类的物质性生产要素的投入来进行，这种物质性生产要素的绝对金额和所占比重越高，在一定时间内的确可能会带来边际收益递增的效果，但物质性生产要素的易损耗、难再生、难管理等特征导致必须不断更新和补充才能维系生产的顺利进行。所以当达到规模经济后，物质性生产要素的单位更新成本、管理成本等开始急速上升，甚至超过了其新产生的单位收入，因此，出现边际收益递减是必然的。

不过在边际收益递减规律中有一个前提：技术水平更新和生产要素投入不会出现太大、太频繁的变化。这是符合传统工业经济时代的现实的。但是看看信息时代的网络经济，就会发现这种前提难以存在。这其中最主要的原因就是信息、知识和技术这种新型的生产要素已经成为经济发展的内生变量，信息、知识和技术具有不同于传统工业品的特性，它既不可能为私人所独占，也不完全是公共品，介于两者之间，同时具有非竞争性和部分的排他性。对于大部分信息、知识和技术而言，完全独享的专利或是彻底的保密是无法实现的，任何企业和个人创造的新信息、新知识和新技术对外界而言都具有正的外部性，因此，不论是创造还是模仿都可以实现递增收益。这样，在信息、知识和技术的无损耗性、非稀缺性、可共享性、可累积性等本质特征的共同作用下，信息、知识和技术作为新型要素投入到生产中，还会改变原有的生产要素形态、特性和生产方式，最终在整体上造就一个边际收益递增的经济发展模式。在信息时代，与网络经济相关的信息、知识和技术的更新是日新月异的，它们不论是对传统生产要素还是新型生产要素的改造也是非常迅速的，从宏观的视角来看，企业生产的要素投入永远不会饱和，永远达到规模经济，因此，生产者将持续处于边际收益递增阶段。例如，复制软件、拷贝电影等活动，其初始投入成本或固定成本相对较高，但增加复制量或拷贝量的边际成本却很小甚至接近于零。在这种情况下，随着产量的无限增加，平均成本将逐渐趋近于零，净收益的递增空间也就近似于无限了。这样就导致网络经济中生产者的行为不同于传统工业经济中的企业，传统工业企业由于对成本控制有一定的限度，因此，往往倾向于垄断市场以便控制销售价格，达到增加收入的目的。但在信息时代的网络经济中，项目的初始成本或固定成本往往很高，但追加成本或变动成本却很低，例如，一个数据库的建立需要耗费大量资金，但在投入使用后，不论是少数人使用还是更多的人使用，所耗费的追加成本或变动成本却相差无几，也就是说其边际成本近似于零；再例如，一条电讯渠道开通后，无论每天使用多少次，所需耗费的成本几乎相等。这说明信息时代网络经济中的很多产品和服务可以供许多人同时享用、传播和存储，这就是网络经济中用户共享所导致平均成本逐渐趋近于零，边际收益递增的现象。

【小故事】知与惑

芝诺是古希腊著名的哲学家。一天他的一个学生问他："老师，您的知识比我的知识多许多倍，您对问题的回答又十分准确，可是您为什么总是对自己的解答有疑问呢?"芝诺顺手在桌上画了一大一小两个圆圈，说："大圆圈里的是我的知识，小圆圈里的是你的知识，我的知识比你的多，但这两个圆圈外面的就是你我无知的部分。我的圆圈比你的大，因此我无知的范围也比你大。这就是我为什么老是怀疑自己的原因。"

网络经济的实质就是整个社会经济的运行都已经实现了网络化，而且网络也不仅仅只是一种信息交流的渠道和方式，网络已经成为一个吸纳、承载人类社会的生产、生活、娱乐、休闲的综合平台，这是人类社会的一种崭新的生存方式。当知识、信息成为资源、成为消费品以后，正如庄子所说的，"吾生也有涯，而知也无涯"。对于这种消费品来说，人类的消费欲望是永远不能得到满足，永远无法感到倦怠的。因此随着消费量的上升，边际收益将持续处于上升阶段。

2.3.2 网络效应

在传统工业经济的发展中，规模效应起到了不可忽视的推动作用，同样，在网络经济中也存在着一股强大的推动力量，这就是网络效应，也就是网络的外部性。例如，当一条电讯渠道开通、一台通讯终端安装好以后，仅仅依靠拥有者一人是无法产生任何效用的，他必须与这条线路另一端的其他人进行联络，才会让这个渠道、这个终端的使用价值得到实现。也就是说，必须要借助看似虚拟的网络的力量，这些实体的物件才会变得有用。网络的范围越大，外部联络的人越多，这条线路、这个终端才会越有用。这一点类似于传统工业社会里的交通运输业，人越多，车越有用；车越多，路越有价值。在信息时代的网络经济中，通讯线路、计算机终端、软件等产品和服务都具有这样的网络效应。尤其对于电子计算机的操作系统和应用软件而言，网络效应更加显著。软件这类典型的新型信息产品的成本结构十分特殊，主要是前期投入的高额固定成本，但是一旦开发成功投产后，成本则陡然降低，特别是诸如软件复制的成本几乎为零，即可变成本非常低。因此，软件的追加的边际成本低，使得其平均成本随着使用者的数量或是与之相兼容的其他软硬件的数量的增加，所开发出来的操作系统和软件的价值就越大，这也就是许多软件业巨头能够在一定程度内容忍盗版和非法复制的根本原因。

3COM 公司的创始人、电子计算机网络的先驱——罗伯特·梅特卡夫就这种网络效应还提出了著名的梅特卡夫定律，即网络的价值与联网的用户数的平方成正比。梅特卡夫定律实际上可以推广到网络经济中的大多数商品和服务，也就是说网络中的电子计算机越多，网络和电子计算机等商品和服务的价值就越大；创新的技术、知识和信息也是随着使用者的增多而变得更加有价值。就好像仅仅一部电话机几乎没有任何使用价值，单单几部电话机的价值也十分有限，但是一旦当成千上万部电话机组成了四通八达的通讯网络后，现代通讯技术的价值就被急剧放大了。所以任何创新型的信息技术都必须达到一定的使用者规模，从而确保其价值的实现。而这种使用者规模的达成，又要取决于使用者参与这种信息产品和服务所需的成本。信息资源以及大多数信息产品和服务在消费过程中的损耗极低，甚至可以零损耗，知识、技术、软件等等只能“被消费”，但总不至于像面包一样“被消费掉”。而且这些新型信息产品和服务的消费过程甚至还能创造出新的资源和产品。例如，开放式的操作系统 LINUX 就是在全球使用者完全免费、自由的开放式、兼容式的“消费”过程中逐渐发展壮大起来的。其实作为垄断经典案例的微软的崛起也与它最初推出的开放式、兼容式的 DOS 操作系统以及其他具有正外部性的产品和服务所发挥的网络效应是分不开的。

以信息时代网络经济中的办公软件的消费为例，会发现一个有趣的现象，就是当人们在选择办公软件时，最关键的标准可能并不是质量、技术、外观、价格等常见指标，而是兼容性。一旦自己选择的办公软件与别人甚至是大多数人不一致时，就会产生交流困难，因此办公软件的使用者往往会选择最流行的，也就是根据别人的标准来选择，而且这种网络效应还具有自我实现的现象。试想一下，如果大家都选择微软公司的 MS OFFICE 办公软件，那么这种软件的共享性、兼容性自然也就相应提高，其价值也就随之增大，甚至使用者的消费习惯还会被沉淀在微软公司的同类产品中。而中国金山公司的 WPS 办公软件，在 Windows 95 基本垄断家用电子计算机操作系统市场时，并未及时做出技术上和营销上的调整，导致在办公软件市场的惨败。直到 2005 年，金山公司开始尊重使用者的习惯，推出了与微软产品能够双向兼容的 WPS Office 2005，才开始逐渐收复办公软件市场的失地。金山公司在办公软件领域和微软公司的十几年竞争中，从占尽先机（20 世纪 90 年代初曾横扫大江南北）到迅速落败，再到 WPS Office 2005 的崛起，真切地说明了在信息时代的网络经济中，忽视和排斥网络效应的企业只会走向最终的失败。

网络经济中的网络效应来自网络所提供的外部性，其中既包含网络体系中的成员生产或消费共同的产品和服务所带来的直接效应，例如电子通讯、网络服务、电子商务等等；也包括由于网络体系中针对某种产品和服务的生产量或消费量的激增，而带动相关的上下游产品、互补商品或附加服务的生产量或消费量的急剧上升的间接效应。如当前由于电子计算机、多媒体播放设备、智能手机等硬件所带动的软件产业的蓬勃发展。又如，由于 3G 智能手机的快速推广普及，针对 3G 手机开发的软件也逐渐增多；正是由于手机软件的应用，使 3G 手机的使用越来越简单方便和功能全面，反过来又推动了 3G 手机的生产和消费。这样，不论是 3G 手机制造厂商，还是手机软件开发机构，甚至还有 3G 手机的使用者都获得了更高的收益和效用。国际互联网络的发展和建设中也存在着这样的直接或间接的网络效应，随着互联网络用户的增多，互联网络的平均建设成本越低，网络建设商和服务提供商所能提供的新产品和新服务也就越多，这样既有利于吸引新用户的加入，同时也带给老用户更多的收益和效用，还能够促进更多的投资进入来提供新的网络、网站、产品和服务。互联网络的拓展与网站建设构成了螺旋上升趋势的良性的互动循环。

信息时代网络经济中的网络效应除了正的外部性之外，不可避免地带来了一些不好的外部性影响。例如，随着互联网络用户增多，覆盖范围扩大，网络拥堵现象也变得越来越严重了，使得使用者在使用网络获得愉悦的过程中逐渐感受到了痛苦。还有一个有趣的例子也可以说明网络效应的负外部性问题，这就是大家经常使用的电子计算机的键盘。很多人并不知道键盘上各个按键的布局规律，为什么要将键盘上的按键排列成为“QWERTY”这样的形式？说来令人吃惊，这样的布局不是为了方便，而是为了不方便。最初的键盘布局（打字机）是按照字母顺序排列的，其全机械的结构导致输入速度过快时会出现卡键现象，于是美国人克里斯托夫·拉森·肖尔斯便将最常用的字母分别安置在相反的位置，以尽可能地放慢敲键速度从而避免卡键。那么现在的信息技术手段已经完全解决了卡键问题，为什么还要使用这种低效率布局的键盘呢？答案很简单，因为随着使用的人不断增多，使用者已习惯了，要改变原来的键盘布局也就困难了。

【小知识】键盘布局的历史渊源

【图2-5】打字机

1868年美国的克里斯托夫·拉森·肖尔斯取得了打字机的专利权，最初的打字机拥有活动的架子、让打字纸转行的控制杆以及按照英文字母顺序排列的键盘（见图2-5）。但是这种早期的打字机的“ABC”键盘布局，在打字员快速敲击键盘的时候，常常引起按键堵塞。肖尔斯于是重新排列了键盘，以“QWERTY”键盘布局替代了最初的“ABC”键盘布局，即将最常用的字母按键分别放置在键盘上相反的方向，最大限度地降低打字员的敲键速度以避免卡键现象，最终有效地解决了机械式键盘拥堵的问题。

但是依照现代的观点，肖尔斯的“QWERTY”键盘布局存在着较多的缺陷。比如，大多数打字员习惯使用右手，但使用“QWERTY”键盘，却是由左手承担了大部分工作；需要频繁地使用最不灵活的小指和左无名指；排列在中列的字母按键的使用效率较低；最常用的字母按键距离位置太远等等。

虽然现代的电子计算机的键盘已经完全不存在机械式的阻塞、卡键之类的问题，但是100多年以来的习惯已成自然，已经让“QWERTY”键盘布局成为现代电子计算机键盘布局的“实际”标准。

【图2-6】“DUORAK”键盘布局

1930年奥格斯特·多冉柯（August Dvorak）将9个最常用的字母放在键盘中列，这就是效率更高的“DUORAK”键盘布局，极大地减少了打字员的工作强度。例如，使用

“DUORAK”键盘的打字员手指无须离键就能打出至少 3 000 多个字，而“QWERTY”键盘只能打出 50 个字。“DUORAK”键盘让右手负担了大部分的工作；最常用、最灵活的手指的工作量最大；绝大部分的敲击工作是在中列进行。可惜不久之后第二次世界大战爆发，物资匮乏，最终“DUORAK”键盘未能投入实际生产。

2.3.3 网络正反馈机制

《圣经·新约全书》“马太福音”第 25 章中有这样一段描述：“凡有的，还要加给他，叫他有余；没有的，连他所有的也要夺过来。”这种现象在现实的市场经济活动尤其是在利益分配活动中常有一致的结果，这就是著名的“马太效应”。信息时代的网络经济中，“马太效应”在网络正反馈机制的作用下更加显著了。基于人类的心理特征和行为惯性，网络经济活动中的优势或者劣势一旦形成，就会在网络正反馈机制的作用下进入一种不断自行强化的状态，在循环累积中导致强者越强、弱者越弱的局面，甚至出现更加极端的强者统赢、赢家统吃的结果。

【小故事】《圣经·新约全书》“马太福音”第 25 章中的寓言

一个人要往国外去，就叫了仆人来，把他的家业交给他们，按各人的才干给他们银子，一个给了 5 000 两，一个给了 2 000 两，一个给了 1 000 两，就出发了。那领 5 000 两的，把钱拿去做买卖，另外赚了 5 000 两；那领 2 000 两的，也照样另赚了 2 000 两；但那领 1 000 两的，去掘开地，把主人的银子埋了。

过了许久，主人远行回来，和仆人算账。那领 5 000 两银子的，又带着那另外的 5 000 两来，说：“主啊，你交给我 5 000 两银子，请看，我又赚了 5 000两。”主人说：“好，你这又良善又忠心的仆人。你在不多的事上有忠心，我把许多事派你管理。可以进来享受你主人的快乐。”那领 2 000 两的也来，说：“主啊，你交给我 2 000 两银子，请看，我又赚了 2 000 两。”主人说：“好，你这又良善又忠心的仆人。你在不多的事上有忠心，我把许多事派你管理。可以进来享受你主人的快乐。”那领 1 000 两的也来，说：“主啊，我知道你是忍心的人，没有种的地方要收割，没有散的地方要聚敛。我就害怕，去把你的1 000两银子埋藏在地里。请看，你的原银在这里。”主人回答说：“你这又恶又懒的仆人，你既知道我没有种的地方要收割，没有散的地方要聚敛，就当把我的银子放给兑换银钱的人，到我来的时候，可以连本带利收回。”于是夺过他的 1 000 两来，给了那有 10 000 两的仆人。

与网络正反馈相反的是负反馈机制，传统工业经济中的强者变弱、弱者变强的最终结果并不是完全竞争，在负反馈机制作用下也很难出现绝对的垄断，最可能的结局就是形成几家实力相当的行业巨头瓜分市场的寡头局面。当某一家寡头企业试图争夺更多的市场份额时，将会导致市场竞争加剧，而且当市场规模或企业规模达到一定限额后，企业增长就变得非常困难，这样如果盲目扩张，反而有可能会给其他寡头企业甚至是实力更弱的公司以更多的机会。在负反馈机制作用下，市场实现的是几家寡头企业和平共处的局面，而不是单个企业垄断市场的极端。但在网络经济中，一旦技术领先或成熟，并转化为产业进行批量生产后，随着用户熟悉度与产品改进度之间的相互正反馈机制的作用，最终只有一家企业独占绝对优势。例如用户在选择电子计算机的操作系统时，主要的标准是软硬件之间以及与其他用户之间的兼容性问题。20 世纪 80 年代苹果公司推出的 MACINTOSH 操作系统实际上也相当优秀，但最终却彻底败给了微软公司的 DOS 和 Windows 操作系统，其主要原因就在于价格略微偏高以及开放性、兼容性稍差等当时并不甚显著的劣势。随着 DOS 和 Windows 操作系统在个人电子计算机市场上份额逐渐增长，以及其他厂商推出的新的软硬件产品与之良好的兼容性，用户发现微软公司的产品越来越具有吸引力，而与此同时，MACINTOSH 操作系统的市场份额却在持续下降，用户开始担心后续软硬件开发的支持可能会减少，于是更加不愿购买此类产品。微软公司的优势被网络经济中正反馈机制放大，成为电子计算机操作系统市场上最终的胜利者。成功引发更大的成功，失败导致更大的失败。这就是正反馈机制的本质。

在网络经济中，相关信息产品和服务的价值取决于其用户数量的多少，随着新用户的加入，相关信息产品和服务的价值提高，促进厂商的投入以及产品和服务质量提高，从而又进一步吸引更多的新用户。不断上升的吸引力最终击溃了潜在用户的信心，最终倾向于市场上的强者，使得行业中的厂商出现了强者更强、弱者更弱的局面。由于信息产品和服务一般要基于某种软硬件系统才能实现其生产或消费，所以拥有绝对优势的产品和服务往往会成为市场上的标准和范式，而使用者也在长期适应过程中形成了习惯，这种消费习惯的改变是十分困难的，这种消费模式上的“锁定”特征也是促成正反馈机制的重要原因。使用者在适应过程中要耗费大量的学习成本，一旦当软硬件系统发生根本性转换时，重新构建新的生产或消费模式，需要耗费更多的转换成本，这就在实质上限定了使用者的自由选择空间，使用者甚至不会基于质量和功效来进行选择，而是代之以熟练程度这类看似简单甚至不太合理的标准。

3.

货币的变化

3.1 货币的历史和演变

货币已经有几千年的历史，它不但是用来衡量商品价值的尺度，也是固定充当交换等价物的手段，还是商品货币经济中的主要付款方式。从本质上来看，它是一种具有最普遍接受性的特殊商品。既然涉及到大多数人的选择和接受度，那么在不同时期、不同地点，不同文化背景、不同喜好的影响下，这种固定充当一般等价物的特殊商品在形态上有诞生、兴旺到灭亡的过程。自古以来，货币的形态千变万化，因时而异。例如，我国古代就曾经出现过铲形的布币、刀形的刀币、内方外圆的铜钱，也使用过充当货币的黄金和白银。到了近代，世界各国的金银货币更是纷纷以漂亮华丽的金银铸币形态出现在各种经济活动之中。这些金银铸币上面的花纹精美，图像造型栩栩如生，俨然艺术珍品。后来，金银铸币又逐渐被纸质形态的钞票和银行支票所替代。现在进入了信息时代，网络经济中所有实物形态的货币正在逐渐消失，取而代之的要么是一张张材质不一的卡片，要么干脆是一串串虚无缥缈的数字代码。

3.1.1 原始形态的实物商品货币

纵观人类社会的历史会发现，货币并非个人聪明才智的发明，也并非政府的凭空捏造，它跟许多事物一样是人类长期社会实践的产物，是社会经济发展和商品交换活动的必然结果。在遥远的原始社会，最初由于自然条件的差别，“靠山吃山，靠水吃水”，在长期的劳动实践中出现了专业劳动和社会分工。但人类的生产需要和生活需要仍然是多样化的，这就迫使社会必然存在着以交换为表现形式的经济依存关系。同时，生产力水平的发展，剩余产品的出现，导致了私人占有制度的形成。在社会分工和私有制的共同作用下，以市场交换为目的的商品市场蓬勃发展起来。

最初的商品交换形式是物物交换，这其中就蕴含着原始形态的货币的萌芽。原始社会的交换是在偶然的时机与地点，用已经满足自身需要之外的剩余产品拿来交换，通过这种偶然的交换关系，剩余产品就转换成为商品。此时一把斧子的价值是通过一种简单的偶然的形态表现出来的，可能是一只羊，也可能是五斗小麦或是什么其他商品。虽然这种看似简单的物物交换实际上很难经常发生，但如果能够分清在此类交换中的不同商品之间的主从地位，就不难看出其中涉及到的原始货币的萌芽（见图3－1）。

【图3－1】物物交换

如果原始社会中的人们不论其是否真实需要使用斧子，但都普遍接受它（或许是由于自信这把斧子肯定会被其他人所接受），那么，斧子这种商品最终就会成为衡量和表现其他商品价值的砝码和镜子。例如，一把锋利的斧子能换到两只羊，而一把做工粗糙的石斧也许连一只羊腿也换不来。虽然斧子仍然具有自身独特的使用价值和价值，但它在此类交换过程中逐渐演变成为专门表现其他商品的价值的特殊材料，也就是说它成为“一般抽象劳动的表现形式”，于是乎，处于等价物形态的斧子就具有了货币的雏形（见图3－2）。此后，随着生产力的发展，商品交换更加频繁广泛地进行，出现了更多商品之间交换的现象，这把斧子的等价物范围也更加广泛了，它们之间的交换比例关系也相对固定下来，羊、镰刀、大米、盐、布帛、猪等商品的价值都能通过斧子来表现和衡量。这样，虽然斧子还是具有使用价值和自身的价值，但它最终必定还是会基于商品交换的需要，逐渐从普通商品世界中分离出来成为一种特殊的商品，也就是作为其他商品的“一般等价物”，这便是原始形态的实物商品货币的诞生历程。

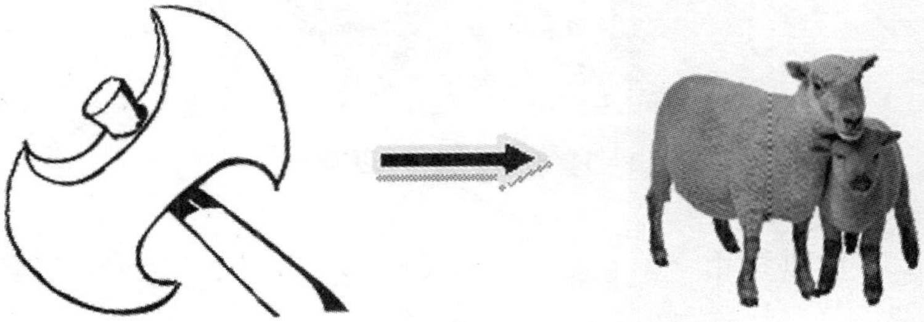

【图3－2】1把斧头＝两头羊

最早作为商品货币的实物很多，有劳动工具类的刀、铲、斧等，也有牲畜类的牛、羊、猪、马等，也有作为装饰类的贝壳、布帛、皮革、玉石等，当然也包括五谷类的米、粟、麦等。这些商品货币或自然物货币的典型特征是除了充当一般等价物之外，还可以因其使用价值而直接使用或消费。中国最早出现的货币包括贝类和布帛，从“货币”两个字的字形就可以看出，“货”字从“贝”形，“币”字从“巾（即布帛）”形，其他诸如“贸易”、“赏赐”、“财货”、“借贷”、“集市”之类与经济贸易活动有关的词语也都与“贝”字和“巾”字有关。这说明，在文字被创造和使用之前，贝、布等就已经被当作货币了。世界上还有许多国家和民族都曾经使用过龟壳、贝类、兽齿、兽角、珍珠之类的自然物作为货币，其中以贝最为普遍（见图3－3）。例如，在印度、阿拉斯加、加利福尼亚、新几内亚、所罗门群岛等地都发现过贝、犬牙、猪獠牙等实物商品货币。这类实物商品货币的共同特点在于外形美观、易于雕琢、坚固耐用、便于携带和转让，并且可分离、可计数以作为计量单位。谷物、牲畜等也因其使用价值稳定，接受程度较高，故而不时地出现在实物商品货币的序列中。但这些实物商品货币的缺陷也是显而易见的，诸如形式不统一，质地不均匀，易消耗磨损，不便于携带和分割，自身价值易波动等，因此，随着社会生产力的发展，尤其是手工业从农业中分离出来之后，金属货币开始逐渐取代原始的实物商品货币，成为货币形态的主流模式。

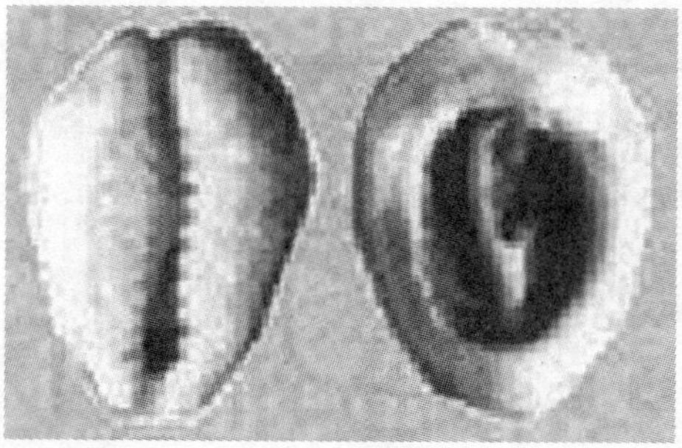

【图 3－3】最早的货币：天然海贝

3.1.2 金属货币

随着社会生产力的发展，金属冶炼、金属锻造之类的手工业逐渐从农业中分离出来，流通中的金属制品逐渐增多，原始实物商品货币所不具备的优良特性也逐渐被人类认识和掌握。金属物品的主要优点是质地均匀、坚固耐用、便于铸造、便于分割和称量，于是金属物品在市场上的可接受程度逐渐超过了原始的实物商品货币，最终在流通中成为占主流地位的货币形式。

中国古代将所有金属统称为“金”，并根据其外观色泽的差异划分为五类，这就是“五金”的由来，包括黄金、白银、赤铜、青铅、黑铁。其中的铅因其质地太软、耐磨性较差，而不宜单独制作为货币（但是经常作为铸币中的辅助添加材料），其他的金、银、铜、铁四种金属都曾经长期被单独作为货币（或铸币材料）来使用。黄金、白银的蕴藏量比赤铜、黑铁更为稀少，开采和提炼过程中需要耗费更多的劳动，所以它们的价值更高，因而被称为“贵金属”（见图 3－4 和图 3－5）。有趣的是，古代白银曾一度比黄金还值钱，究其原因就是开采和提炼的困难程度超过黄金。虽然总的来看白银的蕴藏量要比黄金多，但最初发现的黄金都在地表面上，而白银却深埋于地下，因此白银采掘十分困难，其价值反而比黄金还高。后来因为采掘技术的进步以及银矿资源探明量的增加，白银的采掘效率大大提高，同时地表面上的金矿基本已经采掘殆尽，白银的价值才逐渐下降到黄金以下。相比较而言，赤铜和黑铁的储量极为丰富，而且开采和冶炼所需耗费的劳动较少，故而价值相对低廉，被称为“贱金属”。

【图3－4】黄金

【图3－5】白银

中国最早的金属货币是商朝的铜贝。商代在我国历史上也被称为“青铜器时代”，当时相当发达的青铜冶炼业促进了生产的发展和交易活动的增加。于是，在当时最广泛流通的贝币由于来源的不稳定而使交易发生不便，人们便寻找更适宜的货币材料，自然而然集中到青铜上，青铜币应运而生。但这种用青铜制作的金属货币在制作上很粗糙，设计简单，形状不固定，没有使用单位，在市场上也未达到广泛使用的程度。由于其外形很像作为货币的贝币，因此人们大都将其称为“铜贝”。据考古材料分析，铜贝产生以后，是与贝币同时流通的，铜贝发展到春秋中期，又出现了新的货币形式，即包金铜贝，它是在普通铜币的外表包一层薄金，既华贵又耐磨。铜贝不仅是我国最早的金属货币，也是世界上最早的金属货币（见图3－6）。

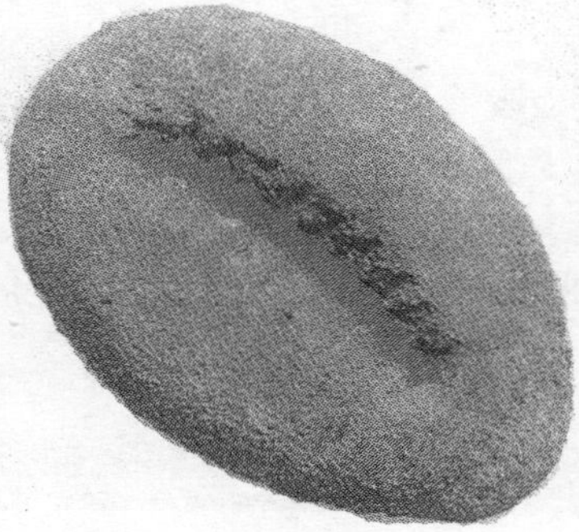

【图3－6】最早的金属货币：铜贝

【小知识】鬼脸钱

鬼脸钱是中国春秋战国时期楚国制造和使用的仿贝货币——铜贝，其高约1.8厘米，重约0.6~4.1克，形似海贝，并非某一时期某一种钱币（见图3－7)。

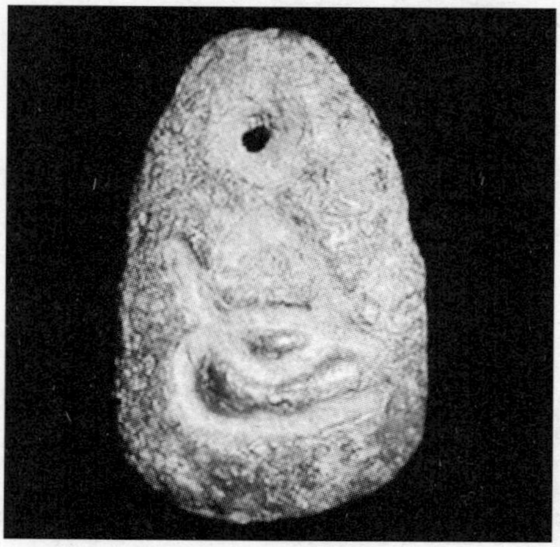

【图3－7】鬼脸钱

“鬼脸钱”是后人根据其形状而叫的别称或俗称。该钱币形似瓜子，正面有阴文，下端有孔（大多未穿透)。其上附以特殊的安、君、忻、金、行、陶、贝、三，特别是“咒（一说为哭）”等铭文和圆孔后，看上去，有鼻子有眼有嘴巴，很像人的脸，加之其又黑又丑的缘故，人们就叫它“鬼脸钱”。

在金属货币时代，因铜来源丰富，加工简便，而且也是制造生产生活用具最重要的原材料，在市场上拥有最广泛的需求度和最高的接受度，所以，最初的货币材料选择的是铜。这也是最为普遍的金属货币的材料。由于早期铁的性质不佳，熟铁过于柔软，可锻不可铸；生铁过于硬脆，可铸不可锻，再加上铁锈蚀状况远远严重于铜，因此除了少数盛产铁矿的地区之外，铁并未成为普遍的金属货币的主材。而在社会经济长期发展过程中，尤其是在商品货币经济较为发达的阶段和国际经济贸易活动中，金银等贵金属开始替代铜铁等贱金属成为最佳的金属货币的材料。这主要还是因为金银拥有比铜铁更好的坚固耐磨、可分割、稀缺、美观、价值相对稳定等特性。还有一点就是金银本身硬度较低，主要是作为装饰品或奢侈品的主材，在古代并未大量用于生产和生活领域，因此，其使用范围反而不如铜铁等贱金属材料广泛，也就不会出现货币与生产、生活工具相互争夺原材料，从而影响币值稳定和经济运行的现象。金银自身的特性决定了它们极为适合作为货币，所以马克思才会有如此的精辟论断：“金银天然不是货币，但货币天然是金银。”至此，货币这种一般等价物已经由金银这种特殊商品来固定充当了，而早期物物交换中关于时间、地点需求等的多重偶合的矛盾已经被这种固定充当一般等价物的特殊商品所解决了，极大地促进了商品生产和商品交换，推动了社会生产力的发展。

【小故事】中国面值最大的古铜币

中国历史上面值最大的铜币，当推新朝王莽（公元 8～24 年）发行的“国宝金匮直万”古铜币，面值为 1 万枚五铢钱。据史料记载，王莽在位 16 年，由于国库空虚，所以共进行了 4 次货币改革，每改一次，就搜刮老百姓一次。“国宝金匮直万”是王莽最后一次货币改革铸造的，其形状如葫芦。上部为方孔圆形，铸有“国宝金匮”篆字；下部为正方形，上铸篆体“直万”两字，字体十分精美；中部系一短颈，联接上下两部（见图 3－8）。

“国宝金匮直万”钱，由于面值过高，发行时间很短，清代之前没有发现其实物。至清光绪二十七年（1901 年），西安一农民在平地时发现两枚。一枚被古币收藏家张叔驯购得。另一枚被英人柳玛购去，后由上海集币家张晋购回，以后又归陈仁涛收藏。20 世纪 50 年代初，中国政府用重金将其购回，现

【图3－8】西汉末年王莽在位时所铸的“国宝金匮直万”钱

藏于中国历史博物馆。

最早出现的金属货币，尤其是贵金属货币，一般都是只经过冶炼但未经过精密铸造的任意形状的金属块，甚至是直接装在小囊袋中的无固定形状的砂金。例如，在13世纪的俄罗斯莫斯科地区所使用的通货就是无固定形状限定的银条，而“卢布”的本意就是银条上的一段。中国古代也曾出现过饼状、锭状、砖状等形形色色的金属货币。此时的金属货币并未完全脱离其商品形态，一旦需要，还是可以再次熔铸加工成为所需的生产工具或生活用具。而且作为货币使用时也需要进行称量、鉴定和分割，较为不便。由于金属块的成色、称量等争议性问题的存在，使用中的携带、分割非常不便，给商品交易带来了不小的麻烦。于是私人和国家开始利用自身的信誉为金属块打上烙印，以证明其成色和重量，最终这一烙印被统一为国家标记，这便是金属铸币的出现过程。金属铸币出现后，人们便不再用金属货币的重量而只是用金属货币的数量来计算商品交易的价值了，例如中国的“铢”、“两”，英国的“镑”，德国的“马克”等，都曾是古代传统的重量单位，后来被移植到货币的数量单位上。

中国的铸币历史悠久，中国也是使用金属铸币最早的国家之一，其中铜币是最主要的铸币，金银一般只是在大宗交易和馈赠赏赐等场合使用。先秦时期，中国便有了贝币、布币、刀币、环币等多种铸币形式，秦统一中国后将全国货币铸造成为秦国的半两环币形式，汉武帝时期又将铸币形式变更为五铢方孔圆形铜钱，自此，方孔圆形的金属铸币形式便在中国延续了几千年。从铸币的形式来看，最初的铸币都是仿制原始的实物商品货币形态。例如，由于天然海贝不足，出现了仿制的铜贝币；在中原农业地区出现的布币便是仿制当地重要的农业生产工具——镈（类似于现代的铲子）；在渔猎较为发达的齐、燕、赵等地出现了仿制刀器的刀币；西北方的秦国则根据纺轮和玉璧的形状铸造了圆孔或方孔的环币。在秦灭六国后，由于刀币、布币等体积大，棱角多，不宜携带，易折损等缺陷，铸币被统一为环币形态，后为了加工时固定铸币而将中孔统一为方孔，这便是在中国流行了几千年的主流铸币形态。

秦统一中国，也统一了货币（见图3－9），规定黄金为上币，单位是

“镒”（合20两）；铜为下币，单位是“半两”。半两钱在战国秦即已铸行，初为国钱，旋即改为方孔圆钱。秦统一以后，将半两钱推行全国。自此，方孔圆钱这种货币形制一直沿用了两千余年。

【图3－9】方孔圆钱

汉武帝元狩五年，诏令各郡国铸行五铢钱，被称为“郡国五铢”，又叫“元狩五铢”。钱文为“五铢”，小篆书，光背，正面有轮无廓，背面则轮、廓俱备。钱直径2.5厘米左右，重约3.5～4克（见图3－10）。

【图3－10】五铢方孔圆形铜钱

金属铸币由于有国家严格的铸造制度作为保障，成色、重量稳定，便于计数、分割和携带，因而很快便受到人们的欢迎。最初的金属铸币中实际所含的金属重量与其名义含量（即政府宣称的金属含量）是完全一致的，这也是传统重量单位能够被用作货币单位的主要原因。金属铸币在流通过程中，如果更新的速度跟不上磨损的速度，就一定会出现铸币中的实际金属含量小于其名义金属含量的现象，但此时由于政府的法律和强制力的保障，这种不足值的铸币仍能够按照其宣称的面值进行流通，这就为后来用纯粹价值符号来替代实物金属作为货币提供了可能。

银元起源于15世纪，始铸于欧洲，俗称“洋钱”、“花边钱”或“大洋”，是银铸币的通称，是世界上银本位制国家的主要流通货币。大约在16世纪，银元传入我国。1890年（光绪十五年）官方开始正式铸造银元，民国时期建立银本位货币制度以后，也以银元作为主要流通币。银元是近代币收藏的重要币种之一（见图3－11）。

西方铸币以金银为主，形状为无孔圆形，上面雕刻有精美的图案，不像中国铸币主要以铜为主，方孔圆形的外观，只有字而无图案，制作较为粗糙。从16世纪起，西方的银铸币即现在俗称的“银元”，就开始大量流入中国。到

【图 3-11】光绪银元

19 世纪中叶鸦片战争后，墨西哥的银元即鹰洋广泛流通于中国长江以南地区，这种外国铸币不但因其所含银质精纯、成色重量准确、标准化程度高、计数方便而受到民众的普遍欢迎，而且影响了中国铸币制度改革。19 世纪清道光、光绪年间，为抵制外币对流通的影响以及解决军饷供给等问题，清政府开始铸造银元作为法定本位币。大清银元为了便于流通，基本与墨西哥银元一样都是重库平七钱二分，成色为90%，并且铸造五角以下的银币、镍币和铜元作为辅币。同时由于铜价和物价的上涨，政府便不再铸造方孔圆形的铜币，并不断销融回收旧有的铜币。从此中国使用了两千多年的古老的方孔钱就这样悄无声息地退出了货币的历史舞台。“中华民国”成立后，政府仍在继续铸造银元，其中北洋政府铸造的带有袁世凯头像的银元被民间称为“袁大头”，1927 年国民党政府还铸造过带有孙中山头像的银元，这两种银币尤其是“袁大头”的流通逐渐占据主流，外国银元和清代银元在市场上逐渐绝迹。

辛亥革命以后，袁世凯就任“临时大总统”之职，后又成为正式大总统。当时，为了巩固国内政局稳定，发展民族经济，也为“制宪”和“称帝”做准备，于是毅然决定在全国“统一币制”。民国三年（即 1914 年）制定了“中华民国国币条例”，于是大量收购旧币，在天津造币总厂和武昌、广州、南京等分厂按规格、重量等铸造袁世凯头像银币，全国通用，逐渐取代了“大清银币”等银币，这便是我国历史上发行量最大、流通最广、存世量最多的 10 余种“袁大头”机制银币（民国三年、八年、九年、十年等）（见图 3-12）。

3.1.3 纸币

随着现代社会经济的发展，黄金和白银等贵金属的数量和开采量已经完全

【图 3－12】“袁大头”银币

不能适应经济发展过程中生产和交换的需要，因此逐渐退出了货币领域。就目前来看，黄金、白银主要用于首饰、电子工业、牙科以及其他工业及装饰领域，只有少数用于纪念币等特殊货币的铸造，而且在货币总量以及整个贵金属用量中的所占比重已经大为下降了。如果金属货币也不能满足交易流通的需要，那么到底以什么样的材质来制造货币才行呢？这就出现了以兽皮、布帛、纸张等为原材料印制的纸币。

虽然金属货币与原始的实物商品货币相比较，具有质地均匀、坚固耐用、便于铸造、便于分割和称量等优点，但仍然会产生磨损和锈蚀，而且不便于进行大宗交易和大量携带。最重要的是，黄金、白银这类贵金属在自然界中要么含量稀少，要么难以开采和提炼，甚至就连赤铜、黑铁这类贱金属的数量和开采量也往往在特定时期不能满足市场交易流通的需要，因此，作为替代品的纸质的货币就应运而生了。中国在汉武帝时期就曾因金属（主要是赤铜）的不足而发行过以珍贵的白鹿皮为材料印制的鹿皮币，每张一尺见方，上绘有彩画，每张鹿皮币面值四十万文铜钱。唐宪宗时期为解决大宗交易金属货币在携带和交易中运费昂贵且风险颇高的问题，曾由地方政府发行过一种带有汇票性质的名为“飞钱”的纸币。宋朝初年四川经济较为发达，商品交易频繁且量大，但当地使用的却是非常难以携带和运输的铁钱，于是商家自发印制一种名为“交子”的纸币，后转为由政府专设机构——交子局以铜版彩色印刷，并每三年更新一次。到元明时期，中央政府印制发行了名为中统钞、大明宝钞之类的纸币，并一度限制金属货币的使用，使得纸币的性质从代替一一对应的金属货币的代用货币转换成为强制流通、不兑换的信用货币，这已经与现代的纸币相差无几了。

交子，是世界最早使用的纸币，发行于北宋前期（1023 年）的成都。最初的交子实际上是一种存款凭证。北宋初年，四川成都出现了为不便携带巨款的商人经营现金保管业务的“交子铺户”。存款人把现金交付给铺户，铺户把存款数额填写在用楮纸制作的纸卷上，再交还存款人，并收取一定的保管费。这种临时填写存款金额的楮纸券便被称为“交子”（见图 3－13）。

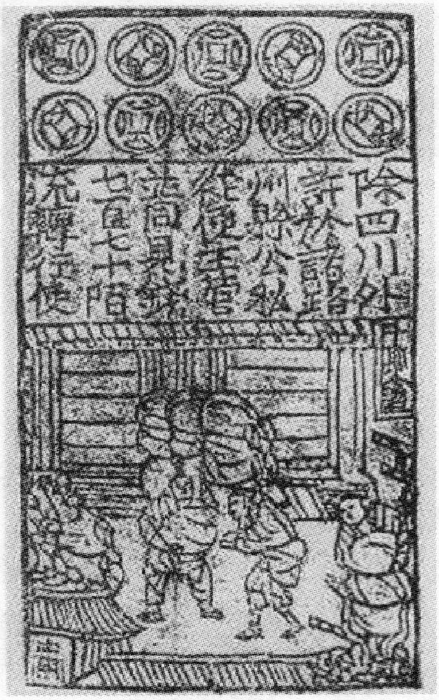

【图 3－13】 交子

“中统元宝交钞”是中国现存的最早由官方正式印刷发行的纸币实物。刻版印制时间为元代中统元年（公元 1260 年）的忽必烈时代。这种纸币已与现代的钞票别无二致。“中统元宝交钞”在元代有极重要的历史文化地位，于元中统元年（1260 年）发行，一直沿用至元末（见图 3－14）。

大明宝钞是明朝官方发行的唯一纸币，该纸币贯行于明朝 270 多年（见图 3－15）。

库克群岛是新西兰所属的太平洋岛屿，人口仅数千。由于人口较少，自古以来崇拜生殖。在发行的纸币上印上了他们所崇拜的生殖神图腾，可以说是在全世界纸币中绝无仅有的（见图 3－16）。

【图 3－14】中统元宝交钞

【图 3－15】大明宝钞

西方国家的纸币，尤其是作为近现代纸币鼻祖的银行券或银行钞票的出现，与西方商品经济的发展和银行业的兴盛有着密切的关联。现代银行的雏形最早出现在十六七世纪商品经济较为发达的意大利、荷兰等国。最初的银行券只是由银行发行的一种存放黄金、白银等贵金属的凭证，后来随着商品经济的

【图 3－16】《金钱的艺术》一书作者大卫·斯坦迪什公开的最漂亮的十大纸币之一：库克群岛元

发展，尤其是在商业贸易中的赊销等活动的增多，银行券逐渐演变成交易中流通的纸质货币。在西方商业贸易中，凡是涉及金额较大的赊销活动，都要求买方签署记明还款期限、地点和金额的商业票据，而在票据尚未到期以前，持有这张票据的卖方可以在票据背面签名（表示承担连带还款的责任，即现代所谓的“背书”），然后将此票据代替真实的金属货币（即现金）支付给第三方。第三方也可以依此例继续签名背书来代替现金的支付。有时票据持有者也可以将此票据打折出售给银行（即现代的银行票据贴现业务），银行可以直接将现金给付持票贴现者，也可以用自己开列的银行券来兑换。这两种结果看似是一致的，即持票贴现者直接从银行兑换得到现金，然后再将现金存入该银行换回一张存放凭证，也就是兑换了一张银行券，但其实是有很大差别的。如果持票人贴现得到现金，然后再以现金进行交易，这时的银行主要发挥的是买卖票据、存管现金的作用；但如果持票人贴现后拿到银行券，而不去兑换成现金（当然如果想兑换还是完全可以的），却直接以银行券进行交易支付，那么此时的银行券就已经开始替代金属货币行使交易媒介的职能了。

最初的银行券的面值与所存管的金属货币之间是一一对应的，即十足的、百分之百的现金准备，从而可以保障纸币不至于因为滥发而贬值。但是这种方法只解决了携带方便的问题，对金银等金属的占用量仍然很大，这时金属铸币时代发生的一个现象，为解决金属材质的不足提供了可能。在金属铸币时代，金属铸币常因磨损锈蚀而导致实际金属含量低于名义面值的情况发生，但这并未影响到这种货币的流通，原因就在于政府法律和强制力或者是发行者信誉的保障。从这点来看，如果呆板地按照十足的金属准备来发行银行券，对商品流通并没有什么特别的意义，但是却会造成货币供需无法灵活地根据商品交易和社会经济的需要来自由调节的窘境，同时也束缚了银行等金融机构的手脚。因此，自19世纪中叶以后，西方资本主义国家普遍采取了部分现金准备制度，即在印制发行银行券等纸币时，只需保有纸币面额的部分金属量即可。例如，1857年德国规定的现金准备为纸币发行额的1/3，1914年美国规定的纸币发行只需40%的黄金准备。此举节约了金属货币，推动了银行券等纸币的广泛使用，增加了货币供应量，推动了商品流通乃至整个商品经济的发展。相比较金属货币而言，纸币的价值比金属稳定（纸张的数量远比金属的数量充足），便于携带，而且不怕磨损（当然纸币更易磨损，但其更换成本较低，因此可以常换常新）。但是纸币的缺陷也相当明显，就是由于纸币的实际价值与名义价值之间的巨大差异，会诱使发行者出于逐利目的而滥发或者伪造，一旦出现这种状况，就会严重危害物价体系的稳定和社会经济的运行，甚至还会导致政权的更迭。因此在19世纪到20世纪，各国政府出于监管和获益的考虑，将纸币发行权逐渐收归政府独有，这就为纸币的发行流通增加了法律和强制力的保障。这种看似一文不值的纸币在流通中更受欢迎，逐渐由与金属货币一一对应、可以自由兑换的代用货币，发展成为完全与金属货币脱钩、只是根据实际经济运行状况来发行和流通的信用货币。随着1971年美国政府宣布美元停止与黄金的兑换，包括黄金在内的金属彻底走下了货币的舞台。

3.2 信息时代的电子货币

20世纪随着社会经济的发展，商品交易的范围和规模在急剧扩大，金融活动所涉及的金额也在飞速增长，纸币在交易中也出现了携带、计数不便等问题，于是一种以银行存款为基础签发开列出来的凭证——支票开始加入货币的行列。持票人可以将支票拿到银行要求兑换成现钞，银行收到支票后，根据开票人即存款人的存款状况将所列金额的现钞支付给持票人。持票人也可以直接将支票用于商品服务的购买或是债务的支付。在现代社会，支票与现钞的作用完全相同，而且使用更加方便，金额可以自由调整，遗失后可以挂失，在很多经济金融较为发达国家的交易中，支票偿付的形式大为流行，已经远远超过了现钞的使用量，尤其是在企业之间的大宗交易中。从此货币开始从固定面值的形式逐渐转化为可以任意调节数额的纯粹价值符号形式，也就是说货币自支票、活期存款账户等流行之日起就已经开始了数字化的转变。银行存款和支票之所以能够代替真实的现钞完成媒介交易、支付债务甚至储存财富的职能，主要得益于发达的现代银行业的支付清算系统。银行在专业技术手段的帮助下，通过储户所开设的存款账户，为储户之间的资金往来、债权债务关系等提供清算和支付的服务，实现支付指令和资金数据的传递和清算。因此，从某种意义上可以认为，银行转账服务推动了货币的无纸化发展，也为电子货币的出现奠定了基础。

顾名思义，电子货币是一种以电子化的数字符号为形式，以各种磁卡、芯片等电子介质为载体，通过电子流、电磁波、光波、电脉冲等方式来传输的货币形式。虽然其外观发生了巨大变化，但其实质仍然是交易媒介、财富代表和支付手段，仍然采用法定的单位进行计数和标价。电子货币目前仍然没有诸如金属铸币、纸币一样的固定的外观形式和统一的存储介质或载体，因为它是与现代信息技术发展紧密结合的产物，随着现代信息技术的不断发展及其普及应用的深入，新型的技术和设备的出现和推广往往会导致新形式的电子货币的出现。从电子货币的实际应用来看，它的表现形式是多种多样的，而且对应着不同的支付方式和流通模式，对于交易程序而言，也各有其不同的适用范围。

电子货币是现代信息技术与货币发行流通相结合的产物，也是现代科学技术介入经济金融活动后出现的新生事物。随着现代信息技术的发展和在银行业中的普及应用，存贷系统、清算系统、支付系统和转账系统等逐渐实现了数字化和电子化，资金的流通通过电子化的数据符号来进行记录，并交由电子计算机等信息终端来处理、保存和传输，这种高效的资金融通方式适应了现代商品经济对资金高速流转的需要，电子货币逐渐取代纸币，成为货币流通、资金融通中的主流形式。在电子货币的使用过程中，首先是由客户在银行开设账户并存入一定金额的现钞，然后在接受电子货币的商家购物或进行转账支付等活动时，由银行把描述货币金额的普通数据转换成为一系列加密的数列，然后将这些数列通过电讯线路传输到商家的收款银行或其他收款行，再由这些银行将这些加密数列还原为货币金额存入指定账户中。这一系列过程虽然节约了印制货币的纸张等材料，简化了交易、支付的手续，提高了资金流通速度和使用效率，但对银行、商家甚至用户的软硬件技术设备的要求都很高，而且在电子化过程中也出现了新的安全问题。由于电子货币极易伪造、复制或是不当使用，而且这种新型的安全性问题又无法依靠传统的防伪技术来解决，因此，现代信息技术手段，例如，软硬件加密系统、密码技术、路由器等网络设备的安全保护功能就显得至关重要了。

在电子货币的出现和使用过程中，银行的介入是关键。银行只有在客户的要求下，将客户的存款或现钞转换成为电子数据并载入某种载体中，才能形成电子货币。而且在电子货币的使用过程中，客户不论是支付还是接收，都必须向银行提出申请并通过银行的电子转账系统和电子支付清算系统来完成。电子货币借助银行、商户以及个人之间的电子计算机等终端设备和电信线路的联接，无须考虑地理距离的远近，以电子化的信息数据形式进行传输，通过银行自动化的支付清算系统简单便捷地实现了资金的转移和债权债务关系的转换。

【小知识】支付宝模式

支付宝（中国）网络技术有限公司是国内领先的独立第三方支付平台，是阿里巴巴集团的关联公司。支付宝致力于为中国电子商务提供“简单、安全、快速”的在线支付解决方案。

基于交易的进程，支付宝在处理用户支付时有两种方式。

第一种方式：买卖双方达成付款的意向后，由买方将款项划至其支付宝账户（其实是支付宝在相对银行的账户），支付宝发电子邮件通知卖家发货，卖家发货给买家，买家收货后通知支付宝，支付宝于是将买方划来的款项从买家的虚拟账户中划至卖家支付宝账户。

第二种方式：是支付宝的即时支付功能，“即时到账交易（直接付款）”，交易双方可以不经过确认收货和发货的流程，买家通过支付宝立即发起付款给卖家。支付宝发给卖家电子邮件（由买家提供），在邮件中告知卖家买家通过支付宝发给其一定数额的款项。如果卖家这时不是支付宝的用户，那么卖家要通过注册流程成为支付宝的用户后才能取得货款。

有一点需要说明，支付宝提供的这种即时支付服务不仅限于淘宝和其他的网上交易平台，而且还适用于买卖双方达成的其他的线下交易。从某种意义上说，如果实际上没有交易发生（即双方不是交易的买卖方），也可以通过支付宝向任何人进行支付。

第三方支付的意义：

第一，第三方支付平台提供一系列的应用接口程序，将多种银行卡支付方式整合到一个界面上，负责交易结算中与银行的对接，使网上购物更加快捷、便利。消费者和商家不需要在不同的银行开设不同的账户，可以帮助消费者降低网上购物的成本，帮助商家降低运营成本；同时，还可以帮助银行节省网关开发费用，并为银行带来一定的潜在利润。

第二，较之 SSL、SET 等支付协议，利用第三方支付平台进行支付操作更加简单而易于接受。SSL 是现在应用比较广泛的安全协议，在 SSL 中只需要验证商家的身份。SET 协议是基于信用卡支付系统的比较成熟的技术。但在 SET 中，各方的身份都需要通过 CA 进行认证，程序复杂，手续繁多，速度慢且实现成本高。有了第三方支付平台，商家和客户之间的交涉由第三方来完成，使网上交易变得更加简单。

第三，第三方支付平台本身依附于大型的门户网站，且以与其合作的银行的信用作为信用依托，因此，第三方支付平台能够较好地突破网上交易中的信用问题，有利于推动电子商务的快速发展。

3.3 电子货币的载体——银行卡

早在 20 世纪初的美国，一些百货商店、饮食娱乐企业和石油公司为了招徕顾客，推销商品，扩大营业额，在一定范围内发给特定顾客一种信用筹码，持有者可以凭借此类信用筹码以赊销的方式来购买这些企业的商品和服务，然后在一定期限内付款。这就是商业信用卡的雏形。到了 20 世纪 60 年代，银行卡很快受到社会各界的普遍欢迎，并得到迅速发展，在全球各地都盛行起来，银行卡也取代商业信用卡成为电子货币的主要载体。

【小故事】银行卡的由来

1952 年，美国加利福尼亚州的富兰克林国民银行作为金融机构首先发行了银行信用卡。1959 年，美国的美洲银行在加利福尼亚州发行了美洲银行卡。此后，许多银行加入了发卡银行的行列。到了 20 世纪 60 年代，银行信用卡很快受到社会各界的普遍欢迎，并得到迅速发展，信用卡不仅在美国，而且在英国、日本、加拿大以及欧洲各国也盛行起来。从20世纪70年代开始，中国香港、中国台湾、新加坡、马来西亚等发展中国家和地区，也开始发行信用卡业务。

20世纪70年代末期，当中国打开国门，大胆引进外国的先进科学技术和管理经验的同时，信用卡作为国际流行的信用支付工具也进入中国，并得到较快的发展。1979年，中国银行广东省分行首先同香港东亚银行签订协议，开始代理东美信用卡业务，信用卡从此进入中国。不久，上海、南京、北京等地的中国银行分行先后同香港东亚银行、汇丰银行、麦加利银行以及美国运通公司等发卡机构签订了兑付信用卡协议书。

1985年3月，中国银行珠海分行第一张“中银卡” （BOC卡）问世。1986年6月，中国银行北京分行发行了长城信用卡，经中国银行总行命名后，长城信用卡作为中国银行系统统一的信用卡名称，在全国各地的中国银行分支机构全面推广。

1985年3月，身处沿海开放特区的中国银行珠海市分行成立了我国境内第一家信用卡经营公司——珠海市信用卡有限公司，并发行了境内第一张信用卡——中银卡。此卡当时仅限在珠海地区使用，发行量较少（见图3-17）。

【图3-17】中国第一张信用卡——中银卡

银行卡是目前最主要、最流行的电子货币载体，它的使用方式是通过与电子计算机系统相联接的读卡设备来读取持卡人的卡号和密码等相关信息，加密后通过银行的支付网关发送到持卡人开户银行的互联网站中，由开户银行确认身份和金额等信息无误后，从持卡人的账户中划拨金额进行转账支付，并将相关支付信息反馈回来。银行卡的使用对信息技术及安全技术的要求很高，尤其是在进行在线支付过程中，发卡银行必须对持卡人、商家以及付款要求的合法性、合规性等进行验证。

目前银行卡的主要材料基本上都是塑料，但其中的存储介质各有不同，大小一般为 85.60 × 53.98mm（即 3.370 × 2.125 英寸），但是也有比普通卡小 43% 的迷你卡和形状不规则的异型卡。为了便于在刷卡器上使用和标准化的管理，国际标准化组织制定了 ISO 7810 系列文件来规范银行卡的物理特性，包括制造的材料、结构和尺寸等，甚至对银行卡上的凸印字符、磁条的特性等都进行了规范。

3.3.1 借记卡与贷记卡

根据银行业务类型，可以将银行卡划分为借记卡、贷记卡和准贷记卡等几种类型。借记卡是一种必须事先在银行卡中存入一定金额的现钞，然后才可以直接在互联网络中或者是特定的终端设备（如 POS、ATM 等）上通过银行支付网关来进行消费、转账或提取现钞的银行卡，它没有透支功能，卡内存入的现钞金额按活期存款计付利息，消费或取现时资金直接从储蓄账户中划拨出来。西方国家由于金融消费习惯的影响，银行的借记卡出现较晚。例如，在美国的借记卡是在 20 世纪 90 年代中期才问世，但由于在低端消费支付市场上不可替代的作用，近年来发展较快，形成了与贷记卡既竞争又互补的局面。与之相反的是，我国由于传统消费习惯、文化背景和理财理念等因素的作用，借记卡一直是银行卡的主要形式，现在很多商业银行已经将借记卡作为一个综合业务平台，或者是展示自身形象的窗口和向更新型的业务发展的纽带。

贷记卡则无须事先在卡内存入一定金额，而是由发卡银行给予持卡人一定的信用额度，持卡人便可在信用额度内先消费后还款，这就是通常所称的“信用卡”。贷记卡在消费还款时往往可以享受一定的免息还款期（一般最长为 56 天），还可以自主选择分期还款的最低额。贷记卡还可以在诸如 ATM 之类的终端设备上取现，此时银行往往会收取一定的利息，这类似于持卡人在信用额度内进行了个人贷款活动，当然这种取现在一定期限内也是必须偿还的。

准贷记卡是一种兼具借记卡和部分贷记卡功能的银行卡，可以实现转账结算、存取现金、信用消费、网上银行交易等活动。尤其是当刷卡消费、提取现钞时，如果存款账户中的余额不足，发卡银行允许持卡人在规定的信用额度内透支消费或取现。这是一种具有强烈中国色彩的银行卡，20 世纪 80 年代后期当西方的银行卡制度刚引进内地时，由于当时个人信用体制并不完善，造成单纯的信用卡在使用中存在很多问题，推广也很困难。因此，中国的银行业便对国外的银行卡制度进行了一些改造，将国外传统的借记卡和信用卡二者结合起来，兼具二者的部分功能。例如，在使用时必须先存款后消费，也对存款计付活期利息，但在购物消费时可以在核定的额度内进行小额透支，只是这些透支金额没有免息还款期，也不能自主选择最低还款额，而是必须一次还清。准贷记卡是中国银行业为了适应政治经济体制改革、经济社会发展水平、人民群众生活与消费习惯，而创新出来的一种具有中国特色的银行卡品种。随着现代信息技术手段的发展以及现代信用体系的完善，这种颇具地方特征和时代色彩的准贷记卡已经逐渐向纯粹的借记卡和纯粹的贷记卡进行转化了（见表3－1）。

表3－1　　借记卡、准贷记卡以及贷记卡的区别

借记卡	准贷记卡	贷记卡
先存后用	先存后用，可适当透支	先用后还
存款计息	存款计息	存款不计息
同城取现无手续费	同城取现，无手续费	取现收取高手续费
年费很低	年费介于借记卡和贷记卡之间	年费最高
无使用年限限制	使用年限最长为两年	使用年限一般为3年
不提供对账单，可索取	不提供对账单，可索取	每月免费提供账单
不可透支	可透支（额度小）	可透支（额度大）
	无免息期	最长56天的免息期
	透支之日起每天按万分之五计单利	免息期后，每天按万分之五计复利
	最长透支天数60天	无透支天数约束

3.3.2　磁条式银行卡

虽然银行卡的主体材料基本上都是塑料，但塑料卡片上的存储材料有很多种类型，根据不同的存储介质材料和技术特征，可以分为磁条卡、芯片卡（包括IC卡、智能卡等）等等，这其中也可以反映出现代信息技术发展和在金融领域中应用的轨迹。

早期出现的银行卡是在普通的塑料卡上压贴一个磁条，或者是将液体磁性材料涂覆在卡片上，以磁条中的磁性材料作为载体来记载相关的数据信息，因此被称为“磁条卡”或“磁卡”。磁条卡的信息读写相对简单容易，使用方便，制作成本较低，技术上也较容易实现，对发卡银行的相关设备终端的要求并不高，因此在普及推广中发展非常迅速。但磁条卡磁性介质的性能不太稳定，可靠性较差，在强磁场或潮湿等外界环境影响下很容易导致磁条卡的故障或失效，而且磁条卡本身的技术含量并不高，存储容量有限，数据信息的擦写、复制甚至篡改都十分容易，保密性相对较差，磁卡信息的泄露和盗用时有发生，在使用中往往需要有电子计算机网络或银行的中央信息数据库的支持。因此，目前的磁条卡已经逐渐开始退出银行卡的领域，主要在一些短期使用的场合出现，如小金额的电话卡、商场优惠卡等。

3.3.3 芯片式银行卡

芯片卡是信息技术进一步发展的产物，传统的磁条式银行卡很容易被复制，安全性较差，而且只能在特定终端设备上实现一次性交互的数据信息的存储功能。当技术条件成熟时，普通的磁条式银行卡向安全性更高、功能更强大的芯片式银行卡发展，就顺理成章地成为未来银行卡的大趋势。

最早的芯片式银行卡是将一个专用的集成电路芯片镶嵌于塑料基片中，故被称为“集成电路卡”，即 IC 卡（Integrated Circuit Card）。最初由日本的有村国孝于 1969 年 12 月提出。1974 年法国的罗兰·莫雷诺将可进行编程设置的集成电路即 Integrated Circuit 芯片嵌入塑料卡片，发明了早期的 IC 卡。后来在 20 世纪七八十年代，随着超大规模集成电路技术、电子计算机技术以及信息安全技术等现代信息技术的发展，IC 卡因其良好的安全性和可靠性逐渐在商用领域推广开来。现在的 IC 卡的防磁、防静电、防机械损坏和防化学破坏等优良性能更加突出，卡内数据信息可以保存上百年，读写次数超 10 万次，连续使用时间至少 10 年以上，因此，它的应用范围早已不再仅限于发明初期的通讯领域，而是广泛地应用于金融、社保、交通旅游、医疗卫生、政府行政、商品零售、休闲娱乐、校园管理等领域。

芯片式银行卡的基材仍然主要是采用塑料片，但它的核心不是磁性介质，而是嵌入到银行卡的塑料基片中的具有存储、加密和数据处理功能的超大规模集成电路即微型处理器。与传统的磁条式银行卡相比，芯片式银行卡的安全性更高，存储量更大，对电子计算机网络或银行中央信息数据库的依赖性更小，在未来互联网络覆盖范围进一步扩大的情况下甚至可以实现一卡多用（例如城市一卡通模式）。芯片式银行卡不仅具有普通磁条式银行卡的所有功能，还能够提供身份认证、非接触式交易、会员管理、积分管理和信息储存等智能化的服务功能。比传统磁条式银行卡更加先进的是，芯片式银行卡容量大，可以存储密钥、数字证书、指纹等加密的资料信息，其工作原理类似于微型电子计算机，能够有效防止数据信息被仿冒复制或者是被盗用，具有更高的安全性。它不但可以实现脱机的小额支付，还可使用非接触界面，也就是实现类似于公交卡之类的即刷即走的快速支付。目前在西方许多金融发达国家，甚至是国内的一些大城市中，芯片式银行卡（或多功能卡）已经得到成功应用和推广。比如宁波的"市民卡"，除了银行借记卡、贷记卡及电子钱包等多项功能外，还可解决市民小额支付、城市交通、费用代缴、社会保障、医疗保险、公用事业服务以及政府服务等日常生活支付需求。深圳有"银联"标志的芯片卡也可以直接在火车站刷卡进站上车，无须排队购票，并且也能够替代联盟商户（如茂业百货、国美电器等商家）的会员卡，享受到消费折扣、积分管理等会员优惠待遇。

【小知识】武汉通

武汉通，全称为"武汉城市一卡通"。武汉通是由发卡单位统一发行，用于武汉城市一卡通系统电子收费的一种非接触式智能 IC 卡，是一种电子储值钱包。武汉通于 2010 年 2 月 1 日正式发行，从而取代公交 IC 卡。武汉通的发行逐步实现"一城一卡，一卡通用"，方便市民生活。武汉通在公汽、轮渡、地铁（轻轨）、电影、电视、超市、药店及机场公路等 8 个领域使用，其中乘车、看电影等方面均有打折优惠。2010 年扩展到供电、供水、出租车、泊车、图书馆等 15 个领域。

适用范围：

1. 目前在武汉市内轨道交通、公交、轮渡以及贴有"武汉通"标识的中百仓储、中商平价、有线电视、机场高速、武汉天河院线、省邮政报刊网点、天成连锁药店（以下简称"武汉通运营商"）等领域内可使用武汉通。

2. 武汉通的应用范围将会逐步扩大。

3. 武汉通运营商均有"武汉通"标识以作识别，若有武汉通运营商不接受持卡人进行刷卡消费，请立即与该运营商管理机构或发卡单位联络。

4. 持武汉通乘坐分段计价的公共交通工具（如轨道交通）时，只限于持卡人使用和享受优惠，一人一卡，不允许带人刷卡。

芯片式银行卡的交易方式包括联机交易和非接触式交易两种。与磁条式银行卡的一次性交互不同的是，芯片式银行卡在联机交易过程中始终保持与电子计算机等终端的数据交互，这就是芯片式银行卡防伪防盗的关键。磁条式银行卡只是在数据信息存储功能的基础上完成的数据处理，安全性明显逊色得多。此外，芯片式银行卡的非接触式交易功能是磁条式银行卡所不具备的，这种快速的小额支付形式采用脱机数据认证技术，也就是通过验证芯片卡内的诸如卡号、有效期限等静态数据，来检验芯片卡中的关键数据是否被篡改，芯片卡是否被伪造仿冒，并以升级的密钥管理系统进行动态数据管理和验证，防止在脱机环境中芯片卡的非法复制。在现代信息技术的帮助下，这种新型的银行卡的安全性更高，功能更加强大，交易成本也大为降低（例如，非接触式的脱机交易可以大为降低通讯费用）。

4.

银行机构的变迁

4.1

传统银行向现代银行的转变

作为商品经济产物的银行，在长达几百年的时间里，由于受到科学技术发展水平的制约，银行吸收存款、发放贷款、办理结算都是依靠手工方式进行。手工操作阶段的银行，其基本特征是使用笔、算盘和账本处理银行业务。由此造成业务处理费时、费力，资金周转慢，信息不灵，决策不力和银行职能单一等。这就迫使银行想办法采用一切可能应用的先进科学技术手段，最大限度地提高银行业务的处理能力和时效。自从电子计算机和互联网络开始用于商业用途以来，银行便成为现代信息技术应用和推广的急先锋。银行是一个经营金钱、货币的特殊企业，它们通过存款、贷款、汇兑等业务，从中赚取利息差价或是服务手续费。为了提高资金活动的安全性和效率，银行构建了支付清算系统和支票转账系统，从此，十足的金属、现钞的交易活动被编程为数字符号的计算和传输，因此，银行业天然地具有与现代信息技术融合的本性和优势。同时在业务经营中，随着社会经济的发展，现实生活中的各类信息量正在以几何级数不断增加，而对信息的获取和处理效率直接决定了银行业在市场经济发展中的地位和作用。由于业务范围的涉及面无所不包，决定了银行在信息搜集、储存、加工处理、传输等方面具有天然的相对优势，银行在日常经营中每时每刻都在搜集和处理大量的信息，包括票据信息、公司和个人账户信息、公司和个人贷款信息、客户使用历史或不良记录，以及国内外企业、行业、产业、产品信息等，这些巨量信息已经无法通过简单的人工方式来进行搜集、储存、加工处理和传输，必须借助现代信息技术手段。此外，现代社会经济活动越来越复杂和瞬息万变，其中所包含的不确定因素也越来越多，大多数个人和企业之所以要借助银行这个中介来完成资金融通的活动，其中最主要的原因就是要利用银行的信息优势和专业优势来降低、转移甚至是消除这种经济活动结果的不确定性。在某种意义上，银行不仅是一个经营货币的企业，也是一个经营信息和经营风险的企业。风险管理是一项系统工程，不仅涉及到银行内部的人员、财产、责任等内容，更要考虑宏观经济形势、行业发展趋势、众多外部利益相关者等因素。风险管理的成功可以让银行通过转移、对冲客户的风险，从中获得风险收益；一旦失败，银行就要承担风险暴露后所带来的损失，甚至在金融衍生工具等特殊金融交易机制下还会放大这种损失。因此，风险管理的特殊性、关键性和复杂性也要求银行必须采用最先进的信息技术手段。

世界各国都把建立先进的电子计算机应用系统、用电子计算机来处理银行业务、开拓新的服务领域、进行信息管理和辅助决策作为提高竞争力的战略措施之一。特别是进入21世纪以来，由于经济全球化和金融一体化步伐的加快，银行业充分利用现代信息技术进步的成果，建立了以电子计算机网络为支撑，能够支持银行发展战略的信息基础设施和各种信息系统，逐步实现了传统银行向现代信息时代新型银行的转变。

【小知识】中国第一家商业银行——中国通商银行

中国通商银行简称“通商银行”，系督办全国铁路事务大臣盛宣怀奏准清廷后，于光绪二十三年四月二十六日（1897年5月27日）在上海成立。这是中国人自办的第一家银行，也是上海最早开设的华资银行。解放后，人民政府接收通商银行的部分官僚资本作为公股，改造成为公私合营银行之一；1951年5月，同新华、四明、中国实业、建业等四行在金融业内首先组成联合总管理处；1952年12月，和上海其他59家私营银行、钱庄和信托公司一起组成统一的公私合营银行，成为社会主义金融事业的组成部分（见图4－1）。

4.1.1 辅助业务和管理阶段

传统的银行业是采用手工操作来处理业务，以传统经验来进行管理的。从

【图4－1】 中国通商银行

20世纪50年代到80年代中期，电子计算机开始进入商用领域，银行开始用电子计算机进行金融业务的处理和内部管理，如在记账、结算等环节和银行管理中分析、决策等环节，使用电子计算机作为辅助手段。电子计算机在银行业的初步应用，大大提高了以银行为中介的金融活动的效率，减轻了人力负担，减少了差错，改进了银行的服务质量。

20世纪60年代，电子计算机的应用从20世纪50年代的单机处理模式发展成为联机系统模式，该系统使得银行内部在总部与分支机构、营业网点之间能够发展存款、贷款、汇兑等联机业务，银行外部也可以在不同机构之间实现通存通兑等联行业务。通过将柜员终端和管理终端之间进行联机，可以把键入的数据直接输入到计算机系统去处理，从而简化交易处理的程序。这不仅可以获得快速的联机响应，还可实现一次输入的数据供多次使用，可免除手工操作时的重复操作，银行效率大为提高，运营成本得到有效控制。特别是进入20世纪80年代后，出现了水平式金融信息传输网络，电子资金转账（EFT）系统也逐步发展起来，商业票据和银行票据的处理速度、支付效率和资金管理质量等都得到了极大的提高。

20世纪80年代早期，ARPANet、MILNet、NSFNet和其他一些电子计算机网络的联合，形成了现代国际互联网络。虽然国际互联网络是冷战时期的副产品，其前身是美国国防部开发并资助的ARPANet，该网络系统采用分布式的控制和处理，只是为了满足战争中可靠性的需要，但在互联网络进入民用、商用领域后得到了广泛的应用和巨大的发展，为传统银行的进一步发展和转变奠定了技术基础。

在信息技术与银行业结合的最初阶段，由于包括电子计算机技术在内的信息技术尚不发达，并且推广应用的范围十分有限，因此总的来看，信息技术手段的辅助应用集中在银行的后台业务部门，主要是将支票处理等业务逐步实现了自动化。虽然银行的客户并没有明显地感受到这种信息技术辅助手段所带来的好处，但银行内部业务处理的效率和准确性却大为提高，这也让银行业尝到了与现代信息技术进行结合的甜头。等到信用卡技术、电子转账系统、中央数据库系统等新型银行产品和服务推出后，银行信息化、电子化便进入了快速发展的阶段。

4.1.2 银行电子化阶段

在20世纪80年代后期到90年代中后期，随着电子计算机的普及和互联网络的大规模兴起和推广，传统银行业逐渐将业务发展和推广的重点从电话银行调整为电子银行，即基于个人电子计算机为基础的银行业务，也就是实现了现代意义上的银行电子化。这个阶段的发展与个人电子计算机、银行卡、电子货币等新型的信息技术手段的发展和普及应用有关，同时电子商务的兴起也是一个重要的推动因素。电子商务活动必须涉及交易数据流、资金流和商品物流这三种信息数据流的处理、安全监控与管理，而其中的资金流必须通过银行所提供的电子化、智能化、网络化的支付服务来完成，这种支付服务又必须通过银行的专用支付清算网络和支付系统才能完成。为此，传统银行陆续推出了以自助方式为主的在线银行服务、自动柜员机（ATM）、销售点终端系统（POS）、企业银行（FB）、家庭银行（HB）等多种电子化的银行服务方式。这些服务方式的功能也越来越多样化，例如，ATM技术最初只能实现存取现金、查询储蓄余额等少数几种功能，后来发展到能够处理股票交易、共同基金投资、代办保险业务等多样化的功能。在银行电子化过程中还出现了高技术智能金融卡，如能提供“一卡通”银行业务服务的维萨（VISA）综合卡，以及用电子信息形式进行现金支付和票据转账的电子货币结算系统等。

自动柜员机，即ATM机，是指银行在不同地点设置一种小型机器，利用一张信用卡大小的胶卡上的磁带记录客户的基本户口资料（通常就是银行卡），让客户可以通过机器进行提款、存款、转账等银行柜台服务。

零售销售点终端（POS）信息系统可为零售商管理商品登记、销售单据以及大量交易提供必要的工具。从POS交易收集的数据可以帮助企业为客户提供更好的服务、建立客户忠诚度和制定更好的采购决策，同时跟踪库存以保持对库存的控制。另外，POS 系统可用于采集销售数据，它具备价格管理和集中付款处理的功能。这些系统处理结算和对账作业以及提高收银员绩效，还能与现有的商品销售和其他企业资源计划（ERP）系统模块完全集成。

【小知识】

企业银行

企业银行是指通过专用通讯线路将企业与银行的计算机联接，为企业提供远程（如在办公室）查询、转账、金融信息查询等各种金融服务。企业银行为企业建立了一条安全、快捷的业务操作渠道，与其他企业网上银行一道，打造全方位的企业电子银行服务。

家庭银行

家庭银行是一种银行服务方式，金融机构的零售业务客户可利用电话、电视、终端或个人计算机作为与金融机构的计算机中心进行电讯联接的手段进行访问。

从 20 世纪 80 年代中期开始，西方银行业较为发达的国家逐渐开始将各种 EFT 系统进行集成，使各 EFT 系统能够共用一个账务系统，促使各种 EFT 系统能进行联动处理，银行因而能为客户提供综合业务服务，大大方便了客户的金融交易。随着金融全球化的推进，全球的金融机构通过 SWIFT 系统（国际环球同业财务电信系统）实现全球范围的互联互通，使银行能为客户提供全球电子支付服务。在电子计算机和互联网络等新型信息技术手段的帮助下，银行除了能够向客户提供传统的金融业务服务以及新型的自助银行业务服务之外，电子化的银行还能够从客户既有的各种金融交易中提取出一些有用的信息，并在加工分析之后，向客户提供各种能增值的附加的金融信息服务。这是传统银行完全不具备的全新职能，不但更加清楚地揭示了信息时代的信息生产和消费的特征，更是银行电子化的典型标志。

4.1.3 网络银行雏形阶段

在 1995 年 10 月以前，银行基本上是将互联网用作发布信息的媒体，是将互联网用作发布银行信息的电子手册，主要内容是宣传银行的产品、营业时间、ATM 方位、分支机构的位置、客户中心的电话号码、常见的问题和各种市场信息等，也有一些对目前和潜在的客户有用的信息。更复杂的电子手册也许还包括一些交互性的信息和活动，例如，进行金融计算——客户可以用来估计贷款的价格进行金融计算，或客户可以发电子邮件向银行提出问题或请求信息等，银行也利用电子邮件对客户的要求做出反应和回答。尽管具有这种交互性的部分内容，银行的网站仍然是基于内容的，通常也只提供独立于银行与客户关系的信息。但随着时代的发展，现代信息技术在银行业务和管理中的单纯应用，随着量变的积累终于导致了质变，从 20 世纪 90 年代中期开始，传统式银行开始向网络银行转变（见图 4－2）。

【图 4－2】　网上银行

1995 年 10 月，美国的 3 家银行联合在互联网络上创建的新型银行——美国安全第一网络银行（SFNB，Security First Network Bank）在网络上开业，从此，银行在互联网络上展示的内容从电子手册状态转变到提供互联网络银行业务服务的状态，甚至将银行完全建立在互联网络上，成为互联网络上虚拟的银行。美国安全第一网络银行是一家全部业务都基于互联网络的虚拟银行，开业时仅仅占有一座写字楼的半层楼面，但它的业务范围遍及美国的每一个州，几乎可以经营全部的银行业务，包括电子钞票兑付、在线交易登记、支票转账等，其客户足不出户便可以享受各种银行产品和服务。开业不到 4 年，它的交易量就占美国总支付交易量的 2% 以上。此后，美国网上金融服务发展神速。美国柯美斯咨询调查公司的调查数据显示，早在 1999 年，利用网络银行的美国家庭已经达 600 万户，占美国家庭总数的 5% 以上。根据市场营销的一般规律，一项新产品的家庭普及率一旦超过 5%，就会加速普及。

【小故事】美国第一安全网络银行的运作模式

美国第一安全网络银行是全球第一家网上银行，其运作模式为后来许多网上银行所借鉴。

美国第一安全网络银行每天24小时提供全球范围的金融业务服务，客户无论在何时何地，只要有一台电脑、一个调制解调器、一条电话线和一个网络账号即可享受服务，服务内容包括：

1. 利率牌价（Rates）：客户可以直接查看利率和当日各种外汇牌价。

2. 信息咨询（Information）：可查询开户银行简介、最新金融界新闻、投资咨询、当家理财咨询、金融产品种类等等。银行咨询系统正是在电子商务逐渐普及、Internet技术逐渐成熟的背景下酝酿开发的，它的投入运用给用户提供了一个全新的银行概念，拓展了银行业务服务的时间与空间。性能相当可靠，安全性可以满足银行的要求。这个系统具有简单、直观的用户运行环境。系统基于目前流行的互联网技术，用户只须用浏览器，具有基本的上网技术，就可以进行操作，不需要专业的计算机、网络知识。

3. 服务示范（Demo）：指导客户如何获得网络银行的各项服务，包括电子转账、跟踪收支、信用卡、现金分析、财务状况分析等。

4. 安全措施（Securities）：向客户介绍网络银行为保护客户利益而采取的安全措施，指导客户如何保护账户安全。系统在网络上传递数据时，对数据进行加密，防止用户名及口令等重要信息的泄密。

对数据库服务器的安全访问：系统没有直接访问银行的数据库服务器，而是通过银行的安全系统发送指令，由银行安全系统完成信息的安全检验、数据的读取，最后给用户返回信息。

安全的通信格式：查询系统与银行的安全系统之间有固定的、经过双方认可的固定格式，防止非法用户的恶意破坏。

5. 自助项目（Customers）：进入这个项目，经系统验证姓名及密码正确后，客户就可以办理银行业务了。

另外，美国的第二大银行——美洲银行（Bank Of America）在利用Internet的家庭银行方面也处于世界领先地位。

网络银行利用互联网络的手段，为客户（主要是使用电子计算机互联网络的用户）提供银行服务。其业务包括网络支付业务，如查询及转账、开立或续期定期存款、申请月结单、支票簿等传统的融资性业务；网上信息服务业务，如可在网上进行证券及外汇买卖，并可查询即时股价、汇率、金价以及利率等金融信息。网络银行开创了一种全新的银行与客户的合作方式，即“3A”（Anywhere，Anytime，Anyhow）的方式，为客户提供服务，它使用户可以不受时空的限制，只要能够上网，无论在家里、办公室，还是在旅途中都能够安全快捷地管理自己的资产和享受到银行的服务。

4.2 新型网络银行的诞生与发展

美国安全第一网络银行打开了虚拟银行世界的大门，从此一种新的银行模式诞生了，并对300余年来的传统银行业产生了前所未有的冲击。虽然目前全球几乎所有的银行都拥有了自己的网址或网页，但能够被称为“真正的新型网络银行”的并不多，原因在于大多数银行的网站还只是提供有关银行的历史资料、业务情况等基本信息的介绍，并没有提供诸如查询账户余额、划拨款项和支付账单等网络银行业务，更不用说提供包括网上支票账户、网上支票异地结算、网上货币数据传输、网上互动服务和网上个人信贷等在内的新型网络银行业务了。真正的新型网络银行一般不需要太多的员工，只有一个办公地址，并没有分支银行、营业网点或自动柜员机，而是仅仅利用互联网络来开展上述金融服务，因此也可以被称为“只有一个站点的银行”。

新型网络银行通过互联网络这一公共资源并使用现代信息技术实现银行与客户之间安全、方便、友好的联接，是开设在互联网络上的虚拟银行柜台。它为客户提供的网络银行服务包括：消息发布、信息搜集、业务咨询、产品营销、金融服务乃至新产品的创新和设计等。它的主要目的就是实现随时（whenever）随地（wherever）与任何账户（whomever）利用任何方式（whatever）进行的安全支付与结算等服务。也就是说，网络银行的用户可以不受时间、空间的限制，通过与互联网络相联接的电子计算机等终端设备来享受全天候的网上银行服务。这里的网上银行服务是指实质性的银行服务，除了传统的提现和存款之外，还可以进行查询、转账、贷款和支付结算等一系列金融服务。

新型网络银行系统按照“面向客户、面向管理”的思想设计，除了支持传统银行业务功能以外，同时支持网络银行经营和移动办公。网络银行为客户、为银行提供集成化金融服务，即为业务操作层提供资金流动和信息流动的全过程自动化处理；为管理层提供银行运作的流程管理、实时监控、体系的自动预警和提出修正的功能；为决策层提供信息与专家智能系统支持。另外，网络银行系统还同时具备良好的维护和扩充功能，能够及时优化业务流程，及时增加新的业务种类和金融工具。

新型网络银行是现代信息技术革命贡献给银行领域的最新创意，它依托迅猛发展的电子计算机网络与通信技术，利用渗透到全球每个角落的互联网络，突破了传统银行的业务操作模式，摒弃了银行由店堂柜台开始的传统服务流程，把银行的业务直接在互联网络上推出。个人用户不仅可以通过网络银行查询存折账户、信用卡账户中的余额和交易情况，还可以通过互联网络自动定期交纳各种社会服务项目的费用，以及进行网络购物等远程在线交易活动；企业集团用户不仅可以查询本公司和集团子公司的账户余额、收款、汇款和交易等信息，并且能够在互联网络上进行电子商务的贸易活动。新型网络银行提供的网上支票报失、查询等服务，维护了金融市场中的交易秩序，最大限度减少了国家、企业和个人的经济损失。这种安全保障是依靠多种先进技术尤其是现代信息技术来实现的，不仅用户、商户和银行三者的利益能够得到保障，而且随着银行业务网络化的深入推广，商业领域、金融领域的罪犯将更难以找到可乘之机。

银行客户进入新型网络银行的先决条件是要有一台电子计算机和 Modem，如果是通过无线互联网络接入的客户则需要有 WAP 手机或其他接入无线互联网络的手持终端设备，同时还要有进入互联网络的账号。在具备一定条件的情况下，网络银行的客户只要根据网络银行网站页面中的“开户”、“个人财务”、“咨询台”、“行长”等柜台业务图标或提示，用鼠标点击所需的柜员、业务或服务，就可以遵照各类提示进入自己所需的业务与服务的操作界面，即可办理网络银行业务或接受网络银行服务。发展网络银行是银行业迎接新的信息时代网络经济的重要的战略措施，新型网络银行的出现，使银行业甚至是整个金融界都在随之发生划时代的重大转变，金融市场已不是传统意义上的有形市场，而是面向全世界的虚拟化的新型网络化市场。

新型网络银行与传统银行最大的不同就在于它是建立在充分应用各类先进的信息技术手段和通讯网络的基础之上的，银行的业务得以向更广和更深的维度进行延伸。从广度来讲，软件技术的发展可以将银行业务与企业或家庭的财务管理活动联系起来，大幅度提高了财务管理的效率。现在大多数银行都开通的企业银行或家庭银行服务就是建立在这样的技术层面上的。许多网络银行与企业和家庭普遍使用的理财软件捆绑在一起，使企业和家庭通过用户端的理财软件系统与网络银行直接相联，就可以管理企业和家庭的报税、投资、预算等事务。从深度来讲，由于电子计算机等终端设备以及中央数据库系统能够存储大量客户信息，新一代客户关系管理软件也逐渐推广普及，网络银行可以很方便地进一步提供并存储客户服务信息，同时利用商业智能技术挖掘客户资源，不但可以实现个性化、针对性的服务，甚至还可以实现不同产品和服务的交叉销售。这样网络银行的客户资料就变成指导银行提供更优质产品和服务的向导以及扩大赢利空间的沃土。当然其他信息技术的发展也使得网络银行更有效率，信息安全技术如防火墙、入侵检测、容灾备份等，使网络银行运作更加安全。

1998 年 10 月，美国安全第一网络银行成为传统银行——加拿大皇家银行财务集团（Royal Bank Financial Group）的一员，开始与传统银行合作来谋求共同发展。网络银行之所以与传统银行结合，是因为虽然网络银行强大的生命力昭示了自身发展的美好的远大前程，但网络银行毕竟处于初级发展阶段，单纯由传统的银行和现代信息技术企业来开展网络银行业务都需要一定的过程，都存在一定的行业进入壁垒。目前，网络银行界出现了传统银行和现代信息技术企业共同合作开展网络银行服务的趋势。这种优势互补、合作发展的趋势在一定程度上促进了网络银行的发展，但总的趋势是传统银行必然日益走向虚拟的网络银行。

【小知识】加拿大皇家银行

【图 4－3】 加拿大皇家银行标志

加拿大皇家银行（见图 4－3）成立于 1869 年，是加拿大市值最高、资产最大的银行，也是北美领先的多元化金融服务公司之一。在全球，加拿大皇家银行拥有约 70 000 名员工，在 30 多个国家设立有分支机构，为 1 400 多万名客户提供各类金融服务。

在加拿大公司银行和投资银行领域，加拿大皇家银行一直是顶级证券承销商和卓越的并购顾问，在全球托管业务上也处于领先地位。与此同时，其旗下控股的保险公司一直在加拿大和美国为个人和企业客户提供人寿、信用、健康、旅游等保险服务和再保险服务。该银行在加拿大享有很高的声誉，连续4年被评为“加拿大最受尊敬的企业”。作为一家全能性金融机构，加拿大皇家银行为公司、政府机构、金融机构及个人客户提供广泛的投资银行、销售和交易、研究分析及相关产品和服务，在这些领域内具有很强的优势。

加拿大皇家银行是加拿大规模最大、盈利能力最好的银行之一。在超过一个世纪的时间里，加拿大皇家银行在美国只从事金融批发业务。1998年，加拿大皇家银行以2 000万美元收购了美国安全第一网络银行（SFNB）除技术部门以外的所有部分，此时该网络银行的客户户头有10 000个，其存款余额早在1997年就超过了4亿多美元。

早在1954年，加拿大皇家银行就与中国建立了合作关系，是第一家与中国银行建立代理行关系的北美银行。在北京设立代表处后，该银行与中国国内许多金融机构建立了良好的业务合作关系。加拿大皇家银行的业务跨商业银行、投资银行和保险等领域，曾在国际上展开一系列并购行动，但其负责人称，相对于参股或者重组，该行在中国内地更注重与当地金融机构展开业务合作，尤其是与中小金融机构合作。

2006年，加拿大皇家银行宣布与中国民生银行达成协议，合资成立一家中国基金管理公司。根据协议条款，皇家银行将持有合资公司30%的股权，民生银行持有60%的股权，三峡财务有限公司持有另外10%的股权。合资公司总部设在上海，负责开发、管理和销售互惠基金给中国的零售和机构投资者。

网络银行不仅仅是互联网络和银行业的简单结合，而是一种新的经营机制，即为了适应现代信息技术特别是互联网络技术的发展，银行的管理理念和经营模式发生了变革和创新。传统银行的管理理念总是在按职能分工的基础上进行综合管理，职能部门强调各自的重要性，容易从银行本身考虑来设计和开展业务活动，囿于眼前利益和满足于短期行为。而网络银行则有新的管理理念，突出管理的整体性、服务的特殊性，面向不同客户的多样化需求，注重未来的长远发展。传统银行的经营模式一般以数量众多的分支机构和遍布各地的营业站点为依托，注重有形资产（动产和不动产）的多寡和规模经营的效益，把业务重心放在有限的银行产品或服务上，不同银行间的竞争集中于既定市场份额的争夺和重新分配。网络银行的经营模式则与此完全不同，它以互联网络及其不断延伸为依托，注重信息资源的质量和深度经营的效益，把业务重心放在银行产品或服务的多样化和满足客户的个性化需求上，不同银行间的竞争扩展到金融信息服务以至其他信息服务的开拓和深化上。网络银行能以开放、灵活的方式提供适应性更强的服务，包括网络支付、存取和转账、利率结算、信贷和托收、证券投资、办理保险、外汇交易、个人理财、信息咨询等种种服务。

【小知识】网络银行相比传统银行的优势

一是大大降低银行经营成本，有效提高银行盈利能力。

开办网上银行业务，主要利用公共网络资源，无须设置物理的分支机构或营业网点，减少了人员费用，提高了银行后台系统的效率。

二是无时空限制，有利于扩大客户群体。

网上银行业务打破了传统银行业务的地域、时间限制，具有3A特点，即能在任何时候（Anytime）、任何地方（Anywhere）、以任何方式（Anyhow）为客户提供金融服务，这既有利于吸引和保留优质客户，又能主动扩大客户群，开辟新的利润来源。

三是有利于服务创新，向客户提供多种类、个性化服务。

通过银行营业网点销售保险、证券和基金等金融产品，往往受到很大限制，主要是由于一般的营业网点难以为客户提供详细的、低成本的信息咨询服务。利用互联网和银行支付系统，容易满足客户咨询、购买和交易多种金融产品的需求，客户除办理银行业务外，还可以很方便地进行网上买卖股票、债券等。网上银行能够为客户提供更加合适的个性化金融服务。

尽管我国传统银行业的发展水平比较落后，在管理体制、经营方式以及与国民经济发展的协调性上存在很多问题，但在网络银行发展的浪潮中，我国银行业紧跟世界步伐，整体上与世界先进水平的差距不是很大。

1996年，招商银行开通包括网上个人银行、网上实时支付等五大内容的网上银行业务后不久，中国建设银行、中国交通银行、中国工商银行、中国农业银行等多家国有大型银行也开始推进各自的网络化之路。如建设银行开发了日处理业务130万笔，允许5万个客户同时访问和交易的网上银行；中国银行的网上银行业务与其100万张“长城卡”相结合，推出了“支付网上行”的系列网上银行服务业；工商银行在北京、天津、上海、广州等城市开通了网上银行，提供24小时不间断服务；招商银行北京分行、深圳分行等推出了网络证券交易委托平台，以便其客户可以直接在其网站上从事股票买卖、查询和投资管理等。一些中小商业银行也不甘示弱，如中信银行、民生银行等也纷纷推出网上金融业务，主要包括对公及个人账务查询，企业内部资金转账，银行转账，信用卡申请，代收费业务，网上购物支付及各种信息咨询业务等。2000年6月，由中国人民银行牵头，会同12家商业银行联合共建的中国金融认证中心正式挂牌运行，在中国人民银行的统一协调下，成立了全国银行卡经营管理中心，实现了在全国大中城市范围内的联网通用。2003年7月9日，中国人民银行公布实施了《网上银行业务管理暂行办法》。为顺应形势变化，中国最大的商业银行——中国工商银行把分散在全国各地的36个分行的计算中心整合归并为南北两大数据中心，集中处理全行各项业务，开创了我国金融信息集约化管理的先河，大大提高了工商银行业务处理的技术集成程度，为全面推行网络银行业务、实现跨越式发展奠定了坚实的基础。网络银行的发展降低了银行经营成本，我国利用网上转账的成本只是电话银行的1/4，是网点柜台服务的1/10，网络银行的总经营成本只占经营收入的15%，大约为传统银行的1/4。因此，网络银行从诞生之日起就得到了快速发展。中国电子商务协会的调查显示，2002年，工商银行网上银行交易额超过2万亿元，招商银行网上银行交易额超过1万亿元，建设银行网上银行交易额超过3 000亿元。现在，国内几乎所有的大中型商业银行都开通了自己的网站和网上银行业务，网络银行已经渗透到社会经济生活的方方面面，逐步成为我国银行业务的主流形态。

4.3 银行机构的发展趋势

自从首家新型网络银行开业以来，网络银行的数目就如同雨后春笋般飞速增长。1995～1999年间，美国传统银行的资产年增长率为8%，而同期美国网络银行的资产年递增率达53%。美国目前资产最大的网络银行 Tele Bank 的资产总值由1993年的2.2亿美元发展到1999年的32亿美元，存款增长了14倍。至1999年6月，美国网上业务排名前20位的银行和经纪行共拥有370万个网上往来账户和530万个网上股票投资账户。目前这一数目还在以成倍的速度增长。在1997年末可进行交易的金融网站有103个，这其中包括银行和存款机构；可是到1998年末已经跃升至1 300个。据《在线银行报告》，美国使用网络银行的家庭数量以每年400万~500万户的速度增长。美国 Gartner Group's Dataquest 公司的一份调查表明，截至1998年末，有700万户左右的家庭是通过家用电子计算机获得银行金融服务，约占美国家庭总数的7%；在2001年年底，通过互联网络实现的家庭银行用户数量已经增长到约1 830万家。

网络银行提供服务的品种十分丰富并具有特色。例如，美洲银行提供"网上个人金融服务"、"企业银行业务"、"商业银行"、"社区服务"、"今日美洲银行"、"特殊服务"等六大服务。花旗银行用网络主动营销。只要客户在网络上约定时间、地点，花旗银行都会派人当面进行投资理财分析。美国某些银行已在网上提供投资服务，包括股票买卖、债券经营、互助基金管理等业务。网络银行凭借存款利息高和实时、方便、快捷、成本低、功能多的24小时服务获得越来越多客户的喜爱，其自身数目也在迅速增长，成为未来银行业非常重要，甚至是最重要的一个组成部分。

在欧洲，包括德意志银行、巴克莱银行、国民威斯敏斯特银行等巨头在内的各知名银行纷纷推出网络银行服务，希望凭此与那些刚刚"破壳而出"的网络银行一较高下。此外，在美国及欧洲，还有一些不具任何传统商业银行背景的小型公司，也在互联网上推出没有银行传统营业柜台的虚拟银行，如 Compu Bank、SFNB、Tele Bank 等，都在争夺未来的网络金融市场。

巴克莱银行（Barclays Bank）（见图4-4）是英国最大的商业银行之一，1862年成立，名称为 Barclay&Co. Ltd，1917年改用现名，总行设在伦敦。1998年总资产为3 652亿美元。巴克莱银行是位于汇丰银行和苏格兰皇家银行之后的英国第三大银行公司。巴克莱银行在全球约60个国家经营业务，在英国设有2 100多家分行。巴克莱银行经营消费及公司银行、信用卡、抵押贷款、代管及租赁业务，此外还提供私人银行业务。

新型网络银行的发展有两种不同的理念。一种是以印第安纳州第一网络银行（First Internet Bank of Indiana）为代表的全方位发展战略；另一种是以位于林斯敦的康普银行（Compu Bank）为代表的特色化发展战略。

对于全方位发展战略的网络银行而言，它们并不承认新型网络银行的业务具有局限性。它们认为随着科技的发展和网络的进一步完善，新型网络银行完

【图4-4】 巴克莱银行

全可以提供客户所需要的所有服务，从而取代传统型银行。因为银行客户希望可以一次办理好所有的存款账户、账目核对和贷款事宜，同时，也希望银行可以快捷地满足他们在金融服务上的新需求，所以，这些新型网络银行一直致力于开发新的网络金融业务，以满足客户的多样化需要。正如印第安纳州第一网络银行的董事局主席所指出的那样，新型网络银行需要提供全面的服务来吸引新客户和巩固老客户。客户想要在一家银行获得所有的金融服务，而不仅仅是其中的一部分，这正是网络银行为客户提供在线金融服务的目标。为了吸引客户和中小企业，新型网络银行必须提供传统型银行所提供的一切金融服务。

推行特色化发展战略的新型网络银行也许更多一些。它们承认新型网络银行的业务具有局限性，与传统型银行相比，新型网络银行提供的服务要少得多。例如，因为缺乏分支机构，它们无法为中小企业提供现金管理服务，也不能为客户提供安全保管箱。新型网络银行若想在竞争中求得生存，就必须提供特色化的服务。这类银行的典型代表就是康普银行，这家位于休斯敦的新型网络银行只提供在线存款业务，在康普银行的高级管理人员看来，新型网络银行应该专注于自身具有核心竞争力业务的发展，其他业务可以让客户在别的网络银行办理，这样就无须将银行客户局限在一家网络银行中。

网络分支银行是传统的银行与网络信息技术相结合的成果。传统银行利用互联网络作为新的服务手段，建立银行站点，提供在线服务，其网络站点相当于它的一个分支银行或营业部，既为其他非网上分支机构提供辅助服务，如账务查询、划转等，也单独开展业务，但其业务方式和侧重点不同，一些必须依赖于手工操作的业务需要依托于传统的分支机构。

在加拿大皇家银行收购美国安全第一网络银行的时候，后者的发展已经出现了停滞的迹象，而加拿大皇家银行进行此次收购的战略目的，一是在于扩大其在美国金融市场的业务和份额；更重要的一点是，加拿大皇家银行利用这次收购，将业务拓展至一个新兴的、飞速发展的领域。加拿大皇家银行以收购美国安全第一网络银行的方式步入了美国金融零售业务的市场，利用美国安全第一网络银行吸收的存款投资于加拿大的中小企业，获取收益。这次收购使加拿大皇家银行立即位于网络银行发展的最前沿，况且在美国设立一家传统型分行需要200万美元，而维持安全第一网络银行这样一个10人机构的费用远远低于任何一家传统分行，这完全是信息时代网络经济中一次低成本、高效益的银行兼并的典范。

威尔士法戈银行（Wells Fargo）是一家位于加利福尼亚的美国最大的银行之一，在10个州拥有营业机构，管理着1 009亿美元的资产。早在1992年，威尔士法戈银行就开始建设自己的网络和以网络银行服务为核心的信息系统。实际上，威尔士法戈银行真正的网络银行开业甚至比美国安全第一网络银行还要早几个月，至1997年12月，通过互联网络与威尔士法戈银行交易的客户已超过43万名，远远多于美国安全第一网络银行。威尔士法戈银行建立网络银行的战略目的在于适应客户变化了的交易偏好和降低经营成本。在开发其网络银行业务时，威尔士法戈银行通过调查发现，客户不仅需要查询账户余额、交易记录、转账、支付票据、申请新账户和签发支票等基本网络银行业务，还需要一种有关账簿管理、税收和财务预算的服务。威尔士法戈银行在1995年，与微软货币（Microsoft Money）、直觉（Intuit）和快讯（Quicken）等软件开发公司建立战略联盟，利用它们的软件开发能力来共同提供这方面的服务。在降低成本方面，每天有40多万名客户通过互联网络与威尔士法戈银行进行交易，据银行自己估计，每200万笔交易从银行柜面服务转向网络服务将节省1 500万美元，即每笔交易节省7.5美元。

【小案例】Wells Fargo①

Wells Fargo（见图4－5）是美国银行提供网上银行服务的优秀代表。国际上一家权威的电子商务评价公司——Gomez Advisors，从使用性能、客户信任程度、网上资源、关系协调、成本等方面对美国、欧洲等地银行的网上银行服务进行评比，Wells Fargo是1999年度网上银行系统使用性能最好的银行，是美国第七大银行，资产总额为218亿美元，拥有5 925个分支机构，资本收益率高达34%。目前，它被认为是美国银行业提供网上银行服务的优秀代表，网上银行客户数量高达160万名，银行网站每月访问人数为96万人（并非人次）；接受网上银行服务的客户占其全部客户的20%。

① 资料来源：上海艾瑞市场咨询有限公司：《中国网上银行研究报告》（2004年简版）。

【图 4－5】 **Wells Fargo 标志**

Wells Fargo 的网上银行系统不仅节约成本，更主要的是带来新增收入和客户：使用网上银行的客户素质好、收入高、账户余额大、需求种类多，银行赚取的收益和手续费收入相对较多；在 160 万名网上银行客户中，15% 是由网上银行服务带来的新客户。

Wells Fargo 是一个传统的机构银行，它成功地步入网上银行的轨道，是开拓网上银行服务的范例。

建立网络银行对银行和客户而言是双赢的选择。通过网络银行，银行能够降低经营成本，扩大客户群体，客户也能够享受到更有吸引力的存款利率、更低的服务费用以及个性化的增值服务，导致使用网络银行的客户数量呈现快速增长的势头。在现代信息时代的网络经济环境中，银行业务主要通过互联网络开展，网络银行已经成为全世界范围的流行趋势。特别是在西方经济金融、信息技术、互联网络较为发达的国家和地区，网络银行服务已经囊括了人们的各种需求，包括网上消费、家庭银行、个人理财、网上投资交易、网上保险等。随着现代信息技术、互联网络和电子商务的发展，各种金融服务还逐渐呈现出相互融合的发展趋势，例如，银行、保险公司、证券公司、理财公司等之间在业务经营领域已经没有了明显的界限。但是银行这种特殊的金融企业，由于其特有的信息资源和信用保证，使网络银行将不断发展成为现代金融服务的基础和未来电子商务的核心。

现代信息技术全面介入银行产品和服务，使银行成为未来网络经济的先行者。而新时代的银行业面临着来自其他非银行金融机构，甚至是非金融业机构的多方面的挑战，也促使银行业不得不采用网络银行这种具有先天优势的新型模式来作为巩固其市场地位的主要手段。结合国内外网络银行的发展现状和未来趋势，要提供有竞争力的网上金融服务，网络银行有必要与网上保险、网上证券相结合，提供以网络银行业务为主体的网上金融服务，它们之间的融合发展将是不可避免的趋势。

但网络银行目前在经营中也面临一些问题。首先，盈利能力薄弱。网络银行吸收存款容易，但推销贷款较难，可以通过高息吸纳大量现金存款，但却无法以电子方式将这些存款转换成高收益的贷款资产。这导致网络银行获得的净息差很小。据统计，美国网络银行的净息差只是银行业平均息差的1/3～1/2。这使网络银行缺乏核心利润创造能力。其次，现代信息技术应用和推广所需的初始投资成本高昂，部分抵消了其运营成本低廉的优势。最后，网络银行的经营方式在一定程度上限制了其所能经营的产品种类，例如，因为缺乏实体的经营场所，他们无法为小型企业提供现金管理服务和为客户提供保险箱业务。这些因素使得网络银行在实施交叉销售时可供其选择的产品服务以及客户群规模或类型都要受到限制。在公共场所提供现金和咨询服务方面的缺陷，也使它们的业务难以扩大到主流大众客户，造成网络银行的市场占有率仍然没有达到理想的状态。

尽管如此，网络银行业仍然显示出旺盛的生命力和十分广阔的前景，它打破了100多年来银行业传统的经营模式，让消费者第一次发现银行服务的费用原来可以这样低廉，所提供服务的效率可以如此之高，服务方式可如此便利。网络银行的迅猛发展迫使商业银行业改变传统的经营策略，加快电子化、网络化建设步伐。现代信息技术发展对银行业的影响已从简单的业务处理模式扩展到经营模式、决策管理、市场拓展和客户服务等各个层面。可以预言，运用新型信息技术手段进行经营和业务创新将是信息时代的银行业面临的中心课题。

5.

银行传统业务的演化

5.1 银行传统业务的网络化

5.1.1 银行传统业务的信息化

从银行的资产负债表中可以看出，银行传统业务类型可以分为资产业务、负债业务、中间业务和表外业务等类型。

【小故事】银行的起源

银行的出现是从储蓄功能开始的。由于金匠在打制金品的过程中，储存有金子，因而具有较好的安全保卫措施，一些有金子的人为了储存安全，将金子存放在金匠铺，同时交付一定额度的保管费。由于携带大量金币非常不便，大家就开始用金币的收据进行交易，然后再从金匠那里兑换相应的金币。时间久了，人们觉得没必要总是到金匠那里存取金币，后来这些收据逐渐成了货币。聪明的金匠们渐渐发现每天只有很少的人来取金币，他们就开始悄悄地增发一些收据来放贷给需要钱的人并收取利息。当借债的人连本带息地还清借据上的欠款时，金匠们收回借据再悄悄地销毁，好像一切都没发生过，但利息却是稳稳地装进了他们自己的钱袋。同时金匠把这部分“不动用”的金子借贷出去，以获得利息收入。因此，早期的银行就起源于金铺，早期的银行家就起源于金匠。

负债业务始终是银行最基础、最主要的业务，决定了银行的资金来源，主要由存款负债、借入负债和结算中的负债构成。存款负债可以从很多角度划分，其中最具有意义的划分方式是以期限来分类的，主要类型包括活期存款、定期存款、储蓄存款，在现代信息技术的推动下，还出现了包括大额可转让定期存单、可转让支付命令、自动转账服务账户、个人退休金账户等在内的新型存款业务。借入负债是由银行主动通过金融市场或是直接向中央银行进行资金融通，以获得资金来源，其主要方式包括向金融同业机构拆借短期资金，向中央银行申请再贴现或再贷款，向社会公众发行金融债券获得中长期资金，在金融市场上进行回购交易获得短期资金，以及到国外筹集外汇资金等。结算中的负债主要指银行在结算活动中，由于信用证结算、汇票结算、限额结算等特殊结算方式而导致的临时性借款；此外在传统业务经营活动中，由于技术手段的局限，使得结算中的数据传输时间以及数据处理时间较长，因而导致了暂收款、应付款等临时性款项的出现。当然，随着现代信息技术尤其是通讯技术和数据处理技术的发展，这部分被占用的临时性借款正在逐渐减少。

【小故事】汇票的起源

银行承兑汇票最早起源于英国。19世纪的伦敦为各国贸易和国际金融中心，世界各地的借款人汇集于此。由于许多外国借款人不被当地的投资者所认可，因此他们签发的汇票很难转让。当时伦敦的私人银行虽然有熟练的资信鉴别技术，但苦于没有足够的资金，无力直接向外国借款人贷款。这时他们发现利用自己娴熟的资信鉴别技术，对外国借款人的汇票进行承兑，将自己的信用借给外国借款人，对其债务进行担保，即可收取一定的费用，取得收入。在这种情况下，银行承兑汇票得以产生。

我国的银行汇票主要有四种防伪标志：

1. 纸张防伪：不需借助仪器可看到在汇票表面无规则地分布着色彩纤维；汇票纸张中加入一种化学元素，如用酸、碱性物质进行涂改，汇票会变色。

2. 油墨防伪：汇票正中大写金额线由荧光水溶线组成，如票据被涂改、变造，此处则会发生变化，线条会消失。

3. 缩微文字：汇票正面“银行承兑汇票”字样的下划线由汉语拼音“HUIPIAO”的字样组成；汇票中间是由汉语拼音“HUIPIAO”字样的缩微文字组成的右斜线，横贯整个票面的宽带区域。

4. 印刷防伪：汇票右下角的梅花花心内为小写汉语拼音“h”的字样，字母“h”应为空心。

资产业务是银行获得利润的主要来源之一，即银行运用资金以获取收益的业务。除了可以保障银行的收益以外，银行还可以借资产业务来监督和控制工商企业的生产经营活动，对经济运行的健康程度、稳定程度进行判断和监控。银行传统的资产业务主要包括现金资产业务、贷款资产业务、证券资产业务、汇差资产业务和固定资产业务等。其中银行传统的现金资产包括用于客户取现和银行日常开支的库存现金，按照中央银行规定缴存的法定存款准备金，以及用于维系业务往来关系的存放在中央银行的超额准备金和存放在其他银行的短期资金。贷款资产业务是银行传统业务领域占比最大，同时也是最重要的项目，按照贷款方式，可以划分为无须抵押和担保的信用贷款、担保贷款和抵押贷款等；按照期限，可以划分为短期贷款、中期贷款和长期贷款等；按照资金用途，可以划分为流动资金贷款、固定资金贷款、技术改造贷款和基建贷款等；按照贷款的性质，可以划分为生产贷款、流通贷款、消费贷款等；按照投放对象，又可以划分为企业贷款、个人贷款等。证券资产业务是现代银行的主要资产，其重要性和地位已经逐渐超越了传统的贷款资产业务，其投资对象主要是由一些流动性强、易于变现的国债、企业债、股票等证券组成，主要用于满足银行的流动性、盈利性、风险分散性、资产安全性等方面的需要。汇差资产业务可以对应结算中的负债，是银行在清算过程结束之前，由于代收代付等款项的差额所占用的资金，在某些季节性规律和结算制度的作用下，数量相当可观。而固定资产业务则是银行用于自用的房地产、机器设备等项目的投资。银行传统业务中这部分资产业务规模相对较小，相对的汇差资产业务规模却较大，在现代信息技术普及应用的推动下，结算过程缩短，效率大为提高，汇差资产业务占比逐渐下降，但银行电子化、网络化的进程却对新型信息设备有了更高的要求，因而传统银行改造和新型银行组建中的固定资产比重却在呈现逐渐上升的趋势。

【小故事】110 的由来

建立于1823年的日升昌票号（见图5-1），以“汇通天下”著称于世，并一度操纵19世纪整个清王朝的经济命脉。在日升昌票号的防盗网上挂着带有弹簧的铃铛，盗贼触碰后即发出响声起到防盗预警的作用。后便有人戏称：每有盗贼就“摇摇铃”，所以现在的报警号采用了其谐音“110”。

对于银行中间业务和表外业务而言，其本身就是在现代信息技术推动下产

【图5－1】 日升昌票号

生和发展起来的，否则如此复杂的交易过程和计算步骤，在纯粹人工操作下很难实现。中间业务是银行无须占用太多甚至根本不用占用自己的资金，而仅仅是以中介人的身份来为客户办理的代收代付等委托事项，在此过程中，银行主要提供各种金融服务并从中收取费用。中间业务是在传统的资产业务和负债业务的基础上发展而来，虽然没有反映在资产负债表中，但已经成为现代银行的主要盈利来源。从现代信息技术和银行传统业务相结合的角度来看，当前主要的中间业务包括结算类业务、代理类业务、信息咨询类业务等。其中结算类业务其实就是银行传统存款业务与现代信息技术结合的产物，其交易机制就是通过收支双方存款账户上的资金划拨来完成的，这不但利用了银行的支票、汇票、本票和信用卡等转账交易工具，也必须通过银行的中央数据库系统和通讯网络，这样不但可以提高资金的周转速度，也可以提高金融交易的效率，节约资金成本，还可以保证收支双方的资金安全，这些都是银行传统业务信息化所带来的好处。代理类业务是银行利用自身的经营信誉和资金实力，为客户提供的与代收代付、代为保管等相关的业务，在现代信息技术尤其是数据库系统的帮助下，银行的业务范围、客户主体、代理服务的质量等都在不断扩大和提高，银行的影响力和竞争实力也在不断提升。而信息咨询类业务则完全是将金融信息作为一种新型的银行产品和服务提供给客户，经济金融信息不但成为一种特殊的商品，同时也是银行的无形财富和资源优势，现代银行不但是经营资金的特殊企业，而且已经逐渐转化成为经营经济金融信息的特殊企业，现代银行利用自身的信息优势为客户提供有偿的信息方面的业务，将信息时代网络经济中信息资源的共享性、时效性推广到了极致。目前银行广泛开展的资信调查，企业信用等级评估，工程项目概算、预算、决算，资产项目评估，市场调查分析，资产管理，财务决策，投资咨询，经济预测等都属于信息咨询类业务。

虽然表外业务也同中间业务一样并没有反映在银行的资产负债表中，而且也都是银行传统业务信息化的产物，但从风险管理的角度来看，二者之间存在着巨大的差异。表外业务的复杂程度远高于中间业务，因此其风险程度也大为提高，虽然在业务设立时没有明确的资产负债关系（或收益损失结果）的出现，但随着业务流程的进展，在一定条件下，表外业务中的或有资产关系以及或有负债关系会转化成为真实的表内业务，从而带来真实的收益或损失。20世纪80年代，随着经济波动加剧，社会对金融领域提出了更高的风险管理的要求；同时现代信息技术进步及其在银行领域的应用逐渐深化，也为银行业对客户的风险进行管理提供了可能，表外业务从此飞速发展起来，不但满足了客户新的需求，也为银行业自身发展拓展了新的空间。常见的表外业务主要包括：银行承诺在一定时期内为客户提供一个信贷额度即贷款承诺；银行为客户开立基本上是备而不用的信用保证书即备用信用证；银行通过直接出售贷款或是将资产证券化后再进行销售即贷款销售；以及金融期货、金融期权等金融衍生工具交易业务。这些新型业务对银行来说是一把既可能带来收益、也可能造成损失的双刃剑，因此需要精密的预测和严格的管理，这在一定程度上又进一步推动了银行业务的信息化以及运作模式的变革。

【小知识】表外业务

表外业务：是指商业银行所从事的不列入资产负债表且不影响资产和负债总额的业务经营活动。表外业务有狭义和广义之分。狭义的表外业务是指有风险且未列入资产负债表中的金融活动；广义的表外业务是指除了狭义的表外业务之外，还包括结算、代理、咨询等无风险的金融服务活动。我们常说的银行三大业务之一的中间业务，就属于广义表外业务的范畴。主要的表外业务种类有贷款承诺、备用信用证、贷款销售、金融衍生产品等。

5.1.2 银行传统业务的网络化

随着现代信息技术在银行领域的广泛应用，银行传统业务网络化已经成为一种趋势。传统意义上的活期存款账户将逐渐消失，取而代之的是以各种银行卡账户、网上支付账户等为代表的网络银行账户，这必将对银行传统业务产生一系列的影响。信息时代的银行已经将银行传统业务逐渐实现了网络化，使之不但具备了传统业务的一切功能，如汇款转账，查询账户，代扣代缴各项费用，购买国债、保险、基金、股票，预约理财，修改密码，挂失等等，而且产品和服务的覆盖范围更加全面，大有取代传统业务模式的趋势。

【小知识】ATM机，银行传统业务的创新

ATM机最早的起源仅限于现钞的发放。在1976年，英格兰的巴克莱银行安装了第一台现钞发放机。直到20世纪90年代末，随着各种金融服务的快速发展，银行ATM机已经成了各大银行金融服务战略中的重要一环。同时，银行的ATM系统也在市场与持卡人的需求下，不断创新，为广大用户提供了越来越多便捷和人性化的服务，同时也是银行业务核心功能的创新。

银行传统业务的网络化是结合新型的现代信息技术发展起来的，无论是业务原理还是产品范畴，或是服务对象和服务功能，都是以银行传统业务为基础的，既是银行传统业务的延伸，同时也是对银行传统业务的超越。虽然目前许多网络银行业务的实现，首先必须依赖于客户在营业网点开设账户，然后才能通过电子计算机等终端和通讯网络来进行金融业务，但这种业务相较过去而言更加方便、安全和快捷。银行传统业务的网络化并非是简单地将银行传统业务搬到互联网络上来开展，而是将银行传统业务从实体的店面柜台延伸到了任何可以使用互联网络的地方，使银行传统业务不再受到地域的限制。同时，使银行传统业务从营业日的固定而且有限的工作时间扩展到了7×24小时的全天候服务，使银行传统业务不再受到时间的限制。而且银行传统业务的网络化还可以加工、集中和储存大量的公共信息，并为客户提供相关的经济金融信息服务（包括利率、汇率、经济新闻等）、投资理财服务和综合经营服务等（包括网上商城、网上金融超市等），极大地扩展了银行传统业务的产品线，也使得客户能在任何时候、任何地方享受安全、准确、快捷的银行服务，提升了银行的信息服务水平和服务质量。

银行传统业务的网络化改变了传统银行业务的经营模式，地域限制、时间限制被逐渐打破，使得银行传统业务的客户可以凭借电子计算机等终端和互联网络系统实现几乎实时的信息搜集、账户处理和资金交易，也使银行能在更广

泛的范围内来开发客户以及提供产品和服务。网络银行可充分利用互联网络来与银行客户进行交互式的沟通，从而促使以产品为导向的传统银行营销模式逐渐转变为以客户为导向的新型银行营销模式，并最终实现以网络信息为核心的银行营销模式的转变。这种交互式的沟通反馈，还可以让银行根据客户的要求，不断开发创新出个性化的金融产品和服务，满足客户日益多样化的金融需求。银行传统业务的主要对象是以现钞和票据为主的具有实体形式的货币，但网络化的进程导致货币的形式逐渐演化成为虚拟的电子货币，以往根据流动性划分的货币层次已经悄然发生了改变，银行运作架构也将逐渐重新构建。

【小知识】存款货币的创造过程

银行业务网络化的改变导致货币的形式逐渐演化成为虚拟的电子货币，在部分准备金制度和非现金结算制度（转账结算）的条件下，假定：（1）法定存款准备金比率（r = 20%）；（2）银行将上交法定存款准备金后的资金全部用于发放贷款，即没有超额准备金存在；（3）客户将获得的贷款全部以活期存款的形式存入银行。

存款创造过程：存入10 000元现金，最终的存款总额为：$10\,000 \times [1 + (1-20\%) + (1-20\%)^2 + (1-20\%)^3 + \cdots\cdots + (1-20\%)^n + \cdots] = 50\,000$元（见表5－1）。

表5－1 存款创造过程

银　行	支票存款增加额	贷款增加额	准备金增加额
A	10 000	8 000	2 000
B	8 000	6 400	1 600
C	5 120	4 096	1 024
D	5 120	4 096	1 024
E	4 096	3 276. 8	819. 2
……	……	……	……
合　计	50 000	40 000	10 000

商业银行吸收存款、发放贷款、转账结算，货币不断地在各银行存款户之间转移，形成新的存款额，最终导致银行体系存款总量增加，也使得流通中的货币不断增加，无形中商业银行便充当了存款货币创造者的角色。

5.1.3 银行传统业务网络化的特征

银行传统业务网络化提供了一种全新的银行业务模式，具有其独有的特点。

（1）虚拟化。网络银行业务的虚拟性主要体现在经营地点和经营项目，以及经营过程的逐渐虚拟化。经营地点的虚拟化表现为网络银行业务并不需要实体的营业店面和网点，仅仅有网址、网络站点和网络页面即可。经营项目的虚拟化是指网络银行业务的对象大多属于电子货币和网络服务的范畴，这种类型的银行产品和服务已经不再有固定的实体形态。而经营过程的虚拟化则是指网络银行业务的运作过程已经全部通过数码式的指令来实现。

（2）超时空化。银行传统业务的网络化直接导致银行业务具有了全天候营业、不拘于地域限制和服务手段多样化的特点，即“3A”。网络银行业务的客户可以在任何时间、任何地点，通过各种数字化的手段来享用银行提供的金融产品和服务，使得银行传统业务的办理变得更加便利和快捷，同时银行也能够更好地满足客户的个性化、多样化的需求。尤其是当银行借助现代信息技术，实现了网络银行业务平台与后台业务系统的自动联机处理之后，客户更能够全面享受到实时高效、覆盖范围广泛的金融产品和服务。

（3）创新化。银行传统业务的网络化本身就是依据现代信息技术与银行传统业务流程的结合而创新出来的新生事物，同时网络银行业务又给现代信息技术进步提出更高的要求，并为未来银行的创新提供了新的土壤和环境，这种创新不仅仅是业务创新，还包括技术创新、制度创新、产品创新、组织机构创新等内容。现代信息技术尤其是互联网络技术的普及应用直接改变了银行传统的经营和服务方式，银行旧有的管理模式和经营理念正在网络经济的冲击下进行着调整和改革，并从组织机构和管理制度上进行着创新。随着现代信息技术的不断发展和普及应用，以及客户对银行传统的产品和服务手段的需求不断升级，银行新产品和服务创新的动力和压力也在与日俱增。

（4）混业化。借助现代信息技术和互联网络的帮助，现代银行已经完全有能力将传统的银行业务、证券业务和保险业务等不同类型的金融产品和服务集中在一起提供给客户，这种前台混业经营后台分业管理的模式，既可以让银行的各种金融产品和服务作为一个整体来满足客户需求，同时也有利于保留老客户和拓展新客户。利用现代信息时代提供的网络银行业务，可以整合传统银行在资金实力、信息数据、客户分布等方面的相对优势，通过提供传统的证券业务和保险业务等与银行传统业务相关性极强的其他金融业务，使银行由过去单一的存贷款中心和资金结算中心演变成为包罗万象、无所不能的“金融超市”。

（5）便捷高效化。银行传统业务的网络化是其电子化、自动化的更高层次，自动处理交易不但可以在本分支机构内部实现，更能够在全行范围内进行，甚至可以通过国际互联网络在全世界范围内实现数据信息的自动传输和处理，这样就保证了银行服务的便捷和高效。银行客户可以在提交服务申请和交易指令后即时得到申请和交易结果的回馈，效率大为提高。而且自动化的实时多任务系统使银行可以同时处理成千上万笔不同地域、不同类型的服务和交易指令，其准确程度也较人工处理时代大为提高。四通八达的互联网络使银行可以快速便捷地向全球的客户介绍和推广自己的金融产品和服务，同时也可以让客户迅速准确地享受到这些金融产品和服务。

（6）资源共享化。现代信息技术要求与之结合的各个产业都必须实现数字化和一定程度的标准化，银行业也不例外，银行业务、产品和服务虽然仍然是千差万别，但银行传统业务的网络化、交易办公的无纸化使得其中的基本数据信息已经变成了统一格式的数字编码，并可以提供给电子计算机、ATM、POS 等终端设备传输、识别和检验，这些信息至少在本行内部能够实现数据信息的同步化和共享化，而且在中央银行监管控制的范围内也要求这些基本信息能够同步和共享。网络银行业务的远程交易和跨地域交易，也要求涉及交易程序中的软硬件系统必须实现同步和共享。从网络经济和网络银行业务发展的过程来看，资源共享与现代信息技术进步已经形成了相互依赖和相互促进的良性循环。

（7）成本支出降低化。网络银行业务的虚拟化和超时空化的特征，使得银行可以将分支机构的大量人员和硬件设施集中到总部的运营中心，避免固定成本投资上的重复建设。在开始设立分支机构和营业网点时，可以远离地价昂贵的繁华商业中心。银行的业务自动处理系统承担了大量银行传统的柜台业务，节约了银行的人力成本，也降低了用于店堂租金等固定成本的支出。自动化的业务处理方式既降低了银行的营运成本，也减少了手工操作的失误和银行的损失。

（8）产品服务个性化。相对于银行传统业务模式，网络银行的客户散布于不同类型的电子终端前，能够及时准确地获得银行提供的金融产品和服务，同时也能够通过交互式的交流方式快速地将自身意见反馈给银行。银行客户的实际需求还可以经由网络银行业务中的交易记录等数据信息，为银行的营销部门提供数据分析和数据挖掘的资料来源，银行因此可以发掘重要客户或是客户的个性化偏好，从而进行深入的市场细分，制定有针对性的营销策略，为客户提供量身定做的个性化的银行产品和服务。

5.2 基于信息技术应用的创新

5.2.1 电话银行业务的创新

电话银行业务的创新首先要选定银行产品和服务针对的对象，并确定银行创新产品和服务的宗旨和目标，然后根据电话银行业务发展的需要来实现业务创新。从现代信息技术尤其是电话通信技术的发展现状来看，电话银行业务在面向中小企业客户和普通个人客户方面，仍然会发挥十分重要的作用。从全球范围来看，电话是目前普及率最高的电子通信方式之一，并且随着人口增加、城市化进程和经济发展的推进，电话普及率每年还在不断增长中，这无疑为电话银行业务的创新和发展提供了广阔的应用空间。因此，利用电话银行业务来拓展新市场，为客户提供更多更好的银行产品和服务是十分必要的。

电话银行业务的创新应该围绕综合集成、分层导向、人机交互和智能控制等重点展开。综合集成就是把电话银行业务中的语音信箱、数据库系统和应用软件等进行整合，为客户提供包括统一的语音服务、数据查询和交易平台等在内的一站式服务，使客户通过电话系统在任何时候、任何地点都可以享受到银行的产品和服务。分层导向就是按照不同的客户群体对于银行的忠诚度以及其对于银行利润的贡献度，来为客户提供不同层次的、多元化的、全方位的银行产品和服务，在增强客户对银行的忠诚度的同时，制定有针对性的、分层次的客户管理战略，精确衡量和跟踪客户对银行利润的贡献度，并进行有效互动以了解客户的真实需求和期望，及时采取相应的业务创新措施来满足客户。人机交互是指银行通过电话通讯手段来对客户进行业务回访、业务咨询等，以求实现与客户之间建立直接的交流，及时了解客户需求，为电话银行业务的创新提供第一手的及时、准确的资料信息，在巩固银行与客户的关系的基础之上，为客户提供更加合适的银行产品和服务。智能控制则要求银行对电话银行业务所提供的产品和服务的开发研究必须具有智能性和前瞻性，力求使客户能够无须银行职员的帮助，通过电话系统自主驱动相应的终端设备来实现资金交易，这就需要将现代信息技术、人工智能技术、模拟仿生技术等技术手段与传统的电话银行业务结合起来，在诸如语音播报、回访信息搜集、数据信息集中处理等环节逐步实现自动化、智能化的管理，让银行客户通过电话银行业务系统来自动控制代理证券买卖、代理缴纳税费、代理购物、代理广告宣传等交易和活动。

5.2.2 网络银行业务的创新

随着现代信息技术和互联网络技术的发展和应用普及，网络银行业务的创新正在形成一道独特的风景线。在网络银行业务创新过程中，尤其是针对有关数据信息管理的内容，要求银行能够利用互联网络即时、高效的特征，将客户传送过来的数据信息进行安全、集中、高效的管理，既要避免客户真实有效的数据信息的丢失，又要避免通过互联网络传输来的大量垃圾信息的干扰，更要抵御木马程序、病毒软件等的恶意攻击。这不但使得网络银行业务中关于安全管理、信息过滤、数据恢复等方面的工作难度加大，也对现代信息技术发展提出了更高的要求。构建和完善网络银行业务的中央数据库系统，对于发挥网络银行业务的远程交易、离柜交易、实时交易等方面的优势，以及为客户提供更加安全快捷的银行产品和服务，显得尤为重要。网络银行业务面临的数据信息大多具有很高的不确定性，它们的稳定性和完整性较差，也很难通过线性模型来进行描述，这就要求网络银行业务的数据库系统必须有区别地对待不同类型的数据信息。例如，可以采用分类管理、聚类管理、关联管理和时序管理等数据库管理模式，也就是说应该把不同类型的数据信息分别按照某种事先约定的划分标准，或者是按照某种自然的逻辑或拓扑关系，或者是按照某种规则模型，甚至可以按照某种时间周期和发展趋势来进行分类管理，这样不但可以节约银行在固定资产方面的投资，更可以在不同类型的数据库系统中进行资源共享，提高网络银行业务的工作效率，实现为不同类型的网络银行业务的客户提供个性化、差别化的银行产品和服务的目标。

目前网络银行业务已经可以实现注册客户的账单查询、同城异地汇款、银证转账、外汇买卖、国债基金等证券投资等多种功能。银行客户还可以足不出户地通过互联网络接入网络银行的业务平台获取量身定制的经济金融信息，以及相关的投资建议。未来在混业经营的趋势下，网络银行业务的客户还可以进行股票买卖和保险投资等活动。在现代信息技术发展和银行业务创新的共同推动下，网络银行业务的自动化和智能化程度还将进一步提高。

【小故事】招商银行领跑网上银行的秘密①

招商银行是国内第一家由企业法人持股的股份制商业银行，并从1996年开始，按照“统一管理、统一规划、统一需求、统一系统”的原则，率先踏上了国内银行业进军互联网的征程。

1997年处于草创阶段的中国互联网业，一般很难让银行业真正对全面开拓网上业务产生信心。但经过认真研究和充分准备，招商银行采取了与其他银行不同的策略。1998年4月，招商银行正式在网上推出“网上企业银行”1.0版系统。“网上企业银行”的问世，是网上银行在中国的真正开始，它为新的银企关系构筑了全新的高科技平台，也使招商银行的服务对企业客户有了更强的吸引力。

1999年9月，招商银行在全国全面启动网络银行服务，推出“一网通”特色品牌，构建起由企业银行、个人银行、网上证券、网上商城、网上支付组成的功能较为完善的网络银行服务体系。同年11月，招商银行经中国人民银行正式批准开展网上个人银行服务，由此成为国内首家经监管当局正式批准开展在线金融服务的商业银行。

2000年8月，招商银行又向社会推出“网上企业银行”3.0版本，增加在线理财、实时电子汇兑、信用管理等新功能，3.0版实现了与招商银行电子汇兑系统的无缝对接，率先在国内同业中实现了系统内资金的瞬间达账。业内人士认为此举实现了国内从原先的传统银行业务网络化到真正意义的“网上银行”的飞跃。

在网上个人银行方面，2000年2月，招商银行又推出了“移动银行”服务，将网络银行的终端扩展到移动电话上，成为国内首家通过手机短信息平台向全球通手机用户提供综合化个人银行理财服务的银行。2000年11月，在个人银行大众版的基础上推出业务内容更丰富、安全机制极高的专业版，专业版

① 资料来源：作者：徐樱，载于《现代商业银行》2005年第2期。

具有账务查询、卡内定活互转、专户互转、同城转账、异地汇款、网上支付等一系列功能。2002 年 6 月，招商银行又率先推出中国第一个在 PDA 上运行的网上银行产品——掌上银行。

短短几年的时间，Internet 的发展正在以其无限的生命力渗透到各个领域。招商银行行长马蔚华曾谈道："网络银行崛起将让银行业重新洗牌，而拓展网上银行业务就是一场新的'圈地运动'。"

"路漫漫其修远兮"，未来的招商银行将如何前行，招商银行的领导层是这样规划的：

招商银行将依旧坚持以客户为中心的发展战略，关注客户个性化需求，加强人性化设计，为客户提供量身定做的个性化产品和服务，提高客户满意度和忠诚度。将网上银行从简单的服务渠道提升为业务开发、业务处理和服务平台，通过大集中和业务流程的再造促进网上银行、电话银行、CALL CENTER、手机银行等服务渠道的全面整合，建立网上银行运营中心，为客户提供全方位、立体化的网络银行服务。

招商银行改变传统的单一的产品服务模式，发挥银行的财务专家优势，将网上银行再造为网上理财服务平台，向客户提供理财顾问、理财论坛等在线理财服务。寻找合适的切入点，积极参与政府事务的电子化建设，实现银行服务和政府电子政务的"双赢"发展。政府政务电子化是国际大趋势，近几年我国政府也大力推进政府上网工程，银行在此领域也应有所作为，以取得新的业务发展机会，在网上银行的基础上建立电子商务平台，成为网络经济的资源整合者。

5.2.3 手机银行业务的创新

手机是现代信息技术推广应用中普及率最高的产品之一，而且未来的普及率还在不断增长中。当手机把收音机、MP3、照相机、摄像机、电视机、PDA 等各种功能集于一身，超出了最初作为单纯的移动通讯工具的定位，成为社会经济生活的重要组成部分时，作为现代信息技术与银行业务融合的产物，手机银行业务也就应运而生了。与过去传统的电话银行业务相比，手机银行并不完全是基于语音服务的银行业务，其工作原理和基础更多地偏向于短信服务，当然从技术角度来看，手机银行业务必须借助移动通讯网络和移动电话等终端设备。从业务覆盖范围来看，目前能够通过电话银行业务来实现的功能都可以由手机银行来替代（见图5－2），但手机银行业务却具有传统电话银行业务所无法实现的二次交易确认功能。例如，银行在代理客户缴纳水、电、气等费用以及完成支付清算资金划转之前，不但要通过手机银行账户和密码的登录确认，还必须通过手机银行的短信密码进行二次交易确认，才能实现交易的顺利正常进行，这样既有利于对客户账户的保护，也可以保障交易的安全。与传统的网络银行业务相比，手机银行业务因为需要经过手机SIM卡和银行账户的双重密码确认，其安全程度相当于提高了一倍，虽然有些网络银行业务中也有二次交易确认的功能，但互联网络作为一个开放式的网络，很难保证在交易过程中不受到外界的窃密和攻击。而且手机贴身携带的方便程度远优于电子计算机等其他终端设备，智能化手机的功能也不逊于个人电脑，这也便利于银行客户不受时间和空间限制地享用银行产品和服务。再加上手机用户群庞大、手机服务的实时性更好等特点，为未来手机银行业务的发展提供了广阔的空间。

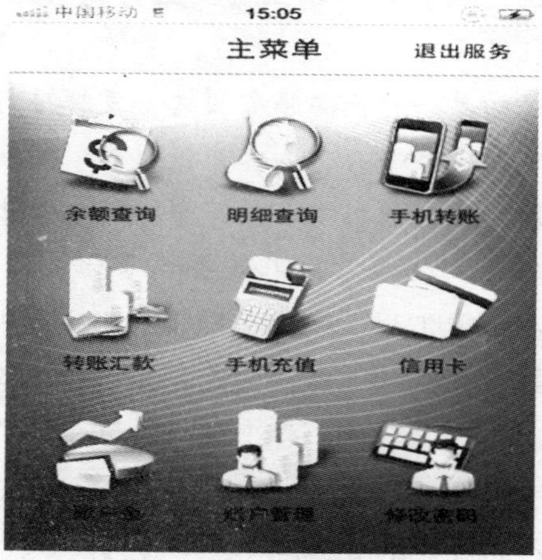

【图5－2】 手机银行

手机银行业务由移动电话终端、通讯服务商短信中心和银行支付清算系统等三部分维系其运作。从交易流程上来看，银行客户先通过SIM卡上的菜单向银行发出交易或支付指令，SIM卡则根据客户指令自动生成标准格式的短信并加密后发送到通讯服务商的短信中心，短信中心按照相应的渠道将此信息传输给已经联网的银行，银行转换信息格式并交由自己的支付清算系统来处理客户的指令，并将结果按照上述流程逆向逐级反馈给银行、短信中心和客户。

手机银行业务既是电话银行业务和网络银行业务的延伸，也是银行业务与现代信息技术尤其是无线通讯技术结合的新型银行业务模式，银行的营业时间、业务范围、经营地域等都得到了极大的扩展。

【小故事】菲律宾发展农村手机银行①

SMART 和 GLOBE TELECOM 是菲律宾并驾齐驱的两大手机银行品牌。2008 年年末，在这两家电信运营商注册的手机银行用户超过 800 万人，占菲律宾人口总数的 9% 左右，经常使用手机银行的客户超过 300 万人。在菲律宾，农村手机银行业务涵盖了存取款、缴费、汇款、偿还贷款、代发工资等多个业务品种，是发展中国家农村手机银行业务起步较早、业务品种相对齐全、运行模式较为成熟的国家之一。

菲律宾农村手机银行的运作模式：

1. 银行主导型（bank - based）模式。菲律宾的 SMART 公司采用了这种运作模式，客户与持有金融许可证的正规银行建立直接的合同式业务关系，银行将部分业务，如账户开立、市场营销、业务记录等外包给电信公司。用户通过在银行预存款的方式获得一部与银行账户绑定的手机，或直接在原有手机上安装银行软件，即可通过 SMART 公司各分支机构或指定第三方中介办理手机银行业务。目前，SMART 手机银行注册用户约为 710 万人，持有 SMART 借记卡用户约 180 万人。该公司规定，手机银行客户日交易额上限为 5 万比索（折合 1 100 美元）。此业务开办以来，已累计实现业务交易量 560 亿比索（折合 13.6 亿美元）。

2. 非银行主导型（nonbank - based）模式。菲律宾的 GLOBE TELECOM 电信公司采用了这种运作模式，与银行主导模式不同，客户与持有金融许可证的正规银行不建立直接的业务联系。在实际操作中，客户通过手机银行网络开设虚拟账户，将现金以电子货币的形式储存在“手机钱包”中，支付、转账等业务通过手机系统即可办理，客户需要提取现金时，可根据“手机钱包”中虚拟账户余额在任意第三方中介兑换。按照菲律宾中央银行要求，GLOBE TELECOM 公司在银行账户中的余额必须与客户虚拟账户资金总额保持 1:1 的比例。目前，GLOBE TELECOM 公司手机银行注册用户超过 100 万人，活跃客户超过 50 万人。该公司规定：客户单笔交易上限为 1 万比索（折合 220 美元），每位客户日交易量上限为 4 万比索（折合 880 美元），每位客户月交易

① 资料来源：马彦博：“菲律宾发展农村手机银行的经验及对我国的启示”，载于《科技创新导报》2010 年第 2 期。

量上限为10万比索（折合2 200美元）。自业务开办以来，已累计实现业务交易量8亿比索（折合1 970万美元）。

菲律宾农村手机银行的实践成效：

降低了农村金融成本。手机银行模式引入第三方中介机构形成的营业网络大大降低了银行网点铺设成本。世界银行扶贫协商小组（CGAP）在菲律宾的调查显示，建立银行网点的成本是运用手机及第三方中介成本的30倍，用手机替代传统银行服务能够使银行运营成本降低50%左右。此外，据调查，在未普及手机银行业务前，89%的菲律宾非银行客户将现金保存在家中或民间储蓄机构，这类资金额估计高达4.5亿美元。手机银行的推出吸引了大批低收入、非银行客户的加入。使用手机银行的活跃客户中，超半数人以前是非银行客户，且26%的用户日均收入低于5美元。可见，手机银行在开辟农村金融市场，促进农村居民使用正规金融产品方面发挥了积极作用。

5.2.4 基于信息技术的银行业务发展趋势

随着现代信息技术尤其是互联网络、无线通讯等技术的飞速发展，银行业将会加快电子化、网络化、虚拟化的发展步伐，现代信息技术已经融入银行的每一个业务部门，新型的银行业务将打破产品和服务甚至是产业的界限，成为未来金融业乃至整个经济运行的支撑。在数字化、网络化的信息时代，继续推出远程交易、互动服务、离柜业务，构建便携式的银行业务模式，将成为未来银行业务坚定不移的发展趋势。

随着电子计算机以及互联网络技术的发展和普及，银行业务获得了难得的发展机遇，业务处理模式和经营模式都发生了根本性的变革，货币形态从有形逐渐向虚拟化的电子货币转变，服务由柜台手工操作演变为网络化的人机互动，银行业务突破了时间界限、地域界限甚至是行业界限，银行客户通过互联网络足不出户就能够享受到全天候、全方位、人性化的金融产品和服务。未来的银行业务发展将在现代信息技术发展和应用的基础上，为社会经济生活提供真正的便利。电话银行、网络银行和手机银行等业务模式将更加规范和便捷，针对银行客户的产品和服务将更加个性化、智能化和优质化。目前全世界的银行都将基于新型信息技术的银行业务作为未来发展的重点和业务拓展的突破口，作为突破地域限制和争取高端客户的重要手段。正因为如此，基于信息技术展开的银行业务发展不仅要在产品、服务、功能、管理、组织和流程等方面进行创新，更要在人力资源、企业文化、经营理念等方面进行突破，才能更有效地融入和利用现代信息技术发展的成果，在未来激烈的金融市场竞争中立于不败之地。

5.3 银行组织结构的新格局

5.3.1 传统的银行组织结构类型

全世界许多国家的银行传统的组织结构模式是以行政区划为依据的总分行制，并且在各级分支机构配套相应的行政级别。不管业务量大小、有无需要、是否符合成本效益原则，只要有一个行政区域，就按相应行政级别配套设置一个机构，同一行政级别的机构基本享受同一行政待遇。

以行政区划为依据的总分行制使得这种传统的银行机构体系庞大，管理链条过长，加大了银行的营运成本。而且还带给人们一种惯性思维：只要存在行政区域，就必须设置银行分支机构，而不用考虑当地经济发展的实际需要以及银行的实际业务发展需要。银行的总分行制组织结构模式，强调一级法人统一管理，实行授权经营，但是如果相关配套条件未得到有效满足，过度授权经营反倒会将银行的基层分支机构管“死”了。特别是在经济发展不平衡的地区，由于上级行的管理范围太大或距离市场太远，其经营管理经常出现时滞或是根本不符合市场的需要，严重影响了银行业务的正常开展。

对于管理地域范围辽阔和管理跨度过大的银行，可以在组织结构模式上实行中心分行制，也就是选择具有较强经济辐射功能的中心城市作为管理行，管理行下按业务发展需要设营业性分行，各分行的业务各有侧重。例如，根据其地理位置及行业、客户特点等进行界定。在以市场为导向的分级经营组织模式中，分支机构是独立自主的利润中心，按专业或按地区来设立。中心分行一方面协助总行监督分支机构的业务活动并进行绩效评估，另一方面，在区域内进行整体资源分配。这使得总行可以从事务性管理中摆脱出来，专注于整个银行的长期性经营决策。这一模式已被德国、法国等经济金融较为发达的西方国家的实践证明是适应市场经济发展要求的，能够让银行在竞争中保持优势地位。

这种以市场为导向的银行分级经营结构，打破了按行政区划设分支机构的传统模式，是向按经济区域设立分支机构的过渡，关键就是取消银行分支机构的行政级别，让现代企业制度在银行业得到全面的贯彻和实施；此外在以市场为导向的模式中，必须遵循成本－效益原则，对无效益或低效益的分支机构网点应坚决撤并，同时加大现代信息技术的投入，大力发展电子银行业务，通过运用高科技手段发展虚拟的银行分支网点，既满足客户的金融服务要求，也节约成本，实现人员、设备、效益的优化组合。

银行的内部部门设置一般有三种标准，即业务、产品或客户。20 世纪 70 年代流行的趋势是根据业务或产品来划分，此时的银行处于卖方市场的优势地位。这种内部部门设置方式的优点是操作简单，却无法满足客户日益多样化的金融产品和服务的需要。到了 20 世纪 80 年代以后，银行的地位逐步由卖方市场转变为买方市场，银行业竞争加剧，于是开始考虑以客户为中心来进行部门设置，这便是“以客户为中心，以市场为导向”的组织结构变革。

目前银行内部部门的设置与调整具有以下特点：（1）按经济环境的变化适时调整内部部门；（2）紧紧围绕客户的需求，从方便客户，为客户提供高效、快捷的服务出发设计部门；（3）部门之间分工明确，职责清晰，相互衔接顺畅清楚；（4）重视银行的整体规划和战略研究；（5）重视风险管理，强化内部监控和审计，在部门设置上体现相互制约关系；（6）确保信息的畅通和完整，设置专门部门集中处理所有的经营信息。

以花旗银行为例，其内部业务部门主要分为两大类：第一类是环球金融服务部，以全球范围的企业，包括跨国公司和所在国的大型企业、金融机构为服务对象。提供的服务包括企业和房地产融资、交易服务、现金管理、贸易服务与融资、外汇买卖、风险管理、证券托管、清算服务、资产抵押和租赁、项目融资、基金管理及企业理财、结构性融资、银团贷款乃至直接投资等。第二类是环球消费者金融服务部，以全方位的银行服务满足零售客户的理财需求，其中又分为：（1）分行业务部，主要经营分行网络业务，提供广泛的零售银行服务和产品；（2）信用卡中心，提供各类银行卡及咨询服务；（3）私人金融服务部，主要为全球资产雄厚的个人提供广泛的理财服务。花旗银行的内部部门设置体现了其追求与客户保持持久关系，致力服务创优，客户满意，以客户需求为出发点进行业务、人员和技术诸方面的优化组合的组织结构管理理念。

以客户为中心的部门设置模式，体现了精简高效、管理和经营的有机结合，决策、执行和监督职责相对分离的基本原则，不但减少了管理层次的中间环节，降低了营运成本，还提高了工作效率，增强了分支机构的内控能力。各部门既经营本部业务，又承担对分支机构同类业务的管理，减少了经营与管理的中间环节，避免了经营与管理的脱节，增强了各部门风险控制能力，有利于提高管理效率和市场竞争力；而由于有明确的经营压力，各部门通常会更多地考虑自身的经营任务，从而促进对新产品和服务的开发和营销。

以客户为中心进行银行组织结构设置是不可逆转的潮流，我国国有银行的股份制改造和上市，明确了银行的公司治理结构形式，在组织结构上实现了与国际接轨。我国银行体系的组织结构模式已经按照决策、监督、执行等三大模块来进行重组，并改变了原来按业务和产品设置部门的做法，逐渐向按客户群设置内部部门的转变。其中具体的表现是合并综合管理部门，把行政后勤部门推向社会，将信息技术部门的部分职能外包。

在以客户为中心的部门调整中有一个突出的问题，就是部门之间的相互协调，国际上通行做法是在首席执行官下分设专业总监来确保系统的顺畅运转，其中市场总监负责市场的开发、拓展与维护；运营总监负责业务的正常运转；财务总监负责为业务发展提供财务支持和内部的资金调配、使用与管理；技术总监负责为业务发展和流程整合提供技术支持。这是按银行业务流程运行的内在要求，将紧密相关的部门交给一个总监来管理与协调，便于集中思考某一序列的发展战略，一旦遇到问题，也有利于集中解决，能有效地提高工作效率，降低协调成本。

5.3.2 新型组织结构模式变革的方向

近年来，现代信息技术的日益发展，尤其是电子计算机技术和通讯技术突飞猛进，大大加快了银行业的现代化步伐。银行为改善服务质量，有效提高经营管理效率，纷纷采用现代信息技术的最新成果，改变传统的组织结构模式，在构建新型银行组织结构模式方面进行了许多有益的尝试。总的来看，新型组织机构变革的原则包括以下内容：

（1）适应社会经济发展的需要。社会经济生活的主要内容是商品生产和商品流通，因而银行的组织结构的构造首先要适应商品生产和流通的需要。同时市场经济又是横向联系的活动体系，它的发展通常要形成以经济较发达区域为中心，并辐射周边地域的经济网络即经济区。由于区域经济有其特殊性，因而消费者市场呈现出不同的特点，银行在改造组织结构时，必须按照需求的不同层次和特性，进行市场细分并确定目标市场，并按照自身的资源优势来决定内部部门和分支机构的规模、形式与布局。

（2）维护客户的资金安全。银行营运资金来自社会大众，一旦经营失败，不仅会引起经济秩序的混乱，而且可能会产生严重的社会动荡，所以，保护客户资金安全是改造银行组织结构必须遵循的原则。西方银行业普遍实行的存款保险制度，其实质就是借助于政府和社会的力量来防止和减少银行业的倒闭，确保客户的资金安全。尽管存款保险制度为客户资金的保全提供了一道可靠的屏障，但是并不能完全消除银行营运风险，银行的组织结构改造中仍应充分考虑经营的稳健与安全，任何盲目的扩张和重组都有可能导致经营的失利。

（3）配合金融监管当局的管理。银行业是一个风险性很强的产业，组织结构的改造将面临一系列风险：信用风险、利率风险、流动性风险、国家风险以及汇率风险等。银行的组织结构改造成功将带来两方面的效果：一是社会效益的提升，即银行组织结构的改造适应并推动社会经济的发展；二是银行自身经济效益的增长，即银行以审慎的态度和周密的计划进行的组织结构改造将取得自身最大的经济效益。但是这些效果包含了微观和宏观两个层次的内容，它们并不会因银行自身经营管理手段的完善而自发产生，微观目标并不会必然导出宏观目标，银行在追求自身经济效益最大化的过程中存在着较多的风险，而来自金融监管当局的管理将成为效益与风险的制衡机制，众多的控制手段会确保组织结构改造顺利、有效、健康运行。因此，银行的组织结构改造不仅不应当回避金融监管当局，而且还要创造有利的条件配合这种监管，以获取政治支持和公众信任。

5.3.3 “扁平化”的组织形式

随着金融现代化的发展，银行采用现代信息技术的最新成果，特别是电子计算机和通讯技术的成果，可以无限地扩大管理跨度，这导致了银行“扁平化”组织结构形式的兴起。各分支机构都与总行的主机联机，每个分支网点和部门的职员都能直接与总行联系。采用电子计算机和通讯技术的成果，银行既能充分发挥自身的竞争实力和规模经济效益，又能使各网点和部门按照客户的需要，提供适当的金融产品和服务，而且减少了不必要的中间等级层次，缩减了人员和机构，从而减少了管理费用开支，避免了官僚主义现象的出现。

在“扁平化”组织形式的银行中，直线管理人员极少向下属员工发号施令，管理部门变成员工的信息来源或是内部沟通活动的协调机构。各分支网点与总行联机，并不是为了请示汇报，而是为了信息沟通，以便更好地做好经营管理工作。各分支机构可以在总行的限制性条件或决策规则的约束之下独立经营，协调主要体现为分支机构的内部沟通或是分支机构与总行之间的相互沟通，各分支机构之间的横向联系并不重要，甚至并不存在。

【小知识】“扁平化”组织形式的应用

“扁平化”组织是现代企业组织结构形式之一，这种组织结构形式改变了原来层级组织结构中的企业上下级组织和领导者之间的纵向联系方式、平级各单位之间的横向联系方式以及组织体与外部各方面的联系方式等（见图5－3）。当企业规模扩大时，增加管理幅度，“金字塔”状的组织形式就被“压缩”成扁平状的组织形式。现代网络技术和功能强大的营销管理软件能够对众多经销商反馈的大量信息进行快速处理，并能通过因特网将企业的信息“集群式”在同一时点向所有对象传送信息，传递给经销商。因此，渠道“扁平化”过程中所遇到的信息的传递与处理问题，能够通过现代信息技术迎刃而解，这极大地推动了渠道“扁平化”趋势的发展。

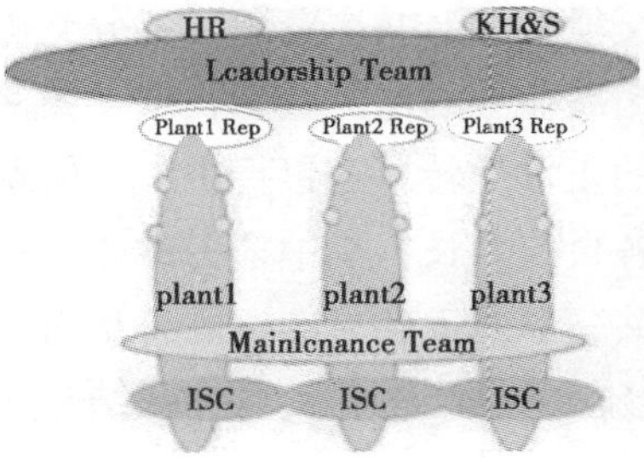

【图5－3】 “扁平化”组织

虚拟“扁平化”是在传统金字塔组织结构的基础上，应用现代信息处理手段达到“扁平化”的基本目的。即在传统层级结构的基础上，通过计算机实现信息共享，不必通过管理层次逐级传递，从而增强组织对环境变化的感应能力和快速反应能力；通过计算机快速和“集群式”的方式传递指令，达到快速、准确发布指令的目的，避免失真现象。虚拟“扁平化”最典型的案例是微软的“数字神经系统”。微软的日常工作都在“数字神经系统”上，数字可以帮助决策。微软的“数字神经系统”的最大好处是，它能让坏消息传得快，当公司的任何地方出了问题，就不会等一级一级汇报上来、等问题大到无法解决时才被决策者发现。

5.3.4 “蛛网”的组织形式

如果高度分散经营的分支机构之间必须经常直接联系，那么银行采用“网络”组织结构形式就比较合适，这类组织形式也常被形象地称为“蛛网”组织结构形式。

在“蛛网”组织结构形式中，几乎不存在正式的权力机构或“发号施令”等级层次，各分支网点几乎不受总行的限制和约束，可以完全独立经营，它们之间可以相互提供信息。各分支机构基本上掌握整个银行系统积累的全部信息资源，在大部分时间内有很大的自主权，不必接受正式权力机构的管理。“蛛网”模式中即使存在中央机构，它也不从事业务、不产生信息，而仅从各分支机构搜集信息，为各分支机构交换信息而服务。此时总行只是各分支机构的信息媒介，而不对分支机构的经营管理加以任何限制和干预。但在各分支机构中仍可能存在不同的管理层次。

在“蛛网”组织结构中，要提高整个银行的经营效率，各分支机构必须保持密切的联系，相互交换信息，共享资源。各分支机构在开展业务时，独立性很强，相对来讲，其拓展业务的范围较为狭窄，如果各分支机构之间封锁信息，则有损于整个银行的正常运转。在银行中，各信息密集型的分支机构基本上独立经营，充分发挥各自的专长，集中精力做好某一项或某几项工作，而相互之间通过交换信息来共享原属于各自的资源，从而促进了整个银行系统业务的顺利开展。信息和市场需求是将各分支机构联结起来的主要纽带。

5.3.5 “倒金字塔”的组织形式

对客户而言，分支网点的员工是银行的代表，银行必须依赖第一线员工向客户表明自己的特殊能力，为客户提供优质的产品和服务，使得本行获得竞争优势。然而，在传统的组织结构中，一线员工却处于整个银行的最底层。现在，不少银行已经认识到一线员工是自己最重要的员工，所有直线管理人员、操作系统、辅助人员都必须为一线员工提供服务。因此，新型的银行组织结构变革中开始出现了“倒金字塔”组织形式。

在“倒金字塔”组织结构中，一线员工的地位最高，他们和客户直接打交道，他们的服务质量是客户对银行进行评价的主要标准。在银行和客户之间，客户是“上帝”，而在银行内部，一线员工则是“上帝”。所有管理人员应为之做好协调、支持工作。将传统的“金字塔”组织结构改变为“倒金字塔”组织结构，管理人员的作用和管理方式将发生相应的变化。直线管理人员仍应规定主要业绩考核标准，参与服务体系设计工作。传统的中层直线管理人员在“倒金字塔”组织结构中变成分析人员、辅助人员、协助人员、信息供应人员、绩效评估人员。在中间层次中可采用自动化设备来协助完成大部分日常性任务，从而让“倒金字塔”组织结构中的少数直线管理人员能够发挥更重要的作用，从事更广泛的经营管理工作，也让一线员工能够分享银行的各类信息。

【小故事】“倒金字塔”管理模式①

20世纪70年代末，石油危机使得瑞典的北欧航空公司每年亏损2 000万美元，公司濒于倒闭。在这个危机时刻，杨·卡尔松受命担任了北欧航空公司的总裁。卡尔松接任的一年后，北欧航空公司赢利5 400万美元。

卡尔松来到北欧航空公司后实行了一个全新的管理方法。他给它起名字叫“Pyramid Upside Down”，简称“倒金字塔管理法”，也有人称之为“倒三角管理法”。

卡尔松认为：人人都想知道并感觉到他是别人需要的人；人人都希望被作为个体来对待；给予一些人以承担责任的自由，可以释放出隐藏在他们体内的能量。卡尔松的“倒金字塔”管理模式就是在这样一种思维的指导下产生的。

传统的管理构架是：最上层为决策者、总经理；中间层为中层管理者(部门经理，车间主任等)；最下层为一线工作人员，即政策的执行者。卡尔松的“倒金字塔”构架是：最上层为一线工作人员（卡尔松将其称为“现场决策者”)；中间层为中层管理者；最下层为总经理、总裁（卡尔松将自己称为“政策的监督者”)。

在一般的传统公司管理“金字塔”中，上面是决定政策的人，下面是执行政策的人，概念很清楚，现在很多单位采用的都是这种管理方法。那么当时

① 资料来源：《化工管理》编辑部：“影响世界的100条管理定律——灵活有效的激励手段”[J]，载于《化工管理》2009年第4期。

卡尔松为什么决定颠倒过来呢？因为他发现公司发展的关键在于员工。卡尔松认为公司的总目标一旦制定下来之后，总经理的任务是监督、执行政策，达到这个目标，中层管理人员不变，最上面这一层是一线工作人员。

公司采用这种方法3个月之后，公司的风气就开始转变，他开始让员工感觉到：我是现场决策者，我可以对我分内负责的事情作出决定，有些决定可以不必报告上司。把权力、责任同时下放到员工身上，而卡尔松作为政策的监督者，负责对整体进行观察、监督、推进。

6.

银行营销模式的变革

6.1 以产品为中心的营销模式

6.1.1 银行产品营销观念的产生

早期的银行机构网点较少，缺乏竞争，业务品种单一，因此在营销活动中往往以自己为中心，认为安全、高效的银行是值得社会公众信赖和依靠的，人们只有求助于银行才能获得所需的银行产品和服务。银行只需制定各种规章制度，提高职员的素质，维护银行工作的严肃性，同时提高银行服务环境的质量，为人们提供安全的金融活动场所，银行营销的重点是为外界提供自身的高安全性、高机密性的形象，而不需要对其产品和服务进行额外的营销。此时银行客户总是表现得小心翼翼，而银行职员却是高高在上，满怀优越感，巍峨高耸的银行大厦，内部高高的柜台，以铁栅栏隔出的狭小服务窗口，不苟言笑的银行职员，都给人以庄重、神秘之感。

到了 20 世纪 50 年代，随着银行之间以及银行与非银行金融机构之间竞争的加剧，随着金融产品和服务的增多和逐渐供过于求，银行开始转向以产品为中心的营销模式，以激励销售、鼓励消费为重点。在这种营销观念的推动下，银行开始抽调人员，组建专门的营销队伍，发掘潜在的客户，运用广告等手段进行宣传和刺激，那种高高在上、不苟言笑的经营作风逐渐被热情待客、微笑服务所取代。尤其是在 20 世纪 50 年代末到 60 年代初，微笑服务和改变银行建筑风格的热潮席卷了整个西方银行界。例如在1954年，由斯杰德摩尔、欧应斯和玛瑞尔设计的制造商信托公司的大楼就一改传统银行的教堂式风格，用玻璃包裹着四层大楼，向外延伸，既表达了急于向外扩张的心理，又有展开双臂欢迎社会各界的银行客户之意。透明的玻璃让银行内部的陈设一览无余，似乎在表明银行没有秘密。这不但拉近了银行与社会大众之间的距离，而且也开创了银行建筑开放式新风格的先河，更体现了银行营销观念的转变。

在以产品为中心的营销模式中，银行的营销战略主要是围绕如何开发出能够吸引客户并为银行带来盈利的新产品和新服务而设计的。对于银行客户而言，由于在金融产品和服务方面有了更多的选择机会，因此，他们越来越多地开始注重各家银行之间，甚至是银行与非银行金融机构之间的产品和服务的细微差异，并开始对物美价廉、新颖别致的金融产品和服务报之以更多的兴趣，而银行与其客户之间的关系开始转变为相互选择的、不固定的、松散的交易关系。由于银行和客户的目光都集中在金融产品和服务上，因此，产品营销策略成为此时的经营重点。

【小知识】银行办公楼中的秘密

在城市里，银行办公大楼几乎无一例外都是全城最高的建筑（见图6-1、图6-2和图6-3），这是一个秘密，因为银行的生命线是“信任”，高大挺拔、卓而不凡的建筑给人以稳定感和信心。一个不让人信任的银行是绝对没有生命力的。银行业务是一种信心游戏，当人们对一家银行失去信心时，就会不约而同要求取款。即使不懂经济的人也知道，银行一旦遭遇挤兑，其处境总是很困难的。

【图6-1】 澳新银行办公楼

【图6-2】 德意志银行办公楼

【图6-3】 上海国家开发银行办公楼

6.1.2 银行产品营销策略

毋庸置疑，银行的产品和服务是银行营销活动的首要对象，银行也必须通过提供能够不断满足客户需求的金融产品和服务来生存，并从中获利以求发展。从银行所能够提供的产品和服务的角度来看，凡是能够被客户获得、利用和消费的有形产品和无形服务，诸如货币、票据、证券、存贷款、清算结算、财务管理、信息咨询、信托、租赁等，都应该被纳入银行产品营销的范围之内。但是由于银行产品和服务具有与一般工商企业的产品和服务不同的特征，因此，银行以产品为中心的营销策略也会进行相应的调整。

第一，一般的工商企业所提供的有形产品具有实体形态，可以让客户通过感觉器官来进行感知和识别；但银行产品和服务却多为无形的、虚拟的、抽象的，即使是现钞、支票、存折、银行卡等也并非银行产品的本质，而只是金融交易和服务的一种实物形态的载体而已。第二，传统工商企业的产品和服务之间往往泾渭分明，服务多为附加在产品之外，被分割后并不影响产品本身的销售和消费；但银行产品和服务对于客户而言，不论是在购买还是消费过程中，都具有同时性，无法完全分割开来，产品就是服务的载体，服务又是产品效用发挥的保证。第三，金融产品和服务虽然在本质上是趋同的，但不同银行提供的产品和服务并没有完全统一的标准，产品效用往往会受到银行职员服务态度等人为因素的影响，因此，银行产品和服务在外在表象上呈现出多样化的特征。第四，普通商品的使用价值往往较为单一，但银行产品和服务的价值却呈现出可以无限叠加的特征。例如，银行的信用卡产品往往能够承载存款、贷款、转账、消费甚至信息咨询等多重服务功能。第五，一般企业的产品可以通过专利等来进行保护，但银行产品和服务由于往往没有统一的标准，因此很难申请到专利保护，而金融产品和服务的同质性又导致它们很容易被模仿。除了以上五点主要特征之外，部分银行产品和服务还具有季节性特征，例如，为旅游景点提供的有关旅游项目的建设资金、消费信贷，以及为农业地区发放的农业贷款等，都会随着旅游周期和农业周期的变化而出现需求数量上的波动。

在以产品为中心的营销模式中，银行最为关心的是能否创造和提供好的产品和服务，只要有了能够适应银行客户的现实需要的银行产品和服务，客户就会趋之若鹜，营销活动的完成也就水到渠成了。银行所能够创造和提供的产品和服务，以及它们是否能够满足以下一系列标准，就成为打造银行核心竞争力、获得经营成功的关键：第一，银行产品和服务必须具有较高的安全性、便利性和可接受程度。银行并不是在提供自己能够提供的产品和服务，而是提供客户需要其提供的产品和服务。不能满足客户不断变化的需求，银行就必定会被市场淘汰。第二，银行产品和服务需经过完善和系统的组合。所有适销对路的银行产品和服务，必定能够全方位、多层次地满足客户需求，甚至在消费时序上也要根据客户或是产品服务的生命周期而具有层层递进的系统性。第三，银行产品和服务要能够树立和提高客户的忠诚度。客户需求是不断变化的，银行产品和服务既要让客户勇于尝试自己的新产品和新服务，又要确保客户不会轻易转换成其他银行提供的同类型的产品和服务，建立客户对本银行的品牌忠诚度，形成相对稳定的偏好，保证银行产品和服务的长盛不衰。第四，银行产品和服务要有一定的技术含量，避免被轻易模仿和超越。只有保持自己与众不同的风格和特色，才能吸引客户群体，稳定细分市场，保持强劲的竞争实力。

提高银行产品的安全性、便利性，不断适应发展变化中的客户需求，是银行产品和服务必须具备的基本要素。随着社会经济的高速发展以及现代信息技术水平的飞跃上升，社会公众对银行产品和服务的需求变化很快，再加上新的银行产品和服务的同质性导致很容易在短期内被模仿，银行产品和服务的生命周期逐渐呈现出缩短的趋势，因此，银行必须以产品和服务为核心不断进行创新，以满足社会多方面、多层次的需求，增强客户的凝聚力和忠诚度，才能保持核心竞争优势。

6.1.3 银行产品营销渠道

银行产品营销渠道主要是根据各种金融产品和服务的特征来进行分类的，也就是说各种不同类型的银行产品营销渠道所提供的金融产品和服务的种类差别很大。在西方经济发达国家，随着银行业、证券业和保险业的混业经营限制的逐渐取消，为了进一步满足客户对不同金融产品和服务的需要，银行纷纷设立了可以提供综合性金融业务的分支网点，其产品营销渠道更加趋于多样化和复杂化。而我国金融业经营管理采用的是分业模式，银行所能提供的产品和服务的范围仍受到较严格的限制，相应的产品营销渠道较为单一和简单。此外，现实中银行客户对金融产品和服务需求的差异性较大，这就要求银行根据自身的条件选择金融产品的品种和范围，并由此选择合适的产品营销渠道，以便为各具特色的客户群体提供高质量的产品和服务。现代信息技术的发展和广泛应用导致了ATM、POS、自动银行、电话银行、网络银行等新型产品营销渠道的出现，解决了银行传统渠道单一化、简单化的问题，也为客户提供了更为便捷的金融服务。

银行产品营销渠道中所涉及的经营场所正趋于多样化。传统银行产品营销渠道简便直接，如存款、贷款以及支票账户等业务是由银行分支机构直接提供给客户；而一些特殊业务，如信托、信息咨询等业务，则是通过银行职员的面对面推销来完成的。随着银行产品和服务的创新以及现代信息技术的发展，银行逐步开辟了更为复杂的产品营销渠道，诸如存取款业务可通过ATM完成，股票交易资金的划拨可通过电话委托业务完成，而耐用消费品的信贷业务则可通过房屋销售商等中介进行，现代银行产品营销渠道的经营场所更加多元化。现在银行普遍实施的与一般工商企业的商品销售广泛结合的消费信贷业务、住房抵押贷款业务等便是经营场所多元化的具体表现。对于银行客户而言，金融产品不但是一种承载了资金交易的商品，更是一种随时需要的服务，然而传统银行的产品营销渠道在营业时间上具有很大的局限性。为了避免由此给客户带来的不便，目前银行正力图突破营业时间的限制。例如，ATM和自助银行等率先实现了24小时营业；而电话银行、周末银行、假日银行等现在也屡见不鲜了。

银行产品营销渠道既是联接银行和客户的基本纽带，也是银行完成其产品和服务销售职能的实体，在银行经营管理活动中至关重要。同时，银行营销渠道具有长期性的特点，一旦建立就不易改变，这使得营销渠道的选择和管理成为银行产品和服务营销策略的关键所在。按照营销活动是否通过银行与客户之外的第三方来实现的标准来分类，银行产品营销渠道可以划分为直接营销渠道和间接营销渠道两大类型。如果银行产品营销活动是依靠自身分支机构来直接与客户联系，将各种金融产品和服务直接提供给客户，那么这便是银行产品营销的直接渠道；如果是通过中间商、代理商，尤其是诸如商场、酒店之类的非金融中介机构来提供产品和服务，那么这就是银行产品营销的间接渠道。是选择直接渠道还是间接渠道，具体要从以下方面进行考虑：一是银行自身营业网点或分支机构分布范围，以及分支体系是否完善，能否满足产品营销的需要；二是银行产品和服务的专业化程度，是否必须通过自己的分支机构才能满足对应的营销专业化的要求；三是银行的产品和服务的客户群体是否集中、明确，是否需要针对重点客户实行点对点的营销服务；四是将银行产品和服务的营销功能部分转移给中介机构，能否利用其专业化的营销网络优势和风险分担职能，是否有利于银行的成本节约、跟踪服务和信息反馈。

最常见的银行产品直接营销渠道包括在全国乃至全世界各地直接投资设立分支机构和营业网点，除了提供柜台服务坐等客户上门以外，还可以派出由银行职员（如客户经理等）组成的专业销售队伍与客户进行面对面的营销。在西方还非常流行银行直接邮寄营销的方式，即通过事先的调查分析向现有客户以及潜在客户寄送有关金融产品或服务的信件、传单、折叠广告、音带、像带、软盘等，尽管相关资料的制作和传送成本不菲，但能够有效地提高既有客户的稳定性和潜在客户的拓展率。借助一般电视广告、家庭购物频道和专用的视频信息系统，通过电视媒体来进行银行产品和服务的直接营销也是西方较为常见的直接营销渠道。20世纪90年代以来，随着现代信息技术的发展和推广应用，网络经济中诞生了一种全新的银行产品和服务的直接营销渠道——电子营销渠道，即以电话、家用电子计算机终端、互联网络、ATM、POS等电子化的媒介，以客户自助的方式将银行的产品和服务直接提供给客户享用。

银行产品间接营销渠道可以被视为一条以银行产品和服务为中心，涉及不同类型经营机构的供应链，在银行产品和服务的最初开发提供者（即银行）与最终客户之间进行的一系列价值增值过程都被包含于其中。银行利用间接渠道进行金融产品和服务营销的主要媒介物之一便是信用卡。银行的信用卡的最终使用对象是消费者，但消费者能够享受到信用卡的服务，就必须借助于商场、酒店等消费场所和非金融中介商。从相互之间的关系来看，银行信用卡业务的营销必须利用商场和酒店等间接渠道。从另一方面说，消费者能享用到信用卡服务，银行就必须让商场、酒店等消费场所和非金融中介商也开通信用卡服务的渠道。银行信用卡是信用服务的载体和实体化表现，但并非服务本身。通过信用卡，银行克服了金融服务的不可分割性问题，通过利用商场、酒店等消费场所和非金融中介机构，扩大了银行的服务区域。因为信用卡让客户将银行信用变成了“库存”，可在自己感觉便利的任何时间和地点使用，这样，银行就有能力维持远离交易地的信用客户。目前信用卡被广泛使用，银行便在接受信用卡为付款媒介的卖主（商场、酒店等）和处理信用单的信用卡银行之间，扮演清算中心的角色，银行和卖主都会由于提供此项服务而获取佣金收入。此外，委托代理行、邮政汇划以及商场酒店中安置的ATM和POS等都是银行产品营销的间接渠道之一，通过它们的间接营销，银行产品和服务的售后服务、风险分担、信息反馈、价值增值作用等都能够得到充分发挥。

【小故事】邮储银行营销策略创新思考①

中国邮政储蓄银行有限责任公司（以下简称“邮储银行”）于2007年3月6日正式挂牌成立，目前拥有储蓄营业网点3.6万个，汇兑营业网点4.5万个，国际汇款营业网点2万个，其中有近60%的储蓄网点和近70%的汇兑网点分布在农村地区，存款规模列全国第五位。邮储银行自成立以来，在多方面做了大量富有成效的工作，小额信贷、中间业务等各项业务取得了不错的发展成果。

1. 开发新的产品：（1）随着我国经济发展，居民收入增加，消费意识转变和金融意识增强，个人消费信贷市场有很大潜力。邮储银行研究市场和顾客需求，针对不同的贷款对象，设计个性化的贷款；同时拓宽消费信贷业务品种，重点开展个人住房贷款、汽车贷款等；积极推进信用担保贷款、个人综合授信贷款及批发性消费信贷。

（2）中间业务是商业银行利润的重要来源。作为商业银行市场后来者的邮储银行从以下几个方面发展中间业务：加强证券业、保险业代理业务；提供个人理财、信息咨询服务；推进代收代付业务。

2. 建立新的服务体系。在硬件条件上，邮储银行现在已具有以全国联网电子化网点为主，自动柜员机、销售点终端等为辅的基础设施，但在提供服务的过程中，其服务能力和服务水平还不能满足顾客的期望。优质服务将是银行市场营销获得成功的重要因素。这要求邮储银行构建一个从内到外的完整新型服务体系。首先，要有一支愿意服务、精通服务、有强烈奉献精神的高素质员工队伍，这需要在企业开展内部营销；其次，这支队伍要用高效率、高水平的服务方式为顾客提供他们想要的服务，以维系顾客，创造利润，进行顾客关系管理。

3. 利用新兴的营销渠道——网上银行（Internet Banking），亦称“网络银行”（Network Banking）或“电子银行”。它借助因特网的优势为用户提供全方位、全天候、便捷、实时的全新现代化服务。网上银行的出现打破了传统银行业的经营模式和经营理念，并以其巨大成功向业界展示了深厚的发展潜力。邮储银行必须大力发展网上银行是由于：

（1）企业发展的宝贵机遇。Internet为所有银行提供了平等的经营契机

---

① 资料来源：张燕艳，吴岭，栾大为：“邮储银行营销存在的问题及营销策略思考”，载于《科技创新导报》（Science and Technology Innovation Herald）2011年第5期。

和发展机遇。借助网络银行提供银行服务，只要有足够的技术处理能力，不论银行大小，都处在同一起点。网络银行为中小银行提供可以和大银行相对平等条件下竞争的机会。对邮储银行这一市场后来者而言，在自己实力有限的情况下得到一个与国内市场先行者平等竞争的机会，可说是千载难逢的良机。

(2) 具备良好基础和发展条件。2001 年，中国邮政综合计算机网全面投入使用，绿卡二期工程建设和改造全部到位，完成全部 31 个绿卡省中心入网和旧城市中心到相应省中心的切换工作，并进一步完善了绿卡系统安全保密体系。同时完成全国银行卡有关标准制定、工程改造、联网测试工作。2001 年年底绿卡系统全国中心改造顺利，通过人民银行验收，按照"五纵五横"两种模式完成了共 10 个省中心与银行卡中心的联网，邮政绿卡的使用范围进一步拓宽，邮政储蓄绿卡累计发放 2 504 万张。绿卡系统网络结构更加优化，运行保持稳定，邮政储蓄异地通存通取业务得到了快速发展。这些为邮储银行发展网络银行业务奠定了坚实的硬件基础，积累了丰富的运营经验。

6.2 以客户为中心的营销模式

6.2.1 以客户为中心的营销模式的产生

以产品为中心的营销模式很容易被模仿，很难保证银行的长期收益，因此，以客户为中心的营销模式悄然出现了。由于客户对金融产品和服务的需求日益多样化，而市场供给充裕导致选择性明显增多，银行之间以及银行与非银行金融机构之间的竞争也进一步加剧，由此促使越来越多的银行改变了过去以产品为中心的营销模式，而转向以客户为中心的营销战略。以客户为中心的营销，并不仅仅是为银行客户提供销售环节中的便利或是产品服务的简单介绍，而是更加深刻地认识和了解银行客户，并从客户自身的角度出发来开发和提供银行产品和服务，使之完全符合客户的需要，最终实现银行产品和服务的销售的自我实现。从 20 世纪 70 年代开始，西方银行界开始深度挖掘银行客户的现实需求和潜在需求，以提高客户满意度作为绩效考核的标准，正是在这种以客户为中心的营销模式的作用下，才在西方金融界掀起了一股金融创新的浪潮。在以客户为中心的营销模式中，尤为强调客户是银行最重要的资源，如何发掘潜在客户、留住现有客户以及最大限度地满足客户的需求是银行营销战略的基础和核心。为此，银行借助现代信息技术来改革内部机构，并对客户进行细分，确立目标客户，实行客户经理制，提供“一站式”服务，建立客户关系管理系统，用强大的数据信息库系统来支撑全面的客户服务。

银行与客户之间最常见，也是最传统的关系就是以存贷款为表现形式的债权债务关系，在这种关系模式中，银行始终处于优势地位。但是 20 世纪 70 年代以后，随着银行所提供的与资金有关的金融服务和代理业务的增多，债权债务关系逐渐向代理服务关系的转化，传统的银行导向型的卖方市场转变为客户导向型的买方市场，银行只是金融产品和服务的提供者，客户则可以根据自己的需要选择银行。再加上现代信息技术的发展及其在银行业中的推广应用，尤其是自动化处理、通讯技术、金融数据传输和电子资金转账系统等方面的金融创新，不但完全改变了传统银行的经营模式，增加了银行产品服务的品种和范围，也推动了银行与客户关系的重大转变，银行营销中心已经逐渐从产品转向了客户。在现代经济发展和信息技术进步的共同推动下，银行客户需求呈现出多样化的趋势，银行不但要面临非银行金融机构竞争的挑战，更要承受银行客户多样化需求的压力。因此，许多银行纷纷设立专门的管理部门和团队（如客户经理、专家团队等），来负责营销过程中与客户的联系和沟通，不仅能够了解客户的现实需求，还可以深入挖掘客户的潜在需要，并提供有针对性的银行产品和服务的设计方案以及营销活动。在客户导向的金融时代，这种模式不但能够将银行与客户的利益紧密联系在一起，更可以有效提高银行与客户的利益和价值。

伴随着“以产品为中心”模式向“以客户为中心”模式的转变，银行营销的重点还从有形资产的营销向无形资产的营销进行着转变，例如，花旗银行就在全世界各地的分行使用同样的标记，推销同样的产品和服务，执行同样的业务操作流程。各式各样、五花八门的营销广告中，虽然仍然包含了针对某种单一产品、单一业务和单一分支机构或部门的推广介绍，但更多的已经转变成为对花旗银行整体形象的宣传，尤其是针对花旗银行的全球化、全面化的服务理念等无形资产的宣传。

【小知识】基于客户满意的4R营销策略①

4R理论明确以消费者为基础，认为顾客需求已转变为对购买和使用过程中综合服务的需求。强调以竞争为导向，要求企业在不断成熟的市场环境和日趋激烈的行业竞争中，全面分析自己的优劣势，快速响应市场，采用整合营销，在竞争中求发展。

1. 重视营销回报（Reward）。“回报”始终贯穿于整个策略之中。无论是产品、价格、渠道还是促销，银行都要求有回报。追求回报是市场营销发展的动力，也是维持市场关系的必要条件。银行满足客户需求，在得到利润的基础上，为客户创造价值。

（1）重视客户的回报。好的理财产品意味着一个企业的销量、品质、形象、利润、低销售成本、高销售效率和丰厚的营销回报。开展体验营销，以消费者为导向的产品策略，及时了解客户的需求，可以使商业银行跳出竞争模式雷同的怪圈，从而使企业为顾客提供价值和其所追求的回报相辅相成，并达到双赢的效果。

（2）自身回报不可少。营销目标必须注重产出，注重企业在营销活动中的回报。要与顾客沟通，了解他们的需求，做到有的放矢，广告需符合接受者的品味。只有在客户最大限度得到满足的时候，作为另一方的银行也就得到了应有的回报。

2. 提高反应速度（Response）。在当今相互影响的市场中，对经营者来说，关键的问题不在于如何控制、制定和实施计划，而在于如何站在顾客的角度及时地倾听顾客的希望、渴望和需求，并及时答复和迅速做出反应，以满足顾客的需求。

（1）对市场的反应速度。要及时了解市场竞争对手的策略动向，从而适时调整自己的价格营销策略，真正做到“知己知彼，百战不殆”。并要及时把握客户的消费动态，保证企业的广告宣传和促销活动落实到终端客户，使客户受益。

（2）对客户投诉的反应速度。对客户的投诉，做到当天投诉当天受理，使客户满意。对于频发的问题，从源头解决，使真正的服务温暖客户的心。

---

① 资料来源：王永钊：“基于客户满意的4R营销策略研究——以重庆建行转型网点为例”，载于《攀枝花学院学报》2010年第2期。

3. 关系营销（Relationship）。关系营销是“4R”策略组合的核心部分。在企业与客户的关系发生本质性变化的市场环境中，抢占市场的关键已转变为与顾客建立长期而稳固的关系，从交易变成责任，从管理营销组合变成管理与顾客的互动关系。

（1）缓解排队的压力。应当大力发展网络金融服务，根据客户的需要，有限度地增加部分网点，以起到虚实互补的作用。把排队的压力尽量减轻，从而减少客户的厌烦感。

（2）大力开展促销活动，努力争取顾客。促销方式对销售金融产品来说是一个非常重要的环节，决定了银行的竞争实力。

4. 顾客与营业网点相互关联（Relevancy）。在竞争性市场中，顾客具有动态性，顾客忠诚度会变化，他们会转移到其他企业。要提高顾客的忠诚度，赢得长期而稳定的市场，重要的营销策略是通过某些有效的方式在业务、需求等方面与顾客建立关联关系，形成一种互助、互求、互需的关系，把顾客与企业联系在一起。

（1）与客户本体建立关联。为客户提供从进门取号、等待服务到办理业务的一揽子解决方案，以客户为导向，围绕客户实际需求，结合服务特性，打造金融服务市场。只有与顾客建立了关联，在充分了解客户需求和目标的基础上，根据不同消费群体的特点，将市场细分化，才能创造出可以满足特定目标消费群的产品，也才能实现真正以消费者为导向的产品策略。

（2）客户对网点软硬件的关联。营业网点的门楣、铭牌等和室内外的清洁程度、服务机构的布局、服务人员的仪容等软硬件，在一定程度上也会影响客户是否第二次进入该网点。

银行应通过有效的方式在业务、需求等方面与客户建立牢固的关联，这样才可以大大减少客户流失的可能性。只有与客户建立起牢固的关联，才能进行良好持久的“一对一”双向或多向沟通，以实现自身与顾客的互动与双赢。

6.2.2 银行客户关系管理

以客户为中心的银行营销模式，并不是对以产品为中心的模式的彻底否定，而是在注重银行产品服务开发以及组合的基础上，培育和发展银行的自主品牌，加强与银行客户之间的联系与沟通，充分发挥现代信息技术在银行营销渠道建设中的作用，加强银行客户关系管理。以客户为中心的银行营销模式，其实质是从银行客户角度来认识和研发金融产品和服务，不但要为银行客户创造价值，而且还要管理银行客户的价值。银行客户将从那些他们认为能提供最高的让渡价值的银行来购买金融产品和服务，让渡价值越高，客户越满意。而让渡价值由客户享用到的金融产品和服务的总价值和总成本决定。其中的总成本包括货币支付、时间消耗以及精力和体力等方面的损耗；总价值包括金融产品本身的价值、附加服务的价值、银行工作人员以及银行整体形象等方面的价值等。银行提供的各种金融产品和服务并不是一个个独立的事物，它们将在营销活动中进行组合来满足银行客户的需要和欲望，客户将从成本、便利性以及推广程度等方面对所有的银行产品和服务进行整体评价。银行从客户导向出发，以客户价值作为银行产品服务的起点与终点，判断和把握客户对银行产品服务的心理体验和主观评价，为客户设计、创造和提供有针对性的金融产品和服务。

银行实施以客户为中心的营销模式，在了解客户需求的基础上，可以进行市场细分和客户分层，有针对性地提供个性化的金融产品和服务。针对低端客户，可以提供包括一般银行产品和服务、网络银行、电话银行等在内的综合理财服务；而高端客户除了能够享受到所有的综合理财服务之外，银行还可以专门为他们设计特殊的银行产品和服务方式，甚至可以拥有独立的理财中心和客户经理。银行的竞争也逐渐由信贷业务的局部竞争转变为零售批发业务的全面竞争。银行在传统支付清算业务的基础上，向其他新兴业务扩展，以客户需要为核心，构建综合化、立体化、全面化的金融产品和服务的组合，因此，许多银行将其产品和服务划分为个人类、小企业类、工商企业或公司与机构类等几大类别，并在内部管理中推行前台销售产品、中台控制风险和协助决策、后台提供数据这样的相互协调的模式。在为商品、资金和资本等流通领域提供产品和服务的过程中，银行从仅仅为商品交易中的资金运作提供服务，即进行贸易融资和资金结算，发展到介入商品交易的全过程，将贸易循环中各个环节的服务综合为一个产品服务组合，不但在整体上更加能够满足客户的多样化需求，而且也将银行产品和服务纳入了供应链管理，形成供应链融资和资金服务的新理念，实现了商品、信息、资金等循环流通的一体化管理。例如，现金流管理、流动性管理、证券交易托管服务、跨国银行业务等都是这种以客户为中心、一体化管理的营销模式的具体体现。

以客户为中心的银行营销模式对于银行零售业务具有极其重要的推动作用。长期以来，各国银行的业务主要集中于对私吸储和对公放贷，相较而言，开发和提供个人银行产品和服务不但费时费力，而且还很难见到效益，因此，个人业务总体上是被忽视的。但随着社会经济的发展，个人的消费和投资成为宏观经济中越来越重要的经济变量，个人逐渐成为社会金融中最重要的活动主体之一，个人正在成为与机关团体及企业法人平等的经济活动决策者、财富支配者和金融服务对象。个人的经济行为推动的新型的银行产品和服务的出现，已经成为现代银行利润新的增长点。个人金融服务的业务范围很广，主要包括以个人为服务对象的支付、汇兑、理财、信贷、投资及异地存取等方面的内容，尤其是住房信贷、汽车消费贷款、个人理财等银行产品和服务。在发达国家，涉及个人的银行产品和服务几乎已经深入到了每一个家庭，并在现代信息技术的支撑下发展出了大量依托互联网络的新型个人金融产品和服务。

实现以客户为中心的银行营销模式，关键在于如何进行银行客户关系管理，这就必须借助现代信息技术，结合银行业务运行，建立和完善客户信息数据库，通过向银行的营销、市场、服务等部门和人员提供全面的、个性化的客户资料，并强化客户跟踪服务、信息分析，使银行各部门能够协同建立和维护一系列与客户以及商业伙伴之间卓有成效的一对一关系，从而使银行提供更快捷和周到的服务，提高客户满意度，吸引和保持更多的客户，从而增加营业额和收益，并通过信息共享和优化业务操作流程有效地降低银行的经营成本，提高经济效益。

【小故事】德国银行的营销管理①

德国的商业银行基本上是全能型银行，业务涵盖银行、证券以及保险，其营销的发展比较健全、科学、系统。它的优势恰好是中国的商业银行所欠缺的营销的科学系统和对市场的准确定位。具体分析如下：

1. 运用客户关系管理（CRM）。CRM的主要含义就是通过对客户详细资料的深入分析，来提高客户满意程度，从而提高银行的竞争力。它主要包含：客户概况分析、忠诚度分析、利润分析、性能分析、未来分析、产品分析、促销分析。德国银行通过客户关系管理数据库实现对客户一系列的管理，如客户联系方式、企业结构、行业信息、订单情况、客户活动、产品广告发布、效果评估和监控等。

2. 采用客户分类管理。客户价值管理就是以客户为中心，对客户进行分类管理。根据客户经营规模大小和能够带来收益情况，德国银行将客户分为三

① 资料来源：张家玮："德国银行营销管理对我国商业银行的启示"，载于《金融经济》2010年第2期。

类：第一类是营业额在 5 亿欧元以上的大客户，这类企业是银行最有价值的企业，能够给银行带来较大的收益；第二类是营业额在 2 000 万 ~5 亿欧元之间的客户，是银行重要的收益潜力；第三类是营业额在 500 万 ~2 000 万欧元之间的客户，是银行重要的收益来源；第四类是营业额小于 500 万欧元的客户，是小型企业。与之相对应，客户经理和风险经理管理的企业个数不同，企业的年营业额越大，客户经理和风险经理管理的个数越少。

3. 将注意力放在客户经理。客户管理必须尽量多地了解客户，了解他们的习惯和真正的需求，了解如何把客户留在银行，如何发展新客户。为了有利于客户经理开展工作并尽可能发挥他们的“中介”作用，德国的银行业既为他们提供工作上的诸多便利，同时也制定了必须遵循的工作制度。这些工作便利大致包括：一是为客户经理配备工作用车，手提电脑等，要求客户经理必须了解自己的客户；二是为客户经理提供及时的专业支持，作为银行与企业间准确及时沟通的“中介人”，其背后有一批服务团队和业务专家做后台支撑，如德国的巴伐利亚州储蓄银行就配有 3 位农业经济方面的专家。

德国银行对客户经理有严格的制度规定。要求客户经理必须每月到企业拜访一次，对有关数据进行深入细致讨论，并形成书面的记录存档。为了增加企业对使用贷款的敏感性，会谈记录要反馈企业。如果记录内容有误，可以修改一次。客户经理与客户会谈时间要占全部工作时间的 50% ~60%。德国银行业都配备了专门为高端客户服务的客户经理，这些职员都有较高的学历，具有更熟练和较宽泛的专业及非专业知识，也都经过了专门持续的培训，同时也享有较高的薪酬。另外规定，在支行没有从事过客户服务的不得向上提拔。

4. 市场营销流程。德国银行的市场营销流程形成了一套完整体系，主要包括：一是分析调研市场情况，特别是竞争银行的有关情况，走访客户，了解需求等。二是确定营销目的和目标，如在什么样的客户群要取得多大利润等。三是制定营销方案，是采取传统的广告形式，还是采取赞助或者邀请客户参加活动等方式。四是营销方案的实施。五是营销效果的检查。

6.2.3 银行公共关系管理

虽然银行在产品和服务的营销活动中，面对的是相互独立的个性化的客户，但是在运用各种传播和沟通手段与社会公众进行交流和反馈的同时，必然会在全社会树立起一定的银行形象，并借此来赢得社会公众的好感、理解、信任和支持，从而实现银行产品和服务的营销。这便是以客户为中心的银行营销模式在社会范围内的拓展和延伸，也就是银行的公共关系在营销活动中的综合应用，即银行公共关系管理。

从银行公共关系管理的角度来看，银行在日常经营过程中并非完全仅仅以客户个人为出发点，它也可以从宏观视角出发来看待银行与社会公众之间的关系，尤其强调与社会公众之间的双向沟通，不但要推销银行的产品和服务，更要树立银行自身的形象，争取社会公众的支持和理解，优化银行的经营环境，在取得经济效益的同时，也要提高社会效益。

在银行公共关系管理活动中，对象不光包括客户关系管理中的企业、个人，还包括其他银行同业、公共媒体以及内部员工等。虽然银行同业之间存在着竞争，但没有竞争就没有发展，因为这种对立统一的关系，竞争对手也有可能成为合作伙伴，和睦相处、团结合作、共同发展有利于树立银行的良好形象，赢得社会公众的好感和信赖。而公共媒体则是银行宣传推广的最主要载体，是银行传递信息、发表意见、扩大知名度的主要渠道。银行员工既是内部公共关系管理的对象，又是银行外部公共关系管理的执行者，不论是前台还是后台的员工，他们所涉及到的公共关系管理事项都将直接影响银行的产品和服务的品质，反映出银行的基本面貌和管理水平。银行公共关系管理所涉及的事项主要包括信息搜集、传播沟通、协调关系、咨询建议、提高声誉、优化品牌、服务社会和危机处理，这就要求现代银行必须建立自己的数据库和信息网络系统，通过适当的途径进行信息传输和反馈，为社会公众提供信息咨询和决策建议，把银行自身的经济效益与社会整体利益有效地结合起来，及时了解并化解危机因素。

6.3 信息时代的银行营销渠道

6.3.1 现代信息技术对银行营销的影响

现代信息技术的发展导致许多传统行业界限逐渐消失，银行也不得不更加注重信息技术的研发投入和实际应用，这不仅是为了减少传统营销渠道的相关成本，而且也是在日益激烈的市场竞争中保持优势地位的需要。20 世纪 90 年代中期以来，银行的信息技术投入比重正呈现不断上升的趋势，银行更多地利用现代信息技术所搭建的技术平台和网络系统来完成经营管理，现代信息技术的冲击使过去的地域等限制失去了实际意义。现代信息技术进步对银行营销产生了深远的影响，而且程度正在不断加强。以前在银行的分支机构中，信息技术最初被当作一种工具，通过集中化和自动化来减少日常工作的成本；现在，信息技术提供的是一种低成本、高竞争力的渠道，用于沟通客户，实现银行产品和服务的营销。

随着现代信息技术的飞速发展和银行之间竞争的加剧，银行对现代信息技术的依赖程度越来越高，同时社会公众对银行所提供的产品和服务的期望值也越来越高。正是因为现代信息技术的推广普及和银行网络系统的不断完善，银行电子化、网络化有了坚实的基础，信息时代中互联网络对社会经济的影响是全方位的，新型银行业务模式不断冲击着银行传统的营销渠道。银行通过广泛采用电子计算机等新型终端设备和自动化软件系统，构建了管理信息化、业务自动化（见图 6－4)、服务智能化的运作模式，自动柜员机、电话银行、网络银行等渠道使得银行营销活动逐渐从实体化演变为虚拟化，全新的银行营销渠道已经逐渐成形。除了极个别的特殊业务需要通过现场人工来完成外，几乎所有的业务操作都可以通过虚拟的网络银行等新型渠道来实现，对于银行营销而言，充分利用虚拟的营销渠道已经成为银行未来成功的关键。

信息时代的银行营销渠道主要是以银行的电子计算机系统为主体，以银行自建的网络系统或公共网络系统（如互联网络等）为传输媒介，以客户的数字设备为服务终端，不但可以提供查询客户账户余额、交易状况、市场利率和外汇汇率等资料信息的服务，还可以为客户办理存取款、代收代付、投资理财等业务类型的产品和服务，这种新型渠道不但满足了传统银行业务开展的需要，更是在此基础上有了发展和突破。

作为现代信息技术与传统银行业相结合的直接产物，21 世纪的网络银行不但是银行发展的新模式，也是银行营销的新渠道。如同其他银行创新一样，网络银行也经历了一个不断演化和发展的过程，从最初的电话银行到盛极一时的电脑银行，再发展到现在正在推广普及的手机银行，呈现出加速成长、不断完善的特点。现在，网络银行不但在数量上已经占据了绝对的规模，在营销渠道的应用方面也日趋成熟。

【图 6－4】　银行的自助业务

从银行营销的角度来看，凡是利用电讯网络来为客户提供银行产品和服务的渠道都可以划归网络银行的范畴，电讯网络包括电信网络、内部封闭式电子计算机网络和外部开放式电子计算机网络（如国际互联网络）等。能够通过网络银行渠道实现营销的产品和服务包括三个层次的内容，即包括宣传广告和接入服务等在内的一般的银行信息和通讯服务，简单的银行交易，以及更为复杂的银行业务。这里的银行交易和银行业务都是由电子计算机等数字终端设备来为客户提供的实质性业务，涉及的都是与传统银行基本职能相关的产品和服务，与客户直接到银行实体网点去办理没有任何差别。

6.3.2 信息时代的银行营销渠道

信息时代的银行营销渠道如图6－5所示。

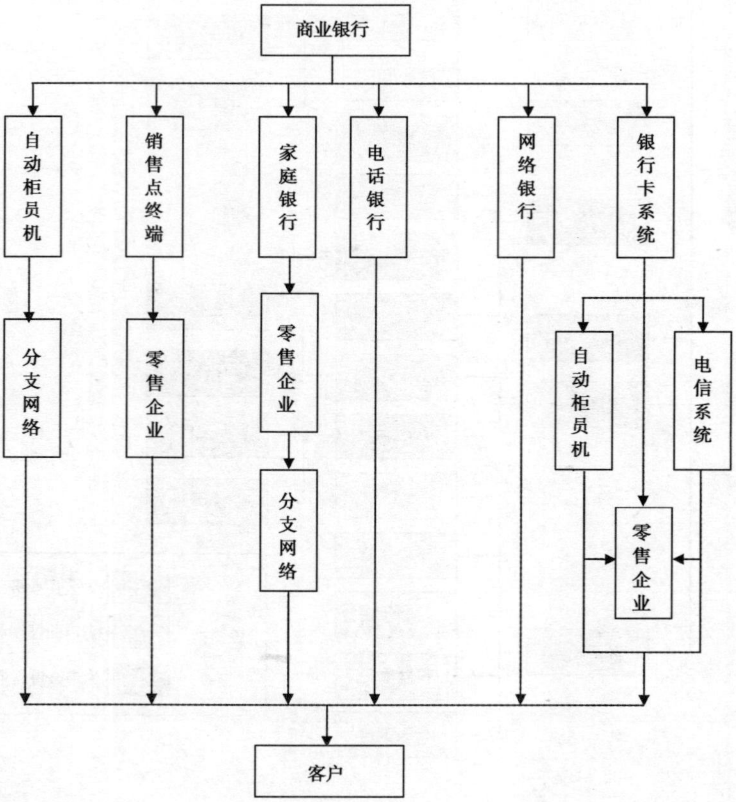

【图6－5】 信息时代的银行营销渠道

早期的自动柜员机 ATM 基本上是提取现金的终端设备，最初设置的目的是为了减少银行分支机构营业高峰期的排队时间，减少文书工作和现金处理的数量，提高分支机构员工的工作效率。与分支机构人力资源的昂贵成本相比，自动柜员机是一种可以服务于客户而又更廉价的替代渠道，符合分支机构合理化规划的需要。银行分支机构一般会将自动柜员机安置在其营业场所的外面，能够在其规定开放时间之外也能为客户提供服务。随着技术进步，自动柜员机的功能和服务范围逐步扩大，已成为具有提供余额查询、资金汇划、交易对账等多项服务功能的终端。但相应的问题又出现了：由于自动柜员机的服务数量多、种类齐全，因而使用率高，容易发生故障或是导致排队时间加长。对此，银行又开始引入功能简单的、旨在满足不同需求的单功能终端设备。在不同类型的单功能终端设备中，用于提取现金的终端应用面最为广泛，而用于存款的终端设备却并不具有太强的吸引力。其原因可能在于自动存款设备缺乏实在的确认程序，让客户感觉缺乏保障。此外对多功能的自动柜员机而言，同样也存在日常交易集中在提取现金和余额查询方面，而其他较为复杂的服务功能，则因为客户心理因素的作用而乏人问津。从现实情况来看，银行目前仍以自动柜员机作为改善客户服务、降低成本以及吸引新客户的重要的营销渠道。尤其是规模较小的银行缺乏广泛的分支网点，但可以用自动柜员机作为补偿，克服传统分支网点坐等客户来访问的被动性，拓宽自身的营销渠道。

销售点终端系统 POS 是联接银行和消费点的供客户消费后结算账款的一种电子化系统，由设在银行票据交换所的中央电子计算机和安装在销售点的终端机组成，把客户、银行和销售点三方联结起来。尽管销售点终端系统在 20 世纪 60 年代末就已诞生，但在 20 世纪 80 年代前，由于当时尚未建立起完善的电子资金转账网络，一个销售点终端系统基本上由一家或几家银行专有，客户使用不便，销售点终端系统的营业额不大，因而，早期的大多数销售点终端系统都因销售点商家的态度不积极而发展缓慢。进入 20 世纪 90 年代后，西方国家大规模开发多家银行共享的电子资金转账网络，并且销售点终端系统由直接转账扩展为兼具直接转账和信用借贷双重功能，于是销售点终端系统得到了突飞猛进的发展。近年来，随着电子计算机和通信技术的发展及银行共享电子资金转账网络的建立和完善，销售点终端系统得到了极大的发展。销售点终端系统最初只能办理银行客户与销售点商家双方账户都在同一银行的业务，进而设在销售点商家处的销售点终端系统可与多家银行直接联系转账；最近的发展是实现销售点终端系统的网络化，在大城市内设转换处理中心，把所有参加这一系统的银行和销售点商家的电子计算机和处理中心的计算机联网，这对银行、销售点商家和客户三方均有利。销售点终端系统的普及，使越来越多的商品交易内现金和支票结算转向销售点终端系统的电子资金转账，这不仅深刻改变了人们的金融习惯，而且提高了社会支付体系的效率；不仅节约了社会劳动，使货币形态实现了又一次革命性的转变，而且提高了货币流通速度，促进了整个社会的商品生产和流通。销售点终端系统对销售者来说，可以实现立即转账，快速收回货款，提高商品交易的结账效率。销售点终端系统的支票核实和信用卡核实功能，可以减少呆账损失。客户使用销售点终端系统，快速方便，因而销售者可以吸引客户消费。使用销售点终端系统，使销售点具有现代化的企业形象。该系统还可以为销售点提供大量有用的信息，有利于提高经营管理水平。销售点终端系统扩大了银行的服务范围，提高了银行的服务水平，吸引了更多的客户，获取了新的收益。另外通过销售点终端系统，收集并向社会提供各种有价值的经济、金融信息，使得银行业务深入到商品流通领域的各个环节，大大提高了银行的职能。销售点终端系统对客户而言提供了一种更加便捷的支付方式，对零售企业而言则减少了支付系统中使用的现金数量。与此同时，银行一方面提高了库存现金的稳定性，另一方面也通过与零售企业之间的支付清算业务增加了收入。当然此项技术的提供者也为其产品找到了出路。

西方银行在20世纪80年代将电话引入银行营销渠道，最早电话银行只是银行营销渠道的辅助手段和补充形式，只提供给客户查询余额、咨询业务等服务。随着信息技术的发展，电话银行渠道逐渐由银行内部独立的电话服务中心来进行运营和管理，从而脱离了分支网点的人员、技术、规模、服务范围等限制，在一定程度上已经完全独立于传统的分支网点。早期的电话银行渠道依赖于人与人之间的直接接触，即客户直接与银行分支机构的职员通过电话进行口头联系，以便进行金融交易或业务咨询，对银行而言，人力资源成本相对较高。随着现代信息技术的发展以及相关应用软硬件系统的成功开发和推广，各银行纷纷构建了自己的电话客户服务中心，利用自动应答系统等来完成简单的日常交易和咨询，并辅之以专门的电话业务员来应付较为复杂的客户需求。现有的信息技术成果当中，普及率最高的无疑是各种类型的电话产品，其人均占有率和使用频率远远超过了互联网络，因此，银行至今仍把相对便宜的电话作为扩展其营销渠道、改善服务质量、赢得新客户的方式。

银行卡最早的形态是带有磁条的塑料卡片，但随着电子信息技术的发展，银行卡已经成为一种带有微电脑芯片的多功能的智能卡，可以提供更加安全的防护、更大的信息容量和更多样化的功能。从西方国家的经验来看，带电脑芯片的银行卡的生产技术早在20世纪90年代初期就已经成熟，但由于缺乏合适的基础设施，以及银行和大众的谨慎态度导致其未能在金融领域被广泛采用，最初这种智能卡更多地出现在公共事业领域，例如，我国现在正在各大城市推广的城市公交卡从技术上看就属于这种智能卡。智能化的银行卡更符合市场需要，使客户的交易过程更加便利，因此，银行卡的智能化是必然趋势，这一点可以从销售点终端系统的发展历程中得到验证。

网络银行并不需要银行提供诸如自动柜员机或是销售点终端系统，但需要电信企业提供交互式通讯网络，客户借助个人计算机便可与常规的银行进行在线的交易和联系。目前几乎所有的银行都开通了网络银行业务，并借此渠道对客户进行其产品和服务的营销。客户可以通过互联网络从任意一台计算机来访问自己的银行账户，从而减少实际访问银行分支网点所占用的时间，提高资金交易的效率。各银行目前正在着力开发基于自身金融产品和服务的特殊网络系统，给予网络银行渠道附加的安全性，网络银行渠道的功能和内容也在不断丰富，个性化服务的特点正日益显现（见图6－6）。

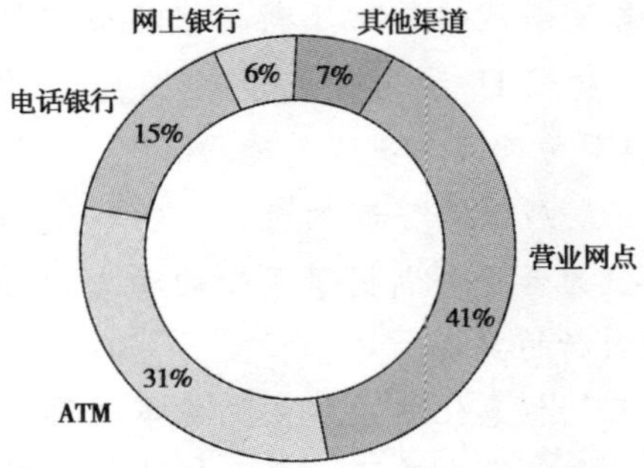

【图6－6】 美国的金融产品分销渠道比较

家庭银行是基于电话银行和网络银行发展起来的现代银行营销渠道，其功能基本与电话银行和网络银行一致，最突出的特点就是客户能够将一些信息下载到自己的个人计算机中，不必停留在互联网络中就能够自由地管理自己的账户，但资金交易仍需要上线进行。目前开发出网络银行业务的银行基本都具有家庭银行业务所需的技术，而且都能够提供给特定的客户下载，但从公众的接受程度来看仍不甚理想。究其原因，主要在于家庭中的个人计算机的普及率和熟悉程度偏低、家庭理财的意识尚不成熟、相关技术要求偏高、公众对家庭银行的安全性存在疑虑等。

【新闻链接】中国银行“十二五”信息化建设的基本思路[①]

中国银行以国家“十二五”规划对金融业的发展要求为指导，以支持中国银行“十二五”战略发展规划为目标，在全面梳理现有IT能力的基础上，提出“十二五”期间中国银行信息科技应当具备的新能力，以“服务全球、支持多元、引领创新”为突破，明确“十二五”期间中国银行信息科技建设的总体目标，构建符合中国银行战略发展要求的前瞻性“十二五”信息化建设总体规划。

1. 国家“十二五”规划提出了明确要求。国家“十二五”规划对金融业的发展提出了五点要点：要求发挥金融对现代产业的支持作用；逐步发展大型跨国公司和跨国金融机构，提高国际化经营水平，扩大人民币在跨境贸易和投资中的作用；促进金融与科技的结合；加快多层次资本市场体系建设，显著提高直接融资比重；深化金融体制改革。上述要点明确了金融业务发展与信息科技建设的关系，也对金融信息化建设提出了更高的要求。

2. 中国银行业务发展战略提出了新的战略规划构想，从全球、多元、创新的战略角度来看，要求IT系统在渠道建设、客户信息与服务、金融产品、风险控制和决策支持等方面具备更强的能力。

3. 信息技术创新发展带来了新的契机。物联网、云计算、三网融合、绿色IT等科技创新不仅为金融创新提供了新的动力和新的技术条件，也对金融行业提升IT能力提出新的要求。

4. 构建“十二五”信息化建设规划的基本思路。将中国银行现阶段已具备的IT能力与中国银行业务发展战略要求相结合，提出“十二五”期间中国银行信息化建设应具备的IT能力，即“十二五”信息化建设的基本目标。

围绕上述目标，中国银行“十二五”信息化建设的基本思路是：（1）服务创新发展、转型发展、跨境发展的战略要求，全面提升现有IT系统架构和IT支持能力，引入新技术、新理念，使规划更具前瞻性；（2）建立支撑一体化、多元化和金融创新的灵活、可扩展的基础技术框架平台，实现集团和全球范围内系统的互联互通；（3）研究新技术，抓住新机遇，服务新的市场变化

---

① 资料来源：余彤：“服务全球　支持多元　引领创新——中国银行信息化建设成就和规划思路”，载于《中国金融电脑》2011年第2期。

和客户要求；引进新的技术和理念，服务于生产实践，提升信息科技生产力。“十二五”是中国银行业务发展的关键时期，更是中国银行信息化建设的重大机遇期。在国家“十二五”规划的指导下，以“十二五”信息化建设规划为契机，努力打造“服务全球、支持多元、引领创新”的中国银行信息科技战略架构，再创中国银行信息科技的辉煌。

6.3.3 银行营销模式的未来发展方向

信息时代的电子信息技术及网络系统的发展，带来了银行营销渠道的大发展。新型营销方式的出现，对传统营销渠道形成了强有力的冲击，人们足不出户就能得到金融产品和服务，具体形式就是电话银行、网络银行、家庭银行的出现。

中国的电子银行业务，尤其是电话银行、网络银行、自助银行等业务，近几年有了较快的发展，特别是招商银行等股份制银行在发展电子银行业务方面已走在全国银行的前列。这些业务的产生和发展对传统银行营销渠道造成了较大的影响。但与发达国家相比，我国的电子银行业务还相对落后，就已发展多年的信用卡业务和自动柜员机业务来说，我国居民的信用卡使用率、普及率和自动柜员机的市场覆盖率仍然非常低，电话银行、网络银行、手机银行等服务也仅仅是极少数客户在消费使用，至于企业银行、家庭银行等渠道更是有待进一步开发和推广。面对网络经济及各行各业网络营销的迅速发展，面对加入世界贸易组织后西方发达国家跨国银行的进入，中国银行业面临着巨大的挑战。

目前正在我国各大城市推广的数字电视工程将为银行创造出一个全新的渠道拓展模式。数字电视工程能为观众提供互动电视服务，这种交互式的服务包括银行营销渠道的拓展。借助机顶盒和银行智能卡，客户将能够处理所有的支付交易，不但能够使资金在不同账户之间划转，还可通过数字电视平台购买商品。毫无疑问，客户乐意接受这类便捷的方式，未来的问题就在于如何降低银行构建和维护营销渠道的成本，如何提高渠道的安全性，这些问题便是信息时代银行渠道管理对信息产业提出的新课题。

此外，席卷全球的金融创新浪潮也将对银行营销模式的变革造成巨大的影响。金融创新不仅仅是资金和技术的创新，而且金融创新本身开辟了银行新的营销渠道。它一方面影响着银行的决策者对设置分支机构的决策，另一方面使客户获得便利服务而减少利用和光顾银行及其分支机构的次数。网络银行、手机银行等新型营销渠道蓬勃发展，分支网点、柜台服务等传统营销渠道也在不断扩充，营销渠道拓展已成为现代银行金融创新的重点，银行要在适当的时间和地点，把适当的产品和服务通过适当的渠道推荐给适当的客户，显然营销渠道的管理和创新必将成为今后银行竞争的主战场。

电子计算机技术和网络系统的突飞猛进，必然造就一种崭新的网络金融环境，技术进步拓展了新的市场机会和新的营销渠道，使银行的目标市场得以更加细化和扩大化。而且由于国际银行业风险意识的加强和各国国内金融监管环境的放松，以安全、便捷、高效为特点的金融衍生工具在金融创新的催化下应运而生，银行能够设计出更多新的产品或服务，这样也对银行探索新的营销渠道提出了较高的要求。

7.

银行产品和服务的创新

7.1 银行产品和服务的发展

7.1.1 现代信息技术对银行创新的推动

现代银行的经营管理离不开信息技术的支持。现代信息技术能够迅速提高银行经营效率和业务处理能力，加快产品和服务的周转速度，提升产品和服务的质量，尽可能地满足客户的个性化需求。除此之外，现代信息技术还为银行开辟了全新的市场，创造出更多的资金来源和业务机会，提供了寻求新的潜在收益的机会和途径。

目前，现代信息技术的发展和推广应用已经成为银行进行产品和服务创新的支撑力和推动力，具体表现在以下两方面：第一，现代信息技术进步带来了银行产品和服务形态的创新。银行经营对象——货币的形态从真实货币向电子货币方向演化；柜台服务从人与人（即客户与银行柜员）之间的对话向人机（即客户与银行终端，如电子计算机、自动柜员机、POS 机等）之间的对话转变；资金流动从纸币和支票的支付向电子支付方向发展；银行的形象也逐渐从实体银行向虚拟银行过渡。第二，电子计算机及通讯技术等在银行的广泛应用，极大地缩短了银行产品和服务的创新周期，加快了金融创新的步伐，将银行带入了一个前所未有的以现代信息技术为主导的金融创新时代。

展望未来，现代信息技术进步将进一步成为社会和经济发展的主导力量，现代信息技术的快速发展将更加深刻地影响和改变银行的产品服务、业务结构和运营方式。现代银行应该比以往任何时候更加重视利用现代信息技术来开拓市场、开发业务、控制风险、降低交易成本、提高决策水平。总之，现代信息技术已经成为银行产品和服务创新所依托的平台。同时，在现代信息技术尤其是电子计算机和通讯网络技术的带动下，银行产品和服务的创新愈发呈现出电子化趋势，电子化进程正在逐渐加快。首先，电子数据交换系统、电子支付系统、电子化清算系统等金融电子系统的创新活动，形成了国内外纵横交错的电子化资金融通网络，资金划拨可以在瞬间完成，同时也大大减少了人为误差的出现。其次，银行产品和服务创新的电子化趋势促进了银行的全球化经营，可以在全天 24 小时之内在世界上任何金融市场中进行资金交易活动。最后，这种创新电子化的趋势和进程导致了诸如虚拟银行之类的新型银行机构和业务的产生，电子货币、ATM、电话银行、手机银行、网络银行等形式各异的电子化银行产品服务以及组织形式不断涌现。银行产品和服务的电子化已经成为全世界各国银行竞争的制高点，尤其是发展中国家的银行发挥其后发优势的有力筹码。

【小知识】电子货币

电子货币（Electronic Money）是指用一定金额的现金或存款从发行者处兑换并获得代表相同金额的数据，通过使用某些电子化方法将该数据直接转移给支付对象，从而能够清偿债务。

电子货币是可以进行支付的准通货。电子货币能否被称为“通货”，关键在于电子货币能否独立地执行通货职能。就目前而言，电子货币可以起到支付和结算的作用，但电子货币只是蕴涵着可能执行货币职能的准货币。首先，电子货币缺少货币价格标准，因而无法单独衡量和表现商品的价值和价格，也无法具有价值保存手段，而只有依附于现实货币价值尺度职能和价值储藏职能；其次，由于电子货币是以一定电子设备——智能卡和计算机为载体，其流通和使用必须具备一定的技术设施条件及软件的支持，因此，尚不具备真正执行流通手段的职能；最后，尽管目前电子货币最基本的职能是执行支付手段，但是现有的各种电子货币中的大多数并不能用于个人之间的直接支付，而且向特约商户支付时，商户一方还要从发行电子货币的银行或信用卡公司收取实体货币后，才算完成了对款项的回收，电子货币不能完全独立执行支付手段的职能。

可见，现阶段的电子货币是以既有通货为基础的新的货币形态或是支付方式。

7.1.2 资产负债业务创新

负债一直是银行最基础、最主要的业务，它不但决定着银行资产业务和表外业务的开展，而且决定着银行与社会公众之间的密切关系，对于各种微观经济主体的经济行为和活动也产生着重要的影响。一般而言，存款类产品和服务是银行最主要的负债业务，也是银行最为重要的资金来源。在金融市场竞争日益加剧的情况下，银行利用现代信息技术进步的成果，把握客户需求的变化趋势，不断创造出符合客户需求的高质量、高效率的负债业务新品种，吸引了大量的闲置资金。这种新型的存款产品和服务大都具有规避金融管制和降低资金转移交易成本的双重功能，兼具收益性和流动性的特征，既满足了客户的收益需求，又有利于银行最大限度地增加资金来源，减少资金瓶颈制约。

典型的活期存款创新品种包括可转让支付命令（即 NOW 账户）、货币市场存款（即 MMDA 账户）和协定账户等。其中 NOW 账户是一种可以计息的支票账户，客户可以在此账户进行直接取现或是对第三方支付，经背书后还可以转让，银行则按照账户中的平均余额支付利息，兼具了传统支票活期存款账户的支取交易的方便性，以及储蓄存款账户能够获得利息收入的收益性特征。此后在 NOW 账户的基础上还发展出了利息更高的超级可转让支付命令账户即 Super - NOW 账户。而 MMDA 账户则是为了与货币市场基金等短期投资工具相抗衡的新型存款产品，客户在一定条件下可以向第三方进行支票付款，利息较高，没有资格限制，甚至还可以获得存款保险公司的保险。MMDA 账户既能获得较高利息，又可以有条件地使用支票，为社会闲置资金提供了一种便利的储蓄和投资的方式，因此，一经推出便深受银行客户的青睐。协定账户则是在活期存款账户、可转让支付命令和货币市场存款账户的基础上进行组合的新型银行产品，本质上仍然是一种新型的活期存款账户。根据协定账户的运作机制，银行客户同时在一家银行开立上述三种账户，而银行则根据达成的协议，可以随时将客户的资金存放于三个账户的其中之一，标准是活期存款账户和 NOW 账户中必须保留规定的最低余额，而超出部分则可以由银行自动转入 MMDA 账户中以便获得更高的利息回报，一旦当活期存款账户和 NOW 账户中余额不足最低限额时，银行又自动将资金从 MMDA 账户中转出进行补充。

银行提供的传统定期存款品种由于缺乏流动性而且利率又面临上限约束，

因此吸引力逐渐降低。为了应对金融同业的竞争，银行在传统定期存款产品的基础上，创新出了诸如可转让大额定期存单（即 CD）和货币市场存单（即 MMC）等新型定期存款品种。其中 CD 是主要面向企业客户发行的大面额定期存款单，票面利率较高，虽然不能提前支取，但可以自由转让流通，二级市场非常活跃。CD 已经成为银行稳定和扩大存款来源，提高市场份额的主要方式。MMC 则是一种票面利率可以突破上限约束的大面额定期存单，虽然不能提前支取和流通转让，但相对较高的票面利息收入仍在市场上具有较强的吸引力。此外，个人退休金账户、股金提款单账户、欧洲美元存单、货币市场共同基金账户、定活两便账户、自动转账账户等新型储蓄存款产品，由于其具有的税收优惠，或是没有利率上限约束等便利，为银行客户提供了更多的选择，充分满足了银行客户对安全性、流动性和盈利性的多重要求，从而吸引了更多的客户，也为银行扩大了资金来源。

资产业务是银行获取利润的主要来源之一，同时也是银行与工商企业乃至国家和个人进行经济往来的主要渠道之一，而贷款产品又是银行资产业务中的重点。在客户金融需求不断发展变化的过程中，结合现代信息技术的成果，银行逐渐从贷款结构、贷款种类和贷款比重等方面进行创新，不但优化了银行的整体资产结构，减少了经营中的风险，而且还优化了客户关系管理，提升了银行的收益。银行贷款创新产品主要包括消费贷款、贷款承诺和银团贷款等。其中，消费贷款主要是针对消费者个人或家庭发放的，用于购买生活耐用消费品及相关服务的贷款，具体表现形式包括一次性偿还的消费贷款、分期偿还的消费贷款（如常见的住房按揭贷款）和信用卡贷款等。随着社会经济的持续稳定发展，个人收入水平不断提高并逐步稳定，银行在现代信息技术的帮助下，产品和服务的种类及质量都在不断提高，消费贷款得到了迅猛发展。贷款承诺主要是针对企业客户的一种在一定时间限额、资金限额和利率限额内由银行提供的贷款的选择权，即客户在进行资金融通时，若市场利率高于贷款承诺中约定的利率，客户则会要求银行履行贷款承诺；若市场利率低于约定利率，客户则会放弃使用贷款承诺而直接在金融市场上进行融资。银团贷款是由几家银行按照共同条件为单一客户或单一项目提供的贷款产品，其特点是金额巨大，期限较长，因此，在实际操作中常常采用分批次逐步提供贷款资金和偿还贷款本金的做法。

除了一些具体的存款品种和贷款品种的创新之外，资产证券化也是近年来银行产品和服务领域内最为重要的创新之一，也就是将一系列具有类似特征的流动性较差的资产进行包装、组合，使其在未来一定时期内具有稳定的现金流，并通过信用增级等方式提高其风险等级，然后将这一组资产的未来收益权作为一个整体转换为可以在金融市场上交易流通的证券。从银行业务特点来看，可以进行证券化的资产主要包括住房抵押贷款、汽车消费贷款、信用卡贷款、应收账款、长期有价证券投资组合等等，这不但是化解银行不良资产的有效途径，也是改善银行盈利水平的重要方式。资产证券化可以将银行持有的流动性较差的贷款产品转变为流动性较强的证券产品，并且还可以通过提供与证券产品有关的服务，收取证券投资手续费等，从而有效提高银行的盈利能力。此外，资产证券化也有利于改善银行资产和负债之间的结构搭配，例如，通过期限结构、流动性结构的调整，解决资产负债在流动性、安全性方面的不匹配问题，增强银行抵御风险、防范危机的能力。

【小知识】资产证券化

资产证券化（asset securitization）是指将缺乏流动性的资产，转换为在金融市场上可以自由买卖的证券的行为，使其具有流动性。自1970年美国政府国民抵押协会首次发行以抵押贷款组合为基础资产的抵押支持证券——房贷转付证券，完成首笔资产证券化交易以来，资产证券化逐渐成为一种被广泛采用的金融创新工具而得到了迅猛发展，在此基础上，衍生出风险证券化产品。

资产证券化的机理：

A：在未来能够产生现金流的资产；

B：上述资产的原始所有者；信用等级太低，没有更好的融资途径；

C：枢纽（受托机构）SPV；

D：投资者。

资产证券化——B把A转移给C，C以证券的方式销售给D。

B低成本地（不用付息）拿到了现金；D在购买以后可能会获得投资回报；C获得了能产生可见现金流的优质资产。投资者D之所以可能获得收益，是因为A不是垃圾，而是被认定为在将来的日子里能够稳妥地变成钱的好东西。

SPV是个中枢，主要是负责持有A并实现A与破产等麻烦隔离开来，为投资者的利益考虑。SPV进行资产组合，不同的A在信用评级或增级的基础上进行改良、组合、调整，目的是吸引投资者，发行证券。

过去有很多资产成功进行了证券化，例如应收账款、汽车贷款等，现在出现了更多类型的资产，例如，电影特许权使用费、电费应收款单、健康会所会员资格等。但核心是一样的：这些资产必须能产生可预见的现金流。

7.1.3 表外业务创新

银行业务中，凡是无法归类于负债业务和资产业务内的业务，均为表外业务，其中既包括传统的结算、代理、信息咨询等中间业务产品，也包括提供新兴的金融衍生产品的狭义表外业务。总的来看，由于其复杂性和高风险性，在现代信息技术飞速发展和广泛应用之前，表外业务都无法大范围地展开。自从电子计算机以及通讯技术等进入民用领域以后，金融与现代信息技术的结合越来越紧密，推动了表外业务的飞速发展，为银行拓展了全新而且广阔的市场空间。其中最为引人注目的表外业务创新包括金融远期、金融期货、金融期权、互换、基金托管、顾问咨询等等。

金融远期交易是买卖双方约定在未来的某一确定时间，按照事先确定的价格进行金融资产交易的活动，主要用于规避金融资产的现货交易中出现的价格风险，以及提前实现金融资产的供需，稳定和促进金融资产的流通。金融远期合约具有灵活性、收益性等特征，根据合约标的物的不同，可以将主要种类划分为远期利率协议（以借贷利率为合约标的）、远期外汇合约（以汇率为合约标的）和远期股票合约（以股票价格为合约标的）等。

金融期货是金融远期合约的标准化和进一步升级，它逐渐摆脱了金融资产实货的约束，成为一种全新的交易品种，克服了金融远期合约的流动性差、信息不对称、违约风险高等缺陷，也满足了社会公众日益高涨的规避利率风险、汇率风险等市场波动和投资获益的需求。金融期货交易是在未来约定时间，按照约定的价格、地点、方式进行标准数量的金融资产交易的标准化合约，它与金融远期合约最大的区别在于标的物品种、合约规模、交割日期、交割地点等方面的标准化，以及其独特的对冲平仓的交易机制。金融期货根据其基础标的资产的不同可以划分为货币期货（即外汇期货）、利率期货（以与某种利率相关的债务凭证为标的）和股票指数期货（以股票价格指数为标的）等等。

【小知识】金融期货的诞生

基础性金融商品的价格主要以汇率、利率等形式表现。金融市场上纷繁复杂的各种金融商品，共同构成了金融风险的源泉。各类金融机构在创新金融工具的同时，也产生了规避金融风险的客观要求。20 世纪 70 年代初外汇市场上固定汇率制的崩溃，使金融风险空前增大，直接诱发了金融期货的产生。

1972 年 5 月，美国的芝加哥商业交易所设立国际货币市场分部，推出了外汇期货交易。当时推出的外汇期货合约均以美元报价，其货币标的共有 7 种，分别是英镑、加拿大元、西德马克、日元、瑞士法郎、墨西哥比索和意大利里拉。后来，芝加哥商业交易所根据市场需求对合约做了调整，先后停止了意大利里拉和墨西哥比索的交易，增加了荷兰盾、法国法郎和澳大利亚元的期货合约。继国际货币市场成功推出外汇期货交易之后，美国和其他国家的交易所竞相仿效，纷纷推出各自的外汇期货合约，大大丰富了外汇期货的交易品种，并引发了其他金融期货品种的创新。1975 年 10 月，美国芝加哥期货交易所推出了第一张利率期货合约——政府国民抵押贷款协会开办的价值线综合指数期货交易，标志着金融期货三大类别的结构初步形成。

目前，在世界各大金融期货市场，交易活跃的金融期货合约有数十种之多。根据各种合约标的物的不同性质，可将金融期货分为三大类：外汇期货、利率期货和股票指数期货，其影响较大的合约有美国芝加哥期货交易所（CBOT）的美国长期国库券期货合约、东京国际金融期货交易所（TIFFE）的 90 天期欧洲日元期货合约和中国香港期货交易所（HKFE）的恒生指数期货合约等。

金融期权则是在金融期货基础上进行的价格风险的再次分配和转移，是由卖方赋予买方在未来某一确定时间，按照事先约定的价格和数量进行某种金融资产的买卖的权力的交易。从交易结果来看，一旦金融期权交易达成后，买卖双方便形成了一种看似并不对等的权利义务关系，买方在未来拥有了进行标的金融资产买卖的权力，而卖方只有被动接受交易的义务，由此决定了双方的风险收益也呈现出不对称的局面，但这种交易的实质是提前进行了风险转移，对于现代银行的风险管理、头寸管理和经营效益都具有非常重要的意义。

【小知识】金融远期的形成与发展

18 世纪，英国南海公司的股票股价飞涨，股票期权市场也有了发展。南海“气泡”破灭后，股票期权曾一度因被视为投机、腐败、欺诈的象征而被禁止交易长达 100 多年。早期的期权合约于 18 世纪 90 年代引入美国，当时美国纽约证券交易所刚刚成立。19 世纪后期，被喻为“现代期权交易之父”的拉舍尔·赛奇（Russell Sage）在柜台交易市场组织了一个买权和卖权的交易系统，并引入了买权、卖权平价概念。然而，由于场外交易市场上期权合约的非标准化、无法转让、采用实物交割方式以及无担保，使得这一市场的发展非常缓慢。

1973 年 4 月 26 日，芝加哥期权交易所（CBOE）成立，开始了买权交易，标志着期权合约的标准化、期权交易的规范化。20 世纪 70 年代中期，美洲交易所（AMEX）、费城股票交易所（PHLX）和太平洋股票交易所等相继引入期权交易，使期权获得了空前的发展。1977 年，卖权交易开始了。与此同时，芝加哥期权交易所开始了非股票期权交易的探索。

1982 年，芝加哥货币交易所（CME）开始进行 S&P 500 期权交易，它标志着股票指数期权的诞生。同年，由芝加哥期权交易所首次引入美国国库券期权交易，成为利率期权交易的开端。同在 1982 年，外汇期权也产生了，它首次出现在加拿大蒙特利尔交易所（ME）。该年 12 月，费城股票交易所也开始了外汇期权交易。1984 年，外汇期货期权在芝加哥商品交易所的国际货币市场（IMM）登台上演。随后，期货期权迅速扩展到欧洲美元存款、90 天短期及长期国库券、国内存款证等债务凭证期货以及黄金期货和股票指数期货上，几乎所有的期货都有相应的期权交易。

此外，在 20 世纪 80 年代金融创新浪潮中还涌现出一支新军——“新型期权”(exotic options)，它的出现格外引人注目。“新型”之意是指这一类期权不同于以往，它的结构很“奇特”，有的在期权上加期权，有的则在到期日、协定价格、买入卖出等方面有特殊规定。由于结构过于复杂，定价困难，市场需求开始减少。20 世纪 90 年代以来，这一势头已大为减弱，并且金融期权的发展出现了另一种趋势，即期权与其他金融工具的复合物越来越多，如与公司债券、抵押担保债券等进行“杂交”，与各类权益凭证复合以及与保险产品相结合等，形成了一大类新的金融期权产品。

互换则是在早期金融创新基础上进行的组合创新，即两个或两个以上的交易者根据约定的规则，在未来一段时期后交换一系列款项的交易活动。互换本身是两次交易的组合，并没有真正交换债权债务关系，只是通过即期和远期两次相反的交易活动，交换相互之间的比较优势，使得交易双方都能获得降低成本或提高收益的满足，而且双方并没有真实的全额资金的给付，最终只需结算双方比较优势带来的净差价，能够在实现收益的同时较好地节约资金成本。从交易的比较优势所涉及的标的物来进行划分，互换的具体种类包括利率互换（一般是在浮动利率和固定利率之间进行交换）和货币互换（即进行不同币种的本息之间的交换）。

【小知识】互换的种类

利率互换：是指双方同意在未来的一定期限内根据同种货币的同样的名义本金交换现金流，其中一方的现金流根据浮动利率计算出来，而另一方的现金流根据固定利率计算。

货币互换：是指将一种货币的本金和固定利息与另一货币的等价本金和固定利息进行交换。

商品互换：是一种特殊类型的金融交易，交易双方为了管理商品价格风险，同意交换与商品价格有关的现金流。它包括固定价格及浮动价格的商品价格互换和商品价格与利率的互换。

其他互换：股权互换、信用互换、气候互换和互换期权等。

基金托管是由银行接受基金管理人的委托，保管和监督基金资产的活动，其中不但涉及基金资产的保管，还包括资金清算款项的划拨、会计核算、基金资产估值、投资运作监督等服务项目，不但可以有效保护基金投资者的利益，更可以通过托管费收入提高银行自身的收益水平。顾问咨询类产品和服务包括为企业和个人提供的财务顾问、信息咨询、现金管理、担保见证等产品和服务，这是基于银行自身的信息、人才、技术、资金等方面的优势，搜集和整理相关经济金融信息，并通过对这些信息和客户记录的分析，为客户提供的系统性、全面性、有效性和持续性的信息资料和投融资方案，以满足客户需求和自身发展的需要。有偿的顾问咨询类产品和服务已经成为目前银行进行扩张的重要领域，为社会经济的持续高速稳定发展做出了极大的贡献。

7.2 信用卡业务

7.2.1 信用卡业务的诞生

现代银行的信用卡业务实际上是银行提供的一种消费贷款产品和服务，它为银行客户提供了一个确定信用额度的循环贷款账户，客户可以直接支取现金、消费或者是进行转账结算，其中已经被使用了的额度在一定期限内要求偿还，其后确定的信用额度又重新恢复并可以继续使用。这种信用支付工具最初并非出现在银行领域，而是在20世纪初由美国的一些零售商店为了鼓励消费而专门针对其稳定客户发行的一种信用筹码，但发展到后来，信用卡却成为银行为其客户提供的用于购买商品和服务的主要支付方式。1952年，美国加利福尼亚州的富兰克林国民银行发行了第一张现代意义上的银行信用卡，这种信用卡由银行赠与资金雄厚的潜在客户，无须申请，也无须信用审查，同时银行与商户签订协议接受其发行的信用卡。银行客户在消费时向商户出示信用卡，而商户将信用卡上的相关信息复印在消费单据上，银行则根据消费单据上的金额扣减银行客户的账户余额和增记商户的账户余额。虽然此时的信用卡与现在相比在使用中较为麻烦，但它所能提供的便利的消费结算服务立即吸引了广大商家和客户，此后，众多银行纷纷加入发行信用卡的行列。与早期的商家发行的信用筹码相比，银行具有资金实力雄厚、信誉良好、分支机构分布广泛的优势，不但扩大了信用卡的使用范围和应用领域，也拓展了银行的业务空间和信用实力。目前，信用卡业务已经成为银行吸引客户和实现盈利的重要手段。

【小故事】信用卡的起源

信用卡于1915年起源于美国。最早发行信用卡的机构并不是银行，而是一些百货商店、饮食业、娱乐业和汽油公司。美国的一些商店、饮食店为招徕顾客，推销商品，扩大营业额，有选择地在一定范围内发给顾客一种类似金属徽章的信用筹码，后来演变成为用塑料制成的卡片，作为客户购物消费的凭证，开展了凭信用筹码在本商号、公司或汽油站购物的赊销服务业务，顾客可以在这些发行筹码的商店及其分号赊购商品，约期付款。这就是信用卡的雏形。

据说有一天，美国商人弗兰克·麦克纳马拉在纽约一家饭店招待客人用餐，就餐后发现忘带钱包了，因而深感难堪，不得不打电话叫妻子带现金来饭店结账。于是麦克纳马拉产生了创建信用卡公司的想法。1950 年春，麦克纳马拉与他的好友施奈德合作投资 10 000 美元，在纽约创立了“大莱俱乐部”(Diners Club)，即大莱信用卡公司的前身。大莱俱乐部为会员们提供一种能够证明身份和支付能力的卡片，会员凭卡片可以记账消费。这种无须银行办理的信用卡的性质仍属于商业信用卡。

信用卡业务的发展所需要的客户群规模以及受理网点范围，不是单一银行尤其是中小银行所能够满足的，因此，联合经营信用卡业务的国际信用卡组织便应运而生了，信用卡的使用就不再仅限于本地区或本国，而是可以跨越国界在国际上通用。目前世界上最大的两个国际信用卡组织是维萨（即 VISA）和万事达（即 Master Card International）。早在 20 世纪 80 年代，这两个国际信用卡组织的网络体系就已经扩展到了全世界，并在现在的信用卡行业中占据主导地位，它们主要行使授权、清算和结算等职能，以确保会员银行的信用卡能够在任何一个属于该组织成员的特约商户处使用。此外，维萨和万事达还向作为组织成员的银行和特约商户提供市场营销和广告推广的服务支持，并协助这些组织成员进行安全和反诈骗的防护控制。这两大国际信用卡组织还为信用卡的发行和受理制定了统一的标准，以提高信用卡在全世界范围内的兼容性，并为会员银行的信用卡品牌形象提供设计和宣传服务。

【小知识】信用卡组织

国际上有五大信用卡品牌：维萨国际组织（VISA International）、万事达卡国际组织（Master Card International）、美国运通国际股份有限公司（America Express）、大莱信用卡有限公司（Diners Club）和 JCB 日本国际信用卡公司(JCB)。在各地区还有一些地区性的信用卡组织，如欧洲的 EUROPAY、我国的银联、我国台湾地区的联合信用卡中心等等。

维萨（VISA）

VISA 是全球最负盛名的支付品牌之一，其与世界各地的 VISA 特约商户、ATM 以及会员金融机构携手合作（见图 7－1）。

VISA 国际组织本身并不直接发卡。在亚太区，VISA 国际组织有超过 700 个会员金融机构发行各种 VISA 支付工具，包括信用卡、借记卡、公司卡、商务卡及采购卡。这些产品都能让消费者在消费时倍感安全、便利和可靠。VISA 分别于 1993 年和 1996 年在北京和上海成立代表处，VISA 在我国国内拥有包括银联在内的 17 家中资会员金融机构和 5 家外资会员银行。

【图 7－1】　VISA 标志

万事达卡（Master Card）

万事达国际组织于 20 世纪 50 年代末至 60 年代初期创立了一种国际通行的信用卡体系，旋即风行世界（见图 7－2）。1966 年，组成了一个银行卡协会（Interbank Card Association）的组织；1969 年，银行卡协会购下了 Master Charge 的专利权，统一了各发卡行的信用卡名称和样式设计。随后 10 年，Master Charge 改名为 Master Card。万事达卡国际组织是一个包罗世界各地财经机构的非营利协会组织，其会员包括商业银行、储蓄与贷款协会以及信贷合作社。其基本目标始终不渝：沟通国内及国外会员之间的银行卡资料交流，并方便发行机构不论规模大小，也可进军银行卡及旅行支票市场，谋求发展。

【图 7－2】　万事达卡标志

VISA 和 Master Card 是世界两大信用卡组织，一般美国用 VISA 比较多，欧洲用 Master Card 比较多。

美国运通卡

自 1958 年美国发行第一张运通卡以来，迄今为止，运通卡已在 68 个国家和地区以 49 种货币发行，构建了全球最大的自成体系的特约商户网络，并拥有超过 6 000 万名的优质持卡人群体。成立于 1850 年的运通公司，最初的业务是提供快递服务。随着业务的不断发展，运通公司于 1891 年率先推出旅行支票，主要面向经常旅行的高端客户。可以说，运通公司服务于高端客户的历史长达百年，积累了丰富的服务经验和庞大的优质客户群体。在美国运通卡开业时，签约入网的商户便超过了 17 000 多个，特别是美国旅馆联盟的 15 万卡户和 4 500 个成员旅馆的加入，标志着银行卡终于被美国的主流商界所接受(见图 7－3)。

AMERICAN EXPRESS ®
Cards

【图 7－3】　美国运通卡标志

大莱信用卡

1950 年春天，麦克纳马拉与他的合伙人施奈德合伙投资，在纽约注册成立了第一家信用卡公司——“大莱俱乐部”（Diners Club)，后改组为大莱信用卡公司。大莱俱乐部实行会员制，向会员提供一种能够证明身份和支付能力的卡片。最初他们与纽约市的 14 家餐馆签订了受理协议，并向一批特定的人群发放了“大莱卡”。会员凭卡可以在餐馆实行记账消费，再由大莱公司做支付中介，延时为消费双方之间进行账务清算。信用卡的雏形由此诞生（见图 7－4)。

【图 7－4】　大莱信用卡

JCB 信用卡

JCB 卡和大莱信用卡是日本信用卡产业发展史上发行最早的两个卡品牌。当时美国的大莱信用卡公司于 1960 年在日本成立了日本大莱信用卡公司，主要向当地的高端客户发行大莱信用卡，发卡量微乎其微。JCB 成立之后，决定选择与大莱发行的高端用户卡不同的道路，把卡片定位于大众化。处于日本信用卡产业发展初期的 JCB，不论在发卡量，还是在交易额上都领先于其他信用卡公司，在 20 世纪七八十年代业务量成倍快速增长，JCB 卡成为日本使用最普及的信用卡（见图 7－5）。

【图 7－5】 JCB 标志

中国银联

中国银联是经中国人民银行批准、由 80 多家国内金融机构共同发起设立的股份制金融服务机构，注册资本 16.5 亿元人民币。公司于 2002 年 3 月 26 日成立，总部设在上海（见图 7－6）。

【图 7－6】 中国银联标志

7.2.2 信用卡业务的运作机制

信用卡业务之所以能够在短短的时间内获得令人瞩目的成就，主要得益于这一产品或服务的创新为银行、特约商户及持卡人（即银行客户）创造了实质性的收益。

对于信用卡的持有者而言，使用信用卡不但可以回避在签发支票时可能出现的问题，也无须随身携带大量的现钞，而且能够被众多的特约商户所接受，购买商品或是劳务的手续更加简便。尤其是在使用信用卡办理信贷业务时，银行客户不用去银行专门申请，可以自由使用贷款额度；还款时也无须每月定期还款，可以灵活地选择采用到期一次还清以及每月分期付款等方式，甚至可以在一定时期内选择最低的贷款偿还额度。银行客户通过信用卡所实现的信贷业务是没有时间和地域限制的，这种随时可以获得的信贷支持使得持卡人能够摆脱自有资金的限制随时随地消费，长达1个月左右的延期付款期限也极大地缓解了银行客户的资金压力，因此，目前银行客户已经普遍使用信用卡作为其主要的交易支付和短期贷款的工具。相对于现钞和支票而言，信用卡的安全程度较高，被伪造冒用的难度较大，造成的损失较为有限。在现代信息技术手段的辅助下，持卡人的消费只需通过互联网络进行商品的选择和下单，并以信用卡进行结算。这种借助信用卡结算实现的新型消费模式不但深受新一代消费者的普遍欢迎，还间接推动了邮政、物流、快递等行业的迅速发展。客户通过信用卡进行消费时还可以方便地获得银行自动提供的详细交易记录，每次消费购物的交易完成后，客户不但可以在特约商户处获得购物收据，还会在一段时间后收到银行发来的对账单，这样既有利于客户核对自己的消费记录，更便利客户调整自己的还款金额和信贷额度。

对于信用卡的特约商户来说，这种便利的消费购物结算工具有效地增加了扩大商品销售的机会，甚至比使用现钞更容易刺激大额购物的冲动。维萨、万事达、EUROPAY、JCB、中国银联等信用卡组织为了提高自身的品牌认同度，不遗余力、不惜重金地进行商业广告宣传，为特约商户提供信用卡的品牌标志，既方便了消费者的识别和支付，更让大量规模较小的特约商户能够通过信用卡消费而受益匪浅，现代社会中的网络购物等方式就是在信用卡购物支付基础上发展和推广开来的。在信用卡支付过程中，特约商户既不用承担信贷风险，也可以回避空头支票等传统风险，甚至都不用直接向消费者催收商品款项，他们只需要按照规定的程序通过电话、互联网络或者是专门的终端设备（如POS机）等向发卡银行进行授权认证，银行就会直接扣减消费者的账户金额，并将其自动转入特约商户的账户。这种电子认证、自动结算、自动转账的交易程序非常方便简捷，既有利于减少社会的现金流通量，节约社会交易成本，更能够提高商品流通资金流转的效率，推动社会经济的发展。

对于提供信用卡产品及其配套服务的银行而言，信用卡使之具有了全新的竞争优势。通过使用信用卡来实现消费信贷，简化了银行的授信程序，方便了客户的资金周转，尤其是信用卡所具有的循环贷款额度的特征，使得客户无须每次专门向银行提出申请，只要其借款总额并未超出总的信用限额，就可以随时进行贷款、还款，并且这种贷款限额可以重复使用，客户只需每月定期偿还已使用的借款额即可。信用卡还使银行有了更多的机会来吸引那些在地域上远离自己的客户，传统客户常常会以地理位置的远近作为标准来选择开户银行，但在现代信息手段诸如电话、互联网络等的帮助下，银行信用卡业务已经打破了地理位置远近所造成的束缚，银行业务拓展的范围在信用卡这个全新载体的帮助下已经没有了地域限制，这也正是近年来银行信贷规模尤其是零售业务信贷规模大幅度上升的主要原因。同时，信用卡这种新型载体不仅能够提供消费支付和消费信贷等产品和服务，它同时具有的存续款、转账结算、代收代付、综合理财等功能，也使之成为银行拓展市场、挖掘潜在客户、进行客户关系管理的重要手段，成为创新型银行产品和服务营销的重要渠道。随着信用卡业务的发展，银行不但能够从消费信贷中获得贷款利息收益，同时能从特约商户处获得支付结算的佣金，还能从各种配套的综合性的银行产品和服务中获得更多好处。例如，特约商户除了向银行支付结算手续费之外，还为银行带来新增的存款来源；消费者不但可以通过信用卡进行消费支付和消费信贷，还可以办理个人转账、证券投资，甚至在信用卡联名单位享受到延伸服务（如机票折扣、机场贵宾通道、商业保险等）。随着特约商户规模的不断扩大，信用卡的便利性得到了进一步的扩展，越来越多的银行客户开始接受信用卡这一新型银行产品和服务，同时随着持卡人数量的增长，反过来又为特约商户提供了更多的销售机会，银行也获得了更多的新增收益。这样在良性互动循环下，信用卡业务已经成为目前发展最为迅速的银行创新产品。

【案例】VISA 万事达：宿敌和友军①

万事达国际组织（股份制公司）是全球最大的支付机构之一，各种卡的发卡量超过 17 亿张，年刷卡交易总量超过 1.5 万亿美元。

VISA 国际组织（非营利机构）是全球最大的支付机构之一，各种卡的发卡量超过 10 亿张，年刷卡交易总量超过 2.4 万亿美元。

“你们的竞争对手是谁?”

拿同样的问题问 VISA 和万事达，得到的答案却是一样的：“我们的对手是现金”，“我们和万事达（VISA）没有竞争关系，是合作者”。

---

① 资料来源：作者：吴海峰，载于“证券之星”，http：//news. stockstar. com/info/darticle. aspx? id = ZH，20030422，01014392，2003 年 4 月 22 日。

这样的回答也许会让人失望。毕竟，在同一个领域做着同样工作的两大公司（组织）没有竞争？谁会信！

事实是，许多业内人士，甚至VISA和万事达的内部工作人员也难以搞清楚两者真正的关系。

从一方面看，两者思路相同，共同设计了一个开放的信用卡清算平台，并成功地成为行业标准。在此基础上，两者共同推动和造就了当今信用卡使用的传奇，并共同将美国运通、JCB、大莱这样的“另类”阻击在市场主流之外，双寡头垄断性地占据着全球支付卡80%的市场，可谓“友军”。

但从另外一方面看，在这80%份额之内，两者又绝对是此消彼长的关系，此谓“宿敌”也。

1970年以前，万事达居主导地位，但之后，万事达的市场份额逐步下滑，霸主让位于市场策略更灵活的VISA；在1990年，VISA更是在电子化中占据了先机，地位十分稳固；到1998年，VISA的市场份额达到了50%，接近万事达的2倍。

万事达决定反击，从对手那里抢来花旗银行等大客户，并顺利实施一系列重组计划。2002年年底，万事达完成了蜕变，令人侧目地褪去“非营利国际组织”的厚重外壳，示人以“股份制公司”。根据一项调查数据，2002年万事达在美国超过了VISA，成为当地第一支付品牌。

VISA当然也不会闲着，向6大国际区域放权，以期在国际上的本地化经营争取到更大的国际市场份额。比如中国内地，这个让人痴情迷醉的新兴市场，VISA在中国台湾打败梅花卡组织的悍将出马……

且慢，中国银联也已粉墨登场！

两方相争马上变为三方博弈，这场戏看来更有味道了：与简单的市场残酷竞争相比，三方还互为依赖合作，同时还担当着在中国这个信用卡市场不发达的国度“拓荒”的重任，可谓“亦敌亦友”。

但究竟是“敌”的成分大，还是“友”的成分大？这可不好妄说，但肯定的是，合作产生共赢，这是基础，在“友”的基础上再三方博弈，共争市场，这也是必然。

也许，这样复杂的竞争关系，其中的酸甜苦辣也只有当事人才能说清楚。

7.2.3 信用卡业务的风险及管理

银行信用卡业务的风险主要来自发卡、卡户管理、会计核算、资金清算、软硬件系统等方面，可以分为外部风险和内部风险两大类，造成的损失可能会涉及发卡银行、银行客户、特约商户及相关的清算机构。其中外部风险是指在银行处理信用卡业务时，由于银行客户或是特约商户等外部因素的失误或违法违规行为所造成的风险，具体的表现形式包括：不法分子以非法取得的真实身份或是手续完备的伪造身份提出虚假申请骗取信用卡；不法分子以非法占有为目的超过规定限额或期限进行恶意透支；不法分子通过非法途径仿照信用卡或通过相关技术手段非法制造信用卡，以及窃取他人信用卡或是冒充合法信用卡持有人进行使用；由于持卡人资信状况发生变化（例如收入水平下降、工作类型变更等）而导致信用状况恶化，但发卡行未能及时进行信用额度调整；由于特约商户的经验和技术水平方面的欠缺，导致错误地受理了伪造或假冒的信用卡，甚至可能出现商户与不法分子相互勾结，共同诈骗银行信贷资金的现象等等。信用卡业务的内部风险主要来自银行内控制度在制定和执行方面的缺陷，例如，银行信用卡业务的内部控制制度没有达到系统性、完善性、全面性的相关要求，未能实现对信用卡业务流程各环节的全面覆盖，没有考虑相关业务岗位之间的相互制约关系，重要的业务操作岗位没有建立健全定期轮换、离任审计等制度，重要的凭证单据、数据信息资料的管理存在漏洞，出现了风险监管、危机处理的空白点；有些银行可能针对信用卡业务制定了相对完善的内部控制制度，但具体的执行监督及评价不力或是不严格，造成相关规章制度形同虚设。

为了降低银行信用卡业务的风险，支持和促进银行卡业务的健康发展，减少和避免银行、特约商户、银行客户的经济损失，在银行信用卡业务流程中必须将信用评估、风险预警、贷款催收、客户综合价值评估、不良资产处置等风险管理措施贯穿于银行信用卡业务日常经营管理的各个环节。具体做法包括：第一，要建立健全个人信用体系，研究制定适当的个人信用标准和征信办法，通过分析评定银行客户的信用等级，提供相应的贷款额度，培育具有良好信用基础的消费群体，规范个人信用消费行为；第二，加强国际间信用卡业务合作，打破行业界限，进行跨行业联合，实现信用卡业务信息资源的共享，在金融业内共同防范信用卡风险；第三，建立健全相关法律法规，将个人消费信用的相关规定和要求纳入法治体系；第四，在银行信用卡风险管理中确立风险防范和风险监控的指标体系，建立健全信用卡风险预警机制。

【案例】信用卡风险[1]

广义上，信用卡风险是指在信用卡业务经营管理过程中，因各种不利因素而导致的发卡机构、持卡人、特约商户三方损失的可能性。狭义上，信用卡风险是指因信用卡无担保循环信贷的产品特性和贷款实际发生的非计划性、无固定场所、授贷个体多、单笔金额小等特点，导致发卡机构产生损失的可能性。信用卡风险危害很大，需要加以防范。

中华人民共和国公安部公布信用卡诈骗犯罪典型案例：

一、黑龙江省牡丹江市姜某信用卡诈骗案。2010 年 3 月 17 日，黑龙江省牡丹江市公安机关摧毁一个网银诈骗犯罪团伙，抓获犯罪嫌疑人 3 名，缴获笔记本电脑、银行网银密钥等一批作案工具。经查，2009 年 11 月以来，犯罪嫌疑人姜某伪造某银行网站，并诱使被害人在该网站上填写网银用户名、密码等，随后冒用被害人名义，通过网上银行盗取银行卡内资金。

二、上海市李某信用卡诈骗案。2010 年 3 月 9 日，上海市公安局经侦总队打掉一伪卡诈骗团伙，抓获李某等 5 名犯罪嫌疑人，同时查获 2 000 余条银行卡信息资料，缴获网络声讯电话、电脑等大量作案工具。经查，2009 年 11 月 2 日 ~2010 年 2 月 1 日，该犯罪团伙通过互联网从他人手中非法购买大量银行卡客户信息，制作伪卡后盗提资金百余次，被害人涉及北京、上海、江苏、广东等 17 个省市。

7.3 银行业务流程重构

7.3.1 信息时代的银行业务流程重构

银行业务流程重构是银行创新过程中的一项系统工程，是基于长期可持续发展的战略需要，对各项业务活动进行重新安排的战略规划，它既需要对银行

① 资料来源：作者：熊红祥，载于新华网，http://news.xinhuanet.com/legal/2010-05/14/c_12101698.htm，2010 年 5 月 14 日。

传统业务流程进行根本的解构分析，也需要对其进行彻底的重新设计，以求在银行产品和服务等方面的相关关键指标上取得革命性的改善。在现代信息技术发展与推广普及的大环境下，银行业务流程重构必须充分利用现代信息技术，减少管理层次，扩大管理跨度，其核心是提供能够增加银行客户满意度和忠诚度的创新型的业务流程，充分了解市场和客户的需求，提供有针对性的银行产品和服务，并通过适当的流程来配置管理层次和管理跨度，优化数据信息的传递途径，提高资金流转效率。信息时代的银行业务流程重构的关键在于实现银行职员与现代信息技术的有机结合，这也是银行业务流程重构的重要保障。将现代信息技术与人力资源有效地结合并配置在业务流程的再造和重构之中，可以有效提高银行的经营管理水平以及产品服务的技术含量，促进银行整体业绩的增进。这并不是简单的信息技术应用，否则只是技术资源和人力资源的浪费。例如，有很多发展中国家的银行花费巨资购买西方发达国家银行的硬件系统和管理软件，但内部人员素质和管理水平却没有进行相应的调整，软硬件技术水平与人力资源没有形成有机组合，不但未能对银行经营管理起到很好的推动作用，反而是低水平的软硬件资源的堆砌和浪费，甚至在人机之间引发了漠视或者抵触等不良情绪。早期银行电子化中出现的电子计算机只是纸质工作的简单替代和柜台工作的辅助工具，主要功能是以键盘录入代替手工抄写，没有充分利用电子计算机等现代信息技术设备的智能化、自动化、网络化的业务处理能力，因此未能导致银行业务流程的根本性变革。只有将软硬件系统与银行职员两者充分、有机结合在一起，才能体现业务流程重构的魅力，联合推进银行业的发展。

7.3.2 银行业务流程重构的方式

商业银行流程重构首先必须从解析银行的经营目标入手，整理和分解实现这些目标所需的业务流程，然后再将业务流程中的各流程环节、各业务单元按照其内在的逻辑关系，对业务流程中的重叠部分和空缺部分进行有机的合并和增添，具体的重构方式包括整合、拆分、删除等。

银行业务流程的整合是指将过于复杂化的业务流程进行合并，使之在简单化的基础上提高运作效率。具体做法包括将分散于不同职能部门或流程环节的类似业务交由专人执行，或者是组成专门的工作团队为银行客户的业务负责，由领队完成与银行客户之间的沟通和联络。银行业务流程的拆分是指将单一业务流程分散到相关的专业部门和环节中，在现代信息技术发展与普及应用的基础上，可以将原来集中在柜台办理的业务拆分到 ATM、电话银行、网络银行、手机银行等电子化的渠道进行办理，既可以减少柜台人员数量，又可以提高业务处理的效率。银行业务流程的删除是指将银行内部人力、物力、财力等资源集中用于创造价值的业务活动中，尽量删除不创造价值的辅助业务，充分利用电子计算机、互联网络等现代信息技术手段，实现数据信息等资源的多部门共享和联网传输，这样就可以省略传统的手工输入、人工传递等业务活动，避免操作误差，提高经营效率。

在电子计算机等新型现代信息技术装备出现以前，受到银行职员个人能力的制约，传统银行业务流程在时间逻辑关系上主要以串行为主，这也是遵循手工劳动分工原则所能实现的最有效率的活动次序。在现代信息技术在银行领域内大规模推广普及之后，电子计算机和互联网络技术等大大提高了数据处理、存储、传输的能力，传统的串行的业务流程逐渐改为并行模式，业务流程中的诸多环节并行交叉运行，银行业务处理能力和反应速度大为提高。例如银行在处理贷款申请时，业务流程由原来的串行流水线式审核评估改进为并行的多环节同步进行，在审核申请文件的同时，就可以进行申请人的资信评估。这种并行交叉的业务流程并未违反其中必要的时间顺序和逻辑关系，也没有任意取消和跨越必要的业务环节，而是在各业务单元和流程环节解构的基础上，依据它们之间的逻辑关系进行的流程改变，这并不仅仅是在追求单个部门、局部环节和个人的效率最优，而是依托电子计算机、互联网络和数据库等信息技术系统，在强化各环节、各部门沟通交流合作的基础上，将整个银行的某个业务流程视为一个整体来实现最优的规划。

结合现代信息技术手段进行的银行业务流程重构将会改变传统业务流程中所涉及的银行职员的行为，他们在传统的内部分工机制的作用下，将注意力更多倾注于属于自己的那一部分环节和工序，对产品和服务的整个流程缺乏全面的、系统的、整体的认识，在工作中往往具有很大的局限性。以客户为中心的银行业务流程重构，其出发点是客户的需求，重构后的业务流程应当依据客户类别在银行内部进行分工和组合，并对银行职员进行适当的授权，强化对业务流程的整体管理，使得决策和执行实现有机的统一。通过采用现代信息技术的软硬件装备进行的银行业务流程重构，以电子计算机等终端设备取代传统人工，银行职员的工作能力和权限将会大大增加，因此，银行可以将主要精力用于针对客户需求的分析研究和产品服务上，充分了解、挖掘甚至引导客户的需求，充分发掘新增利润增长点。

7.3.3 银行业务流程重构的实施

实施银行业务流程重构的目的是将职能部门、业务流程和工作程序等按照最有利于客户需求的标准进行整合、拆分、删除甚至是外包。传统的银行业务流程可以分为前台业务拓展流程、中台管理控制流程和后台支持保障流程等三大部分，其中前台业务拓展流程包括零售业务、批发业务、表外业务等内容，中台管理控制流程包括对业务运营进行计划调控、风险管理、成本管理等内容，后台支持保障流程包括为业务运营和管理系统提供支持服务。

前台业务拓展流程是银行直接面向客户的窗口，也是银行业务流程中最为复杂的，其重构的原则是遵循各环节、各部门之间的逻辑关系，以银行客户为中心进行业务拓展，优化传统业务流程，提供全方位的快捷便利的产品和服务。在实施前台业务拓展流程的重构时，可以根据各部门和各环节之间的逻辑关系，将重复工序进行合并，删减不必要的运营环节，将串行的业务流程改为并行的一揽子业务流程，将传统的存贷款业务、清算结算业务等统一交给专门的客户服务团队或是客户经理负责，推行营销一体化和产品服务全面化的机制。例如在经营贷款业务时，传统的受理审查、贷前调查、项目评估、风险审查等环节和流程可以合并后以客户评价进行替代；将传统的支行—分行—总行的多级审批核准流程改造成为设立专门机构并赋予其权限进行一级审批决策，减少和简化审批的环节和流程。在进行前台业务拓展流程的重构时，不仅要充分满足银行客户的既有需求，还要通过现代信息技术手段不断进行创新来开拓新兴市场，通过分析客户的潜在需求和市场的变化趋势，将银行客户的需求和利益作为业务拓展的核心，通过提供适销对路的银行产品和服务来增加客户的资产价值、满意度和忠诚度。前台业务拓展流程重构的具体实施包括：在零售业务流程中采用电子计算机和互联网络技术，推行综合柜台服务、自助银行服务和网络银行服务等，利用 ATM、POS、电话银行、网络银行、手机银行等来代替传统银行网点设置和人工操作，使得零售业务流程实现电子化、自动化、智能化的处理；在批发业务中通过推行客户服务小组或是客户经理负责制，与具有特定价值的机构客户建立稳固的合作伙伴关系，在大型电子计算机、数据库系统、智能化软件等现代信息技术工具的辅助下，充分利用银行自身的信息、经验、资金等方面的比较优势进行市场营销和产品服务的推广，提高银行自身的市场竞争力；在表外业务拓展流程中充分进行创新，提供多样化的理财类、咨询类的银行产品和服务，设计合理的收费制度和模式，为银行创造新的利润增长点。

中台管理控制流程尤其是其中的内部控制流程是关系到银行经营管理成败的关键性因素，银行内部犯罪甚至是近年来频频爆发的银行危机都在说明，建立健全一个完善的银行中台管理控制流程对于现代银行业非常重要，对于银行提高效益、保护资产、防范金融风险、增强信息数据的真实性和可信度具有重要意义。一般而言，应该包含适当的监察与控制的制度与企业文化环境，风险识别和评估的标准，管理控制活动中的相互制约机制，相关部门和环节之间的信息交流与沟通，管理控制活动本身的监督评审和偏差纠正等内容。这就对银行电子信息数据系统的有效性、安全性、独立性和整体性等提出了更高的标准，也对相关管理控制的信息数据储存、处理和传输等流程的运行提出了更高的要求。

后台的支持保障流程是为整个银行的业务运行提供人力、物力、财力方面的各类辅助保障，主要涉及相关的信息技术和创新产品服务的研究开发、人力资源培育、后勤辅助等。在专业化分工越来越深入以及现代信息技术高速发展的信息时代，此类不创造真实收益的非核心业务流程大多采用外包形式来进行流程重构，即将此类业务的一部分对外承包给专门机构来运营。例如，信息技术的开发虽然对于银行来说是至关重要的，但现代信息技术种类繁多而且发展迅速，银行在进行相关的信息技术开发中并不具有太明显的优势，因此既要跟上飞速发展的技术变革，又要节约成本的最佳做法就是将此类工作交给专门的信息技术企业去完成。将辅助流程进行外包使得银行能够充分利用外部企业的专业优势，节约自身开发成本和资金投入，提高银行的整体经营效率，也可以使银行摆脱这些非核心类业务的牵绊，充分利用最先进的现代信息技术发展的成果，专注于前台业务拓展流程和中台管理控制流程的重构，迅速对客户需求和市场变化做出及时的反应，提高经营管理绩效，增强银行的竞争优势（见图 7 -7）。

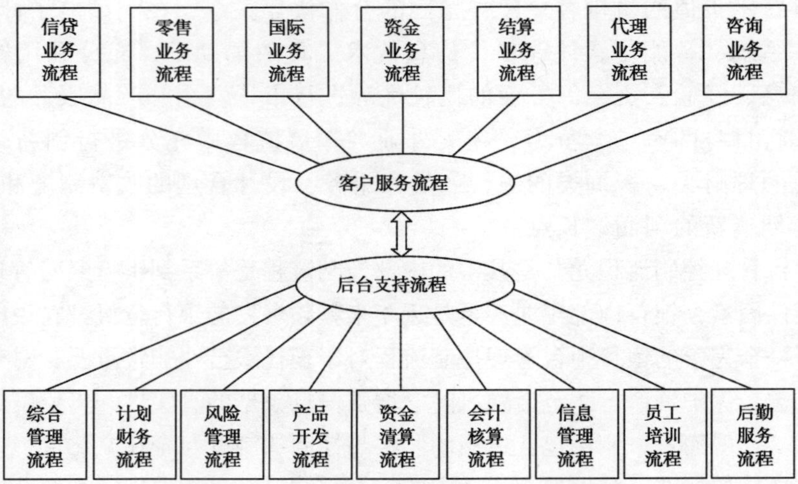

【图7－7】 商业银行主要业务流程图

资料来源：高山："商业银行业务流程再造研究"，招商银行博士后科研工作站论文，2011年5月17日。

8. 信息时代的银行支付清算

8.1 传统的银行支付清算活动

8.1.1 银行支付清算活动的产生

支付清算活动是银行最古老的职能之一。支付是指为清偿商品交换和劳务活动引起的债权债务而提供的银行服务，本身是银行客户之间的经济交往活动，但在银行介入商品流通和资金交易之后，就逐渐演变成为银行与客户之间的资金划拨和转移的活动；清算则是在银行客户之间的资金交易转变为以银行为中心之后出现的、以中央银行为核心来了结的银行同业之间的双边甚至是多边债权债务关系的货币收付活动。从历史发展的角度来看，银行的支付清算活动甚至比投融资活动出现得更早，在早期的货币经营业的经营过程中，客户将贵金属货币存放在货币经营者那里，而货币经营者则向客户开具保管凭据。随着货币经营者资金实力和经营信誉的上升，客户在商品交易中逐渐开始将货币经营者所签发的保管凭据直接用于支付，即将存放在货币经营者那里的货币所有权直接划转给收款方，这样货币经营者就逐渐演变成为商品经济交易活动的支付中介。在银行发展史上，早期银行创立的初始目的主要是为商品贸易提供顺畅的支付服务，而贷款业务则是在近半个世纪后才出现的。

随着贵金属货币逐渐退出商品流通媒介的领域，取而代之的是以中央银行、商业银行和政府信用为基础的纸质信用货币，以及中央银行制度的逐渐建立和完善，银行的支付清算活动也发生了相应的变化，可以划分为支付和清算两个层次。第一层次是银行与客户之间的资金支付往来与结算；第二层次是以中央银行的清算系统或者是银行同业的清算系统为核心完成的银行同业之间的资金支付与清算活动。通过这两个层次的支付清算活动，将商品经济交易活动中的买卖双方与整个银行业联系在一起，构成了一个复杂的整体系统，即支付清算系统，它存在于国民经济运行的大系统之中，发挥着重要的宏观经济枢纽作用。在第一层次银行与客户之间的支付结算活动中，银行为客户提供各种金融产品和服务，涉及的账户多、业务量大，银行与其客户双方的权益都在其中得到体现；而在第二层次的银行与银行即中央银行之间的支付清算活动中，由政府授权中央银行制定和实施货币政策，并监督、控制和服务于商业银行的业务活动，为商业银行等金融机构提供资金清算。

在人类历史发展的漫长历程中，支付清算体系经过长期演变，已经具有了大致相似的结构，即由中央银行来发行不可兑换、无限法偿的纸质信用货币，以供社会公众零星的现钞支付所需；而商业银行则以中央银行发行的货币为基础，通过部分准备金、贷款和转账结算等业务制度和活动，在贷款客户的活期存款账户中派生地创造出多倍的存款货币，以供其进行转账支付，这一系列活动演变的最终结果就使得银行成为现代社会的支付中心。

【小知识】清算和结算的定义①

清算（Clearing）

定义：指通过一定的清算组织和支付系统，进行的支付指令的发送与接受、对账与确认、收付数额的统计轧差、全额或净额清偿等一系列程序。

结算（Settlement）

定义：指为实现因商品（服务）交易、金融活动、消费行为等引发的债权债务清偿及资金转移而发生的货币收付行为。

结算的分类

（1）按支付工具划分：现金结算和非现金结算（转账结算）；

（2）按地域划分：国内结算和国际结算。

① 资料来源：王广谦：《中央银行学》（第二版），高等教育出版社 2006 年版。

8.1.2 银行与客户之间的支付结算活动

支付结算是指在经济往来中因为商品劳务的交易或者是单方面的资金划拨等活动而引起的资金收付的关系的了结和清算，根据资金收付形式的不同可以分为现金结算和转账结算，即直接用现金来进行支付结算或者是通过银行将款项在交易双方的账户中进行划转。随着商品经济的不断发展，以银行信用为基础，通过银行账户，用存款货币代替现金实现的银行转账结算已经成为商品交换和货币收付的主要媒介和形式，是商品经济活动中联接资金融通和商品交易的重要纽带。各微观经济主体之间资金往来的款项既可以采用现金结算方式，也可以采用通过银行办理的转账结算的方便快捷方式。通过银行进行的支付结算活动，不但可以简化结算手续，缩短结算时间，而且还可以提供优质高效的相关银行产品和服务，从而加速资金和物资的周转，为商品劳务交易和资金融通等活动的顺利进行创造良好的环境。通过银行进行的转账支付结算活动，还可以集中有效地反映和监督国民经济运行中的资金活动，为中央银行的支付清算乃至中央政府的宏观调控提供有益的参考。

银行转账的支付结算与现金结算一样，都是用于媒介商品交易，结算买卖活动中的债权债务关系，并且可以通过存款货币和现金货币进行相互转化，但两者的作用对象有所区别。在商品交易中，大宗、批发性质的用于生产领域的支付结算活动主要通过银行转账来进行，而小额的零售性质的消费领域的支付结算活动则是通过现金来实现。不过随着现代信息技术的发展和普及应用，消费领域的小额支付结算活动也可以通过信用卡、ATM、POS、网络银行、电话银行等媒介或渠道来进行银行转账，商品交易的双方无须直接进行资金交收，只需在银行开立账户，便可以借助银行系统来自动进行资金划转，结清双方之间的债权债务关系，并完成货币的收付。

通过银行转账完成的支付结算活动，首先，在银行与客户之间设置必要的监控系统，任何一笔在银行和客户之间进行的转账结算业务，都必须通过密码或印鉴等监控系统的设置和检验，这是最基本的安全保障措施；其次，对相应的账户报表以及商品交易记录等进行核对和清算，然后才能进行款项的划转和交收，以保证往来账目清楚无误；最后，银行还必须将转账结算的过程和结果中的相关数据信息提取出来，整理保存并反馈给银行客户。如果参与商品交易进行转账结算的客户涉及不同的银行，不论是同一家银行在不同地区的分支机构，还是同一地区的不同银行，甚至是不同地区的不同银行的分支机构，那么就必须借助银行系统之间构筑的联行通汇网络来完成。这种联行通汇网络最初是借助传统的邮件、电话、电报等方式进行联接，在现代信息技术飞速发展的现代社会，这种联行通汇网络已经变革成为以电子计算机、卫星通信、互联网络、光纤、微波等先进技术和传输手段来联接的高效网络体系，其范围、功能、安全保障等仍在不断扩展之中。

【新闻链接】银监会提示网上支付风险　建议网上支付适度收费①

"3·15"曝光的网上银行和网上支付的安全问题引起了监管层的注意。记者从银行了解到，银监会在2009年3月下旬已向各大银行下发了《关于"支付宝"业务的风险提示》，银监会"建议对网上信用卡支付业务实行适度收费制度"，"一旦网上支付业务出现重大风险隐患，各行应停止与'支付宝'等第三方支付机构之间的业务合作"。

银监会此次发文共提出五大风险，分别包括第三方支付机构信用风险、网络黑客盗用资金风险、信用卡非法套现风险、发生洗钱等犯罪行为风险以及法律风险。

据介绍，"第三方支付"是具备一定实力和信誉保障的独立机构，采用与各大银行签约的方式，提供与银行支付结算系统接口的交易支持平台。在第三方支付模式中，买方选购商品，使用第三方平台提供的账户进行货款支付。支付后，第三方通知卖家发货，买方收货后，第三方将款项转至卖家账户上。近一段时间，部分银行反映"支付宝"等网上支付业务仍存在较大风险隐患。

由于"支付宝"等第三方支付机构、商户、持卡人在网上支付行为过程中，均无须向银行支付任何费用，非法套现成本较低，因此银监会在监管意见中指出，商业银行要加强对"支付宝"等网上支付交易的监控，对网上信用卡支付业务实行适度收费制度，以减少信用卡套现现象。同时，银监会要求，应尽快完善网上银行风险管理体系，及时发现风险隐患，一旦网上支付业务出现重大风险隐患，各行应停止与"支付宝"等第三方支付机构之间的业务合作。

目前，支付宝是国内最大的第三方支付平台，其在国内电子支付领域所占

① 资料来源：作者：苏曼丽，陈芸，载于《新京报》2009年4月7日。

市场份额超过60%。支付宝近期发布统计数据称，截至2009年2月底，支付宝注册用户已经达到1.5亿人，占国内网民总数的50%，这就意味着过半数的网民使用电子支付。

8.1.3 银行之间的支付清算活动

由于在商品交易中买卖双方之间存在着债权债务关系，导致了商品数量、货币款项以及债务凭证等的计算、收取、支付和了结等等矛盾的出现，当银行以转账结算方式介入客户之间以后，这一矛盾并没有消失，而是转移给了整个银行系统，因此便需要有一个在整个体系中处于中心枢纽地位的支付清算中心的出现。例如，银行与客户之间的日常支付结算活动，除了小部分支付结算业务的收受双方是在同一城市的同一银行及其分支机构开设账户以外，大多数支付结算活动所涉及的都是在两个以上的不同的银行及其分支机构（包括同一城市的不同银行、同一城市同一银行的不同分支机构、同一银行的不同城市的分支机构、不同城市的不同银行），此类支付结算活动即使采用了银行转账方式，也会因为所涉及的银行及其分支机构数量众多、关系复杂而在执行过程中矛盾重重。随着商品经济的发展和银行业的逐渐成熟，18世纪后期的英国出现了专门在同一城市范围内为不同银行办理支付清算业务的机构，即票据交换所或清算银行。银行客户的商品交易或者是金融交易而产生的资金收支差额，无须通过关联银行之间存款账户来进行支付清算，而是直接在清算银行中各银行的存款账户之间进行转账清算，清算银行作为最终的清算机构，处于整个支付清算活动的中枢地位。尤其是在电子计算机、通讯等现代信息技术手段的帮助下，此类支付清算活动的电子化、自动化以及连锁化、网络化的程度得到了极大的提高。

20世纪随着中央银行制度的基本成型，不同地区以及不同类型的银行之间的支付清算工作逐渐交由以中央银行为核心的现代支付清算系统来完成。各银行之间的资金交收差额的划拨清算集中在中央银行来统一管理和具体操作，最初仅能实现同城范围内不同银行之间的资金支付和清算。随着专业化金融通讯系统和电子联行系统的建立和健全，遍布全国乃至全球范围的银行间的资金支付清算的质量和速度都大为提高，资金周转速度加快，大大节约了现金的使用，有效地促进了社会经济的发展。1930年成立于瑞士巴塞尔的国际清算银行也逐渐由清算第一次世界大战后德国赔款的机构，到20世纪70年代逐渐演变成为协调全球主要经济体的中央银行之间在国际清算领域合作的机构，这也显示了在国际间开展的以各国中央银行为主体的银行支付清算活动的合作化正呈现出的不断加强的趋势。

以中央银行或者是清算银行为核心的银行间支付清算体系不同于早期简单的银行间联行通汇网络系统，中央银行或者是清算银行作为整个资金清算的中心，统一协调运作和管理所辖范围内的所有银行间的转账结算业务，这是一种有管理的、单一核心的、范围更广的跨行联行通汇系统，其对所采用的现代信息技术的要求更高。无论是在同城结算还是异地结算中，无论是在同行结算还是在跨行结算中，资金划转更加及时快捷，联行资金在途占用的时间更为缩短，也更有利于中央银行对货币领域的监管和调控。最初的联行通汇网络系统是在单一银行内部自行建立的内部资金转账结算系统，在此基础上发展出跨行直接通汇、相互发送数据信息、清算和划转差额资金的联行转账结算体系。在借助现代信息技术的最新成果、各银行独立实现了数据大集中之后，对于同一银行的不同分支机构，不论是在同城还是异地，都可以方便地进行支付的账务处理和资金的清算划拨。但如果资金收付双方的账户设置在同城或者是异地的不同银行，那么就必须由独立的第三方来实现相互之间资金的代收代付和清算了结等过程。目前国际上主流的模式就是由中央银行建立与所有银行及其他金融机构相互联接的支付清算系统，完成与支付相关的信息传输和资金清算的任务。

支付清算系统是国民经济运行和货币资金融通的大动脉，社会经济活动大多都要通过跨行的资金支付清算系统才能够最终实现，这一系统现在多由政府授权中央银行进行组织建设、运营和管理，并由银行及其他金融机构参与其中的运营，其涉及面遍及全国范围的银行及其他金融机构，有些国际性的支付清算系统甚至将世界上各主要银行和金融机构都囊括其中，形成了全球性质的支付清算网络。在以中央银行为核心的支付清算网络的支持下，银行及其他金融机构之间消除了资金往来的屏障，使得资金融通业务的开展畅通无阻，真正实现了跨时空的货币支付和资金划转，也是银行业务自动化和网络化的进一步深化。

在支付清算的网络系统中，支付清算活动可以分为支付、清分轧差和清算三个步骤。支付步骤发生在资金收付双方及其各自的开户银行之间，资金付出方在其开户银行账户中的存款余额减少，资金收受方在其开户银行账户中的存款余额增加。清分轧差步骤是由资金收付的银行之间进行的信息数据的交换，即将支付指令按照收付银行进行分类，并计算各自的收付差额，为最终的清算过程做好准备工作。清算步骤不但涉及收付银行，还要有中央银行的加入，通过收付银行双方在中央银行开立的准备金存款账户来进行收付差额资金的划转，清偿收付银行之间的债权债务关系。与银行和客户之间的支付结算活动相比，银行之间的支付清算活动是以政府授权的中央银行为核心的，为实施货币政策、监管银行业务活动、调控经济运行提供了重要的手段，是更高层次的支付活动的体现，但是支付结算系统也因其客户众多、业务量巨大、涉及面广而成为整个支付活动的基础，二者紧密相关，相辅相成，共同构成了国家稳定社会经济运行的资金流转系统。

8.2 信息时代的银行支付清算

8.2.1 电子数据交换系统 EDI

在国际贸易中，由于买卖双方地处不同的国家和地区，在大多数情况下，不是简单地直接地面对面地买卖，而必须以银行进行担保，以各种纸质的单据为凭证，方能达到商品劳务交易与货币资金收付的目的，这时纸质单据的传递就代表了商品货物所有权的转移。20 世纪 60 年代末，随着现代信息技术的突飞猛进，社会经济发展日新月异，国际贸易空前活跃，市场竞争愈演愈烈。全球贸易额的上升带来了各种贸易单据、凭证和文件的数量激增，虽然电子计算机及其他办公自动化终端设备的出现可以在一定程度上减轻手工作业人工处理这些纸质单据的劳动强度，但由于诸如电子计算机等终端设备在型号上的差异，导致相关的数据信息不能完全兼容，实际上又增加了交易处理的成本，并降低了纸质单据处理的效率。而且在各类商业贸易单据中，有相当大的一部分数据信息是重复出现和使用的，这就造成了重复录入和输出，不但浪费了人力和时间，降低了工作效率，也增加了出现错误的几率。另外，随着市场竞争的加剧，市场状况瞬息万变，也要求商品交易的参与者提高商业文件传递和处理的速度。最终，在电子计算机、通讯、互联网络等现代信息技术发展和普及应用的基础上，进行标准化商业数据传输的 EDI 系统便应运而生了。

EDI是Electronic Data Interchange的缩写，即电子数据交换，它是一种在企业之间传输商业文件信息的电子化手段，其中就蕴含了对货币资金等信息的传递。由于EDI系统具有高速、精确、远程和巨量的技术上的优越性能，因此，EDI系统一经出现便显示出了强大的活力，迅速在西方各主要发达国家和地区得到推广和普及。最初美国在20世纪60年代末期开始采用EDI系统时，还只是进行商品贸易的渠道之一，但在短短的二三十年以后，不但美国和欧洲大部分国家，甚至在越来越多的亚太地区的国家，都已经将EDI系统作为国际贸易的唯一渠道了。EDI系统的兴起标志着一场全新的、全球性的商业革命的开始，也为银行系统的转账支付电子化、网络化提供了技术基础和准备。早期的EDI系统只是在两个商业伙伴之间，依靠电子计算机之间的直接联接和通讯来实现的。到了20世纪70年代，随着现代信息技术尤其是数字通讯技术的发展，出现了跨行业EDI系统。而20世纪80年代的EDI系统进行的标准化、国际化的技术革新，又使EDI系统的应用跃入了一个新的里程。现在的EDI系统可以通过电子计算机和专门的数据通讯网络将包括货币资金在内的所有相关商业信息，以国际公认的标准格式在各有关部门或企业之间进行数据交换与处理，并借此完成商品劳务贸易和货币资金收付。

EDI系统是基于电子计算机、通讯、网络等现代信息技术手段实现的标准化的数据传输系统，包括订货信息系统、电子金融系统、信息交互系统和图像资料传输系统等四大类型。其中的订货信息系统又被称为“商贸数据交换系统”，主要用于商品订单、发货单据和各类通知凭证等类型的电子数据文件的传输。电子金融系统与订货信息系统的关联程度非常高，是银行及其他金融机构之间进行货币资金划转和信息交流的电子资金转账系统。信息交互系统具有自动应答、互动反馈等功能，目前在诸如机票预订、自助消费等活动中都能见到它的身影。图像资料传输系统能够将通过电子计算机辅助设计的图像进行传输，并收取反馈信息，一旦经过确认后还能够自动输出订单，安排原材料采购计划，并在实施购买后开列收据等等。

在商品劳务贸易中，借助EDI系统的买卖双方无须通过纸质的票据交换以及人工的处理，而是将所有相关商业信息通过EDI网络系统进行传送，并交由电子计算机等终端设备自动处理。例如，生产商接到EDI系统传来的订单后，由系统自动检验订单真伪，然后通知企业内部管理系统安排商品生产，并向上游供应方发出原材料订单，而商检、海关等部门在审核许可证、担保证之类的凭证无误后，通知银行和保险公司开列EDI发票及保险单等，这样整个商品交易活动在最短时间内以最高效率得到了实施，订单、发货、商检、报关、保险、支付清算等一系列活动被整合为一个有机整体。EDI 系统不但极大地加速了商品贸易的流程，也对货币资金的支付清算活动影响巨大。

8.2.2 电子资金转账系统 EFT

EFT 是 Electronic Funds Transfer 的缩写，即电子资金转账系统，是随着商品贸易以及资金融通活动的拓展，从 EDI 系统中分离出来的专门进行货币资金相关信息传输以及实现支付清算的网络系统，它既是现代信息技术在银行支付清算业务中应用的成果，也是银行业务电子化、信息化的重要组成部分，在现代信息技术手段的辅助下，货币资金的划转、结算或清算，已经不再必须使用现金，也不再必须需要支票、汇票等票据或其他债权债务关系的凭证，通过电子计算机和互联网络等现代信息技术渠道直接办理资金转账、结算或清算。

电子资金转账系统在世界各国银行系统的应用中并没有固定、统一的标准模式，但从其构成要素来看，以下要件是必需的：第一类要件是输入指令和接收信息的电子终端设备。早期的终端主要是卡片及纸带打孔机等机械化设备，后来随着现代信息技术的发展和普及应用，输入和接收的电子终端设备已经更新换代为键盘、刷卡器、屏幕显示器、图像采集器等。第二类要件是执行指令、运行程序的电子计算机终端。这其中包括能够在地区乃至全国范围内进行数据处理的大型电子计算机及其备用机，能够处理行内业务的中型电子计算机，以及能够处理日常业务、便于移动的微型电子计算机等三种类型的终端设备。随着现代信息技术的进步，电子计算机终端逐渐向小型化、智能化、便携式、多功能的方向发展，微型机已经基本上能够替代中型机，中型机也具有了部分大型机的功能，电子计算机终端运算能力的提升使得银行账务处理系统、信息存储系统、数据库系统等更加完善，银行业务成本也进一步下降。第三类要件就是联接电子计算机、输入输出设备以及数据库系统等终端之间的通讯线路或网络，这是电子转账系统功能得以实现的基本纽带。在信息时代的早期，这种通讯线路或网络大多为各银行自行构建的联接通讯线路，后来逐渐借助电信设施以及互联网络的专业化优势，并将联接方式和渠道逐渐从有形发展成为无形，形成了电缆、光纤、微波、卫星等多重类型的互为保障、互为备份的联接网络。第四类要件就是经营和管理系统运行的各种软件程序和信息数据库以及应用管理系统。

隶属于美国纽约清算所协会的 CHIPS 系统就是现代化电子资金转账系统的典型范例，CHIIPS 是 Clearing House Inter – bank Payments System 的缩写，可被称为“纽约票据交换所跨行支付系统”，或是“银行同业支付系统”，主要由纽约银行、大通银行、花旗银行等 11 家位于纽约当地的银行投资建立的纽约清算公司协会主办，它只对有关货币资金交易的数据信息进行传递和结算，而将各会员银行的收付净额通知纽约联邦储备银行，最终利用各会员银行在纽约联邦储备银行中存款准备金账户中的余额进行货币资金的收付清算。而非联邦储备银行会员的其他银行则通过联邦储备银行的会员银行进行代理清算（或进行二级清算）。最初的 CHIPS 系统只是作为纽约市内的银行同业清算系统帮助会员银行进行电子资金转账划拨，随着纽约成为全美乃至全世界的金融中心之后，CHIPS 系统不断进行技术升级和对外联接，逐渐成为覆盖全球的实时、多边的网络系统，目前已经能够安全高效地实现全球范围内的电子资金转账，尤其是在处理以美元收付的国际贸易以及外汇买卖业务的资金转账活动中发挥着巨大的作用。

【小知识】CHIPS 的发展历史

1970 年，纽约清算所协会（NYCHA）建立 CHIPS，代替原有纸质支付清算方式，为企业间和银行间的美元支付提供清算和结算服务。

1998 年，CHIPS 归 CHIPSCo 公司所有，并处于其管理之下。

2001 年，CHIPS 采用新系统，开始向实时净额清算系统过渡。

2007 年，CHIPS 成为全球最大的私营支付清算系统之一，主要进行跨国美元交易的清算，拥有安全、可靠、高效的支付系统，处理全球 95% 左右的国际美元交易，每天平均交易量超过 34 万笔，金额约 1.9 万亿美元。

8.2.3 环球银行金融通讯系统 SWIFT

20 世纪 60 年代，西方发达国家的银行之间的经济活动日益频繁，账务往来与日俱增，传统的手工处理的支付清算业务无法适应国际间支付清算业务量增长的需要，处理费用也随之大大增加。为了适应瞬息万变的市场发展，客户要求在世界范围内的转账结算与资金清算都能够迅速完成。因此，在 20 世纪 60 年代末 70 年代初，欧洲国家就开始研究建立一个国际通讯系统以提供国际间金融数据及其他信息的快速传递服务，并着手开发通用的国际金融电文交换处理程序，以便能够正确、安全、低成本和快速地传递标准的国际资金调拨信息。

SWIFT 系统是由非营利性的环球银行间金融通信协会（Society for Worldwide Interbank Financial Telecommunication，简称“SWIFT”）设立的，于 1977 年 5 月开始正式运行，为国际上不同银行之间进行业务自动化处理而开发的金融数据通讯网络系统，可以实现世界范围内不同银行之间数据信息的交换和处理，为跨国境的银行支付清算活动提供了安全、可靠、快捷、标准化、自动化的通讯业务，大大提高了全球范围的银行支付清算速度。该系统最初仅涉及北美和欧洲等地区的少数国家及部分银行，总部设在比利时的布鲁塞尔，但自从该系统正式投入运营以来，成员单位的数量就逐年迅速增加，从 1987 年起，非银行的金融机构，包括经纪公司、投资公司、证券公司和证券交易所等，也开始使用 SWIFT。目前，SWIFT 网络系统的覆盖范围已遍布全球200 多个国家和地区的近万家银行和非银行的金融机构，可以为金融行业提供安全的信息数据输服务与相关路由接口软件，并辅助支持跨越多个国家和地区的资金交易中的实时支付和清算，成为目前全世界最大的金融数据信息通讯网络系统。

【小知识】SWIFT①

SWIFT 全称是“环球银行间金融通信协会”（Society for Worldwide Interbank Financial Telecommunication），是一个由会员机构拥有的合作组织。借助 SWIFT，全球金融业得以快速、明确而富有信心地开展业务运营。全球 209 个国家/地区的 9 000 多家银行机构、证券机构和企业客户借助该系统每天交换数百万条标准化金融报文。

SWIFT 的角色是双重的：提供使客户能够安全并可靠地联接并交流金融信息的专有通信平台、产品与服务；也作为促进机构，将金融业界带到一起，共同协作来形成市场惯例和制定各项标准，并讨论彼此共同关注问题的解决方案。

SWIFT 使客户能够实现金融交易的自动化和标准化，从而在业务运营中降低成本、减少风险并提高效率。通过使用 SWIFT 系统，客户也得以创造新

① 资料来源：SWIFT 官方网站：http：//www. swift. com/。

的业务机会和收入流。

SWIFT 总部设在比利时，并在全球各地金融中心和发展中市场设有分支机构。SWIFT 通过 2010 年收购 Sun Gard 的全资子公司 Arkelis N. V. 提供额外的产品和相关服务。

SWIFT 不把持资金，不代表客户管理账户，也不持续存储金融信息。这项工作涉及安全交换专有数据并确保其保密性和完整性。

SWIFT 系统自正式投入运行以来，以其非营利性的宗旨以及高效、可靠、低廉和完善的服务，在促进世界贸易的发展，加速全球范围内的货币流通和国际资金的支付清算，促进国际金融业务的现代化和规范化方面发挥了积极的作用。SWIFT 提供了金融数据传输、基本通讯和增值服务等三大类服务。其中金融数据传输服务是最核心和最基本的服务职能，系统使用者按照国际标准的通讯数据信息格式，通过 SWIFT 网络系统与各国中央银行的支付清算系统之间的联接，来自动化地进行接收、确认、存储和传送各种金融业务处理中的信息数据，最终由各国中央银行的支付清算系统来实现货币资金跨越国家和地区的划转。而在基本通讯服务中，SWIFT 系统仅为全球金融业提供通讯服务，并不直接参与资金的转移处理，主要包括电文路由服务、全球通讯服务、接口软件服务、存储和转发电文、交互信息传送、文件传送等内容。增值服务则是在 SWIFT 网络系统的信息数据传输功能基础之上发展起来的，主要包括辅助欧盟成员之间尤其是欧元区国家和非欧元区国家的跨国支付清算、外汇交易自动撮合及货币市场确认、双边外汇交易咨询、银行间文件传送、金融电子数据交换等。

虽然从严格意义上讲，SWIFT 只是一个全球通讯网络系统，它并不提供真正的支付清算服务，但是，通过这个覆盖全世界 200 多个国家近万家银行和非银行金融机构的电子通讯网络系统，不但可以提供安全、可靠、快捷、标准化、自动化的信息传输服务，而且通过与各国中央银行的支付清算系统的联接，在金融信息数据交换的基础上实现会员单位金融机构之间跨国的资金支付清算。SWIFT 系统实行 24 小时全时运行，每周工作 7 天。它在全球银行业乃至整个金融业中的广泛应用，对提高国际银行业和金融业同业之间业务信息交换的效率具有深远意义，为跨国支付清算活动的正常进行提供了必要的保障。

【小知识】SWIFT 在中国的发展和应用①

1. SWIFT 在中国的用户迅速发展。1983 年 2 月，中国银行作为当时中国外汇外贸专业银行率先加入了 SWIFT 组织，并于 1985 年 5 月 13 日正式开通 SWIFT 通讯。中国金融体制改革后的 1989 年，交通银行成为国内第一家加入 SWIFT 组织的股份制商业银行。工商银行、农业银行、建设银行于 1990 年先后加入 SWIFT 组织。这一时期是中国 SWIFT 发展的初级阶段，SWIFT 通讯只在各银行总行使用。

从 20 世纪 90 年代开始，中国所有可办理国际金融业务的股份制商业银行、外资和侨资银行以及地方银行纷纷申请加入 SWIFT 组织，开通 SWIFT 服务。这一时期加入的银行有中信银行、广东发展银行、深圳发展银行、民生银行等。

截至 2008 年 5 月底，中国 SWIFT 用户已达 227 家，其中持股会员有 39 家。在用户类型方面，从最初的银行用户扩展到目前的证券公司、投资公司、保险公司及企业客户。根据最近 5 年 SWIFT 用户数据显示，中国 SWIFT 用户数每年以 10% 左右的速度增长。

2. 通讯量的增长体现中国经济快速增长。

（1）中国 SWIFT 通讯量大幅增长。以发报量为例：1990 年，当时 5 家银行 SWIFT 发报总量只有 10 万笔左右，而 2008 年第一季度，中国 SWIFT 发报量已达 793 万笔，是 1990 年的 79 倍。从总量看，中国 SWIFT 通讯总量在 2007 年时为 6 688 万笔，比 2006 年的 5 749 万笔增长了 16. 35%。

在过去 5 年间，中国 SWIFT 通讯量每年都以两位数的速度持续增长。2008 年第一季度，总量已经达到 1 733 万笔，是 2007 年总量的 1/3。通讯总量的迅速增多，反映我国对外经贸的快速增长。这既是 SWIFT 在中国的成长，也是中国经济、金融改革的成就。

（2）收发报量不平衡的内在原因。从结构分析看，收发报量的不均衡，反映了我国经济结构中的某些问题和当今贸易方式的变化。根据 SWIFT 组织提供的 2008 年通讯数据显示，中国 SWIFT 发报量居世界第 26 位，收报量居世界第 15 位。

收报量与发报量不均衡主要表现在两个方面：首先是支付类报文收发不均

① 资料来源：作者：杨士华，载于《金融电子化》2008 年第 10 期。

衡，支付类报文占总通讯量的75.7%。其中，收报量居世界第9位，而发报量居世界第22位，收报量是发报量的2.8倍。这些数字从一个侧面反映我国外币资金流入大于流出。这既说明我国经济在高速增长中，贸易顺差规模较大，外商直接投资持续流入，也可以看出，在人民币升值预期下，大量国际热钱不断流入我国。

其次是贸易类报文收发量不均衡。贸易类报文占总通讯量的11.8%。其中，收报量居世界第1位，发报量居世界第3位。这组数字反映出中国是个贸易大国，并且出口大于进口，同时也反映我国的贸易结算传统方式正在发生转变，尽管单证业务方式所占比重达到11.8%，与10年前比较已经减少很多，但与欧美国家比较，这一比例仍较高。可喜的是，这种跟单结算业务已经呈现出逐年减少的总趋势。

我们必须看到，跟单结算方式减少、赊销方式增多的发展趋势是和全球经济金融一体化、国际经济秩序和商业信用转好相同的，同时也和中国国际地位的提高、经济实力的增强相一致。这种发展趋势是有国际国内客观条件作支撑的。这也是SWIFT开发新产品以顺应结算方式变化的重要原因之一。

总之，SWIFT在中国的迅速发展，是中国改革开放30年，特别是近十几年，中国经济持续快速发展和银行业改革开放发展壮大的结果。我们必须顺应世界经贸发展趋势，更好地利用SWIFT通讯平台为之服务。

8.3 中国国家现代化支付系统CNAPS

8.3.1　中国支付清算系统的演变

从广义上看，中国的支付清算系统包含银行为其客户提供资金收付服务的支付结算系统和中央银行为各银行提供资金收付服务的支付清算系统，在技术层面上由全国性的跨行电子计算机联网构成。从发展阶段来看，经历了同城支付和异地支付两个阶段。在20世纪80年代以前，同城支付清算业务主要采取场地集中、票据定时送取、手工处理、总额清算的票据清算所方式，操作中不可避免地存在着处理效率低、出错几率大等缺陷，严重制约了同城货币资金支付清算的进行。而异地联行业务在20世纪50年代中期以前也是完全采用人工配对方式处理，支付清算的效率和质量均难以得到保证。1957年中国人民银行引进了前苏联的磁带式电子计算机辅助进行联行账务处理，其后在20世纪70年代和80年代分别从法国和日本等现代信息技术较为发达的国家引进了更新型号的电子计算机，进行联行账务辅助处理，但仍未完全摆脱手工联行、人工传递凭证、事后对账的异地支付清算模式。

20世纪80年代，随着现代信息技术在中国的逐渐推广应用，银行系统开始利用电子计算机等终端设备进行资金清算和结算，并开始凭借磁盘来交换相关票据的数据信息。同时为了解决部分经济较发达地区票据数量多、手工清分难度大的矛盾，开始在广州、深圳、上海等城市引进了机械化的票据清分系统和电子化的数据清分计算系统，使票据清分和数据清算逐渐实现了电子化、自动化的处理。中小城市开始开发自己的同城支付清算的网络系统，一些二级城市相继建立了同城清算网络系统，并将其与中国人民银行的支付清算系统相联接，使得银行柜台处理系统与中国人民银行的支付清算系统能够直接互通、共享货币资金的支付清算信息，大大提高了支付清算业务的运行速度和安全性，也提高了货币资金的使用效率和周转速度。

从20世纪90年代开始，中国开始加快支付清算系统的电子化、自动化的进程，逐步实现了银行间汇划款项与资金清算同步，银行跨系统和系统内的限额以上汇划款项全部通过中国人民银行进行划转和清算，建立资金清算中心，以卫星通讯网络联接的电子联行代替手工联行等目标。1989年中国人民银行着手构建银行系统专用的卫星通讯网络，并在此基础上开发了以中国人民银行为核心的全国电子联行系统，该系统于1991年4月成功投入运行。1995年中国人民银行实施了电子联行系统与中央会计核算系统以及各地银行业务处理系统之间的“天地对接”工程，1996年这一支付清算系统的联行范围又通过地面网络联接被推广到了县级支行，这不但提高了各地银行的联行处理速度，也提升了整个电子联行系统的业务处理能力。

中国支付清算系统同城支付职能的实现主要依赖自动清算所系统、小额批量支付系统、大额实时支付系统和自助终端授权认证系统等。其中自动清算所系统是处理以支票为主的银行票据的自动化票据交换所系统，它按照规定的时限进行货币资金的轧差结算。由于此类银行票据所涉及的金额一般不大，因此可以进行批处理，其中的电子化、自动化程度较低，是小额批量支付系统的前身。小额批量支付系统不但可以处理支票等借记支付票据，还可以处理小额的贷记支付票据，以及中国人民银行会计和国库部门的借记支付业务凭据等，该系统批量发送电子支付指令，定时轧差后实行资金净额清算。该系统于2006年6月推广建设完成，实行7×24小时不间断运行，电子化、自动化的程度较高，但资金划拨的时效性较差。大额实时支付系统主要用于大额资金的实时划拨转账，这是通过银行实现的电子资金转移，主要针对没有在中国人民银行开设结算账户的金融机构。自助终端授权认证系统主要涉及通过ATM和POS进行的资金转账和支付清算，要求银行及时、准确、安全地进行授权信息的接收、确认和反馈，这既是一个电子化支付系统，也是一个实时信息交换系统，为买卖双方提供了极大的便利。

中国支付清算系统的异地支付与同城支付在本质上并没有太大的差别，只是由于跨越地域范围的差异，造成了网络覆盖范围、归属关系和组织管理等方面存在区别，从发展的方向来看，同城支付系统与异地支付系统相互联接，实现同城、异地支付系统的一体化，将是最终的演化趋势。以中国人民银行为核心的异地支付系统中同样也包括小额批量支付系统、大额实时支付系统和自助终端授权认证系统等，不同的是增加了与证券市场和海外资金往来相联接的系统。在证券市场上，中国人民银行要么作为国家财政的代理，进行国债的发行和兑付，要么是作为证券市场的参与者直接进行国债的买卖，其中都将涉及大量的货币资金的划拨转账，对支付清算的实时性、安全性、准确性等的要求都很高，这就要求证券簿记系统与大额资金转账系统实现有效结合。中国加入WTO后，国际贸易和国际金融活动日趋活跃，国际间的支付清算业务也在迅速增长，中国也早在20世纪80年代就已经与SWIFT系统实现了互联互通，能够在全世界范围内与各大国际金融中心进行货币资金的支付清算。

8.3.2 中国国家现代化支付系统CNAPS的发展

为了从根本上提高支付清算系统的效率，中国从1991年就开始构建中国国家现代化支付系统，这是中国金融业未来发展的重要基础设施，其主要作用是为社会提供快捷、高效、安全的支付结算和资金清算服务。该系统采用了当今国际主流的支付清算模式，对清算账户进行集中处理，对大额资金实行实时清算，具有严密的系统安全管理措施。CNAPS系统在业务运作上成功实现了大额支付实时处理、小额批量处理、清算账户处理等功能，并建成了国家处理中心灾难恢复中心、多个城市处理中心以及中国国家金融网，在业务方面还实现了 CNAPS 系统与证券簿记系统、银行卡信息交流系统、同城票据交换系统、国库系统、外汇交易系统的联接，使中国人民银行的 CNAPS 系统能够广泛而有效地为整个金融市场提供支付清算服务，使得跨行的资金划拨、证券交易、同业拆借、外汇交易等金融市场货币资金的支付清算以及银行卡信息交换、同城票据交换等相关金融业务活动更加方便、快捷、可靠。

CNAPS 系统从 20 世纪 90 年代初期开始起步，到 90 年代末期基本完成了一期系统——电子联行系统（EIS）的构建。2000 年 10 月，在电子联行系统的基础上，进行了支付清算系统的二期系统——大额支付系统和小额支付系统的建设，经过两年的努力之后，大额支付系统于 2002 年 10 月率先在北京、武汉等城市投入试运行，并成功地与各大商业银行的行内系统、中国人民银行的会计集中核算系统以及国库系统进行了联接。2003 年 4 月，大额支付系统又先后在上海、西安、天津、广州、南京、沈阳、成都、重庆、海口、深圳等城市成功地投入运行。到 2003 年年底，大额支付系统的覆盖范围已经扩大到全国 31 个省会或首府城市。2004 年 CNAPS 系统顺利完成了大额支付系统及中国人民银行的会计集中核算系统的升级换代工作，并实现了城市商业银行的汇票系统与 CNAPS 系统的对接。2004 年 11 月，中国银联结算系统和国债簿记系统与 CNAPS 系统进行了联接，将港澳地区的人民币清算业务纳入 CNAPS 系统的业务范围，在国债市场上实现了债券交易和资金收付的同步进行，保障了券款对付清算工作的顺利进行。2005 年 6 月，大额支付系统顺利完成了在全国的基础建设和普及应用，全面替代了电子联行系统的使命。2005 年 11 月 ~ 2006 年 2 月，小额支付系统先后在福建、天津、北京、海南和甘肃投入试运行，并于 2006 年 6 月在全国推广使用。

【新闻链接】中国人民银行第二代网上支付跨行清算系统上线①

中国人民银行于 2010 年 8 月 31 日正式推出第二代网上支付跨行清算系统（俗称“超级网银”），据了解，首批通过央行测试的 27 家银行将于近期陆续接入该系统，消费者将可以在其网银上实现跨行查询、跨行转账实时到款以及跨行扣款等功能。

据悉，首批获准接入央行二代支付系统的共计 27 家银行，具体包括 5 大国有

① 资料来源：作者：海礁、董云峰，载于网易财经，money.163.com，2010 年 8 月 30 日。

商业银行、9家股份制银行、5家城商行、5家农商行以及3家外资银行，部分银行如工行、光大银行等已于今日正式接入，其他银行也将在近期陆续接入该系统。而此前盛传的支付宝、快钱等第三方支付机构尚未被允许接入该系统。

据悉，以客户身份登陆工行网银，即可以看到跨行快汇的新产品推荐，收费标准按汇款金额的0.9%收取，每笔业务最低1.8元，最高45元；跨境汇款按照柜面收费标准的9折收取。据工行客服部门人士介绍，跨行快汇为该行今日刚刚推出的业务，可实现7×24小时不间断服务，而此前工行网银的跨行转账只能在工作时间完成。光大银行相关部门人士表示，光大银行网银已正式接入央行系统，在目前的试运行阶段，跨行转账暂不收费。

某股份制银行电子银行部人士表示，等到首批通过测试的近30家银行全部接入央行第二代支付系统后，消费者可以实现跨行的实时查询、转账实时到款、跨行扣款三大主要功能。

“但因为各银行具体接入时间不同，以及各网银系统技术指标、稳定性等方面的差异，全面、顺畅地实现上述功能尚需一定时日。”该人士指出。

第三方支付是否可以接入央行的二代支付系统，一直广受市场关注。

根据一份内部资料显示，央行支持“经其批准获得支付业务许可证的非金融支付服务组织的接入，实现网上支付等电子支付业务的跨行清算的高效处理”。

不过，支付宝、快钱等支付机构并未出现在首批接入央行二代支付系统的名单之中，“也许未来会允许接入，但具体时间很难预计”，某银行人士向网易财经表示。

据悉，央行曾于2010年6月发布《非金融机构支付服务管理办法》，指出支付机构依法接受央行的监督管理。《非金融机构支付服务管理办法》将于2010年9月1日起正式实施，实施前已经从事支付业务的非金融机构，应当在该办法实施之日起1年内（即2011年9月1日前）申请取得《支付业务许可证》。市场分析人士认为，央行出台《非金融机构支付服务管理办法》最重要的意义是认可了非金融支付机构的行业地位，并将其纳入央行的监管范围。

何谓“超级网银”？指央行第二代支付系统，将联接各商业银行网上银行的“网上支付跨行清算系统”。其中，跨行业务将是其中最大的亮点。客户可以从“超级网银”登录自己各个银行的账户，实现跨行转账、跨行支付等功能。

目前，消费者使用第一代网银系统时，如拥有不同银行的多个账户，就必须在电脑上安装各个银行的客户端，而且每次登录各家网银时，还要分别插入不同的“U盾”来防范钓鱼网站等风险。

8.3.3 CNAPS 系统的运作

CNAPS 是 China National Automatic Payment System 的缩写，意为中国国家现代化支付系统，这是中国人民银行按照支付清算业务的需要，利用电子计算机、通讯、网络等现代信息技术手段自主开发建设的支付清算系统，它能够高效、安全地处理同城或异地的银行办理的各种支付业务及资金清算，以及与证券市场交易有关的资金清算业务。它既是各银行和证券市场进行双边或多边支付清算的平台，也是中国人民银行发挥其金融服务和金融监管职能的核心支持系统（见图 8－1）。

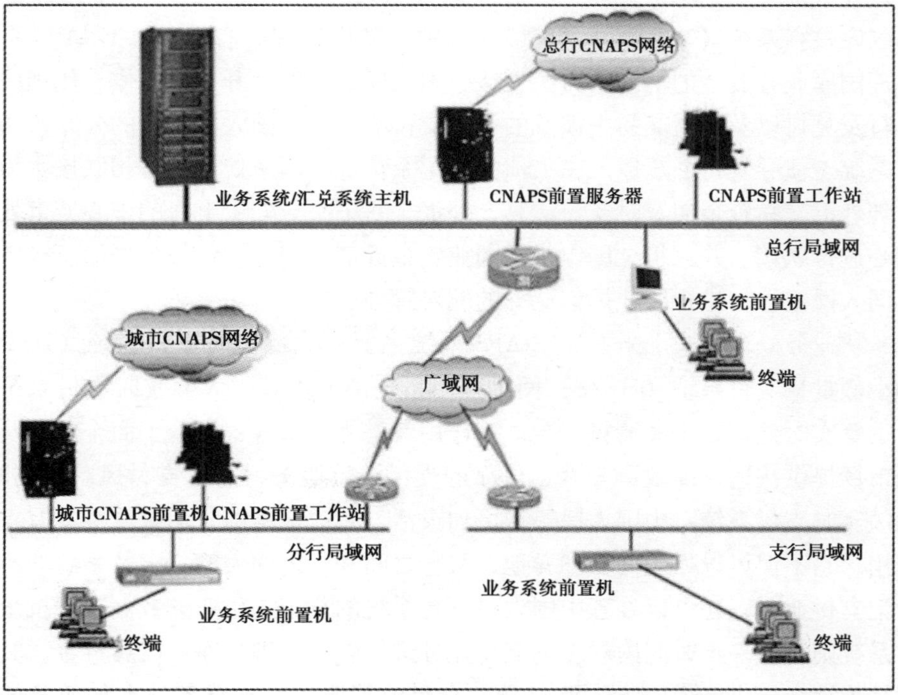

【图 8－1】 CNAPS 网络结构图

中国人民银行通过建设现代化的支付清算系统，将逐步形成一个以 CNAPS 系统为核心，以各银行的行内系统为基础，各地同城票据清算所并存，支撑多种支付工具的应用和满足社会经济活动多样化的支付清算需要的中国特色的支付清算体系。CNAPS 系统具有两级处理中心，即国家处理中心（NPC）和地方中心城市处理中心（CCPC）。国家处理中心分别与各中心城市处理中心通过专用的金融通讯网络进行联接，并且实现了“天地对接，互为备份”，即以地面通讯网络的联接为主，同时通过卫星通讯网络进行数据备份。

政策性银行和商业银行是 CNAPS 系统的主要参与者。各政策性银行、商业银行既可以利用各自独立的行内系统通过其在中心城市的分支机构与中心城市处理中心相联接，也可以通过其总行与中心城市处理中心联接。中国人民银行的会计核算系统（ABS）是 CNAPS 系统运行的重要基础，该系统将县级支行的会计核算集中到中国人民银行地市中心支行，并由地市中心支行的会计集中核算系统与中心城市处理中心进行远程联接。地市级（含）以上国库部门的国库核算系统（TBS）可以直接接入中心城市处理中心，通过 CNAPS 系统办理国库业务资金的汇划。为了支持中国人民银行的公开市场操作、代理国债发行及兑付以及国债交易中涉及的资金支付清算，中国人民银行的公开市场操作系统、债券发行系统以及中央债券簿记系统也与国家处理中心相联接。为了处理外汇交易资金的及时支付清算，外汇交易中心与处于上海的中心城市处理中心进行联接，并且将全国银行间同业资金拆借和归还的业务数据信息提供给中国人民银行，进行同业拆借业务的配对管理。

从业务处理模式上来看，CNAPS 系统主要由大额实时支付系统（HVPS）和小额批量支付系统（HEPS）两个应用系统组成。其中大额实时支付系统实行逐笔实时处理，全额清算资金，其作用就是为了给各银行、工商企业以及金融市场提供快速、高效、安全、可靠的支付清算服务，防范支付风险。同时，大额实时支付系统对中国人民银行更加灵活、有效地实施货币政策也具有重要作用，它不但可以处理同城和异地、跨行之间和行内的大额贷记及紧急的小额贷记支付业务，还可以处理中国人民银行系统的贷记支付业务。而小额批量支付系统则是在一定时间内对多笔支付业务进行轧差处理，净额清算资金，其作用是为社会提供低成本、大业务量的支付清算服务，支撑各种支付业务的使用，满足社会经济各种类型的小额资金活动的需要。该系统处理同城和异地纸凭证截留的商业银行跨行之间的定期借记和定期贷记支付业务、中央银行会计和国库部门办理的借记支付业务以及每笔金额在规定起点以下的小额贷记支付业务。小额批量支付系统批量发送支付指令，轧差净额清算资金。除了大额实时支付系统和小额批量支付系统之外，CNAPS 系统中还包括全国支票影像交换系统，这是运用影像技术将实物支票转换为支票影像信息，通过电子计算机及通讯网络将影像信息传递至出票人开户银行提示付款的业务处理系统。影像交换系统的作用是处理跨行和行内的支票影像信息交换，其资金清算仍然通过中国人民银行覆盖全国的小额支付系统来进行。

9.

信息时代的金融混业经营

9.1
金融业“铁三角”

9.1.1 存款式金融机构

现代社会经济活动中，资金充裕的盈余单位和资金不足的赤字单位之间的资金融通可以使用直接融资方式。例如，双方可以通过直接达成协议，由盈余单位直接购买赤字单位发行的股票或债券等直接证券，使二者直接进行资金融通。也可以通过间接融资方式，在银行等金融机构的中介作用下间接地进行资金转移。在间接融资活动方式中，金融中介机构将自己的融资凭证或间接证券，例如，银行的存款单、信用合作社的股份、保险公司的保单、投资基金的份额等，出售给资金盈余单位，然后将借此获得的资金以贷款或者是购买资金赤字单位的股票或债券等直接证券的方式，进行间接的资金转移。其中，通过发行存款形式的融资凭证来开展间接融资活动的金融机构便是存款式金融机构。

存款式金融机构主要包括银行、信用合作社等具体类型，在西方发达国家主要有商业银行、互惠储蓄银行、储蓄贷款协会、信用合作社、信托储蓄银行等不同类型和名称，但究其本质，都是以发行代表自身债务关系的存款形式的间接证券为主来进行资金融通的。虽然有些存款式金融机构也同时发行非存款的间接证券，如信用合作社既发行了存款单，也发行了股本金份额，但其业务始终是以存款类型为主的。

【小知识】存款式金融机构简介

“商业银行”是英文 Commercial Bank 的意译。综合来说，对“商业银行”这一概念可理解为：商业银行是以经营工商业存、放款为主要业务，并以获取利润为目的的货币经营企业。这个定义方法实际上是把中西方学者对商业银行所下定义进行了概括。

储蓄信贷协会（S&L）是在政府支持和监管下专门从事储蓄业务和住房抵押贷款的非银行金融机构，通常采用互助合作制或股份制的组织形式。美国共有 4 700 家储蓄信贷协会，其中 55% 在联邦政府注册，45% 在州政府注册，在美国是十分重要的存款性金融机构。

信用合作社简称“信用社”，是指由个人集资联合组成，以互助为主要宗旨的合作金融组织。其基本的经营目标是以简便的手续和较低的利率，向社员提供信贷服务，帮助经济力量薄弱的个人解决资金困难，以免遭高利贷盘剥。

从社会经济运行所必需的资金融通的角度来看，即使资金盈余单位和资金赤字单位之间存在着直接融通的渠道，间接融资的途径仍然是不可或缺的。以银行为典型代表的存款式金融机构存在的主要原因在于，直接融资方式存在不少缺陷，使得在某些场合和环境中，直接融资要么根本无法实施，要么因为成本太高或者效率太低而没有实施的必要。第一，资金盈余单位无法对资金赤字单位的生产经营状况以及财务资金状况进行充分了解，这也许是受制于资金盈余单位自身的认识能力和信息资源的欠缺，也许是受制于资金盈余单位没有足够的时间和精力去进行征信调查和市场分析，这种信息不对称问题在直接融资活动中很难得到充分解决，而银行等存款式金融机构具有专业化的业务优势，也拥有足够的人力、物力、财力等资源来从事针对资金赤字单位的此类市场信息的搜集、数据资料的整理、资信状况的分析等活动。第二，即使前述的信息不对称问题得到了解决，资金赤字单位可以在金融市场上直接发售自己的股票或债券等融资凭证，但由于其融资金额有限，无法享受到规模经济效应所带来的好处。例如，银行在吸收存款并以此发放贷款的活动中，由于银行业务所具有的“积少成多、续短为长”的特性，集中了包括企事业单位、社会团体、家庭个人等在内的众多资金盈余单位的大量剩余资金，因此能够以更低的成本从事资金贷放以及投资等活动。又如在股票或债券等证券发行或交易业务中，大多数证券交易所或者是经纪商所收取的交易手续费、佣金等都会根据交易金额的增加而按照一定的比例递减，因此信托公司、证券投资基金等机构投资者在证券交易中所需支付的单位交易成本便呈现出递减趋势。这样不论是通过银行还是证券投资基金等存款式金融机构来实现的资金融通活动，都能够享受到更多的规模经济效应所带来的利益。第三，资金盈余单位囿于自身资金规模的限制以及证券交易中相关最低交易数量的规定，无法在金融市场上任意选择资金赤字单位所发售的证券品种，也就不能实现分散投资、转移风险的目标。而银行等存款式金融机构集中了巨量的剩余闲置资金，可将资金分散贷放给不同类型的企业或项目，或者将资金分散投资于不同品种的证券，从而将投资风险降低到最低程度。第四，从一般意义上来看，资金赤字单位发行的直接证券在金融市场上的可接受程度和流动性都要低于银行等存款式金融机构所发行的间接证券，持有直接证券的资金盈余单位在自身遇到临时性的资金短缺时，很难保证能够在金融市场上不受损失地将这些直接证券迅速转变为现金。而诸如银行存款单之类的存款式金融机构发行的融资凭证虽然收益率低一些，但其持有者可以较为方便自由地将之兑换为现金或是在金融市场进行出售转让。

9.1.2 证券类金融机构

证券类金融机构，在美国一般被称为“投资银行”，在英国则被称为“商人银行”，而在日本和中国等亚洲地区大多被称为“证券公司”，它们的主要业务都是为工商企业代理股票或债券等直接证券的发行，也有代理从事外汇买卖，以及提供投资咨询和财务顾问等服务（见表9-1）。一般而言，证券类金融机构并不办理存款和贷款业务，尤其是针对家庭个人的储蓄存款和短期贷款等类型的业务。在典型的证券类业务活动中，证券类金融机构只起到媒介资金融通的作用，自身并不参与提供资金或是融入资金的活动，即并没有介入真实的债权债务关系中。由于证券类金融机构在金融市场上的中介活动表现出交易集中、金额巨大的特征，因此它们对稳定金融市场和提高市场流动性起到了关键性的作用，使得以直接融资活动为主体的金融市场得以不断完善和发展。

表 9-1 投资银行与商业银行的区别

	投资银行	商业银行
本源业务	证券承销	存贷款
功能	直接融资，并侧重于长期融资	间接融资，并侧重于短期融资
业务概貌	无法用资产负债表反映	表内与表外业务
主要利润来源	佣金	存贷款利率差
经营方针与原则	在控制风险的前提下更注重开拓	追求利益性、安全性、流动性三者结合，坚持稳健原则
监管部门	主要是证券管理机构	中央银行
风险特征	一般情况下，投资人面临的风险较大，投资银行面临的风险较小	一般情况下，存款人面临的风险较小，商业银行面临的风险较大

证券类金融机构是金融市场上的重要参与者，其咨询、策划和操作等中介职能使得资金盈余单位和资金赤字单位的直接融资得以顺利进行，它所提供的技术上和法律上的支持保障了金融市场筹融资活动的成功，甚至对产业结构调整、社会资源最优配置都发挥了至关重要的作用。证券类金融机构与存款式金融机构的区别主要体现在本源业务、融资职能、利润构成和管理模式等方面。第一，以银行为主的存款式金融机构的本源业务是存贷款业务，其他类型的各种资产负债业务乃至表外业务都是在此基础上发展和延伸出来的，最典型的特征就是不论在银行办理何种业务，一般都要求客户开立存款账户；而证券公司等证券类金融机构最核心的本源业务就是进行直接证券的承销，它们与客户之间更多地表现出委托代理关系，而并不必须要有债权债务关系的存在。第二，以银行为主的存款式金融机构的活动领域一般集中在短期金融市场上，主要行使间接融资的媒介职能，表现为既是资金盈余单位的债务人又是资金赤字单位的债权人的双重身份，将两者资金融通中的风险转嫁给自身，并通过自身的资产负债管理来进行风险对冲、分散等，以降低金融市场中的整体风险；而以证券公司为代表的证券类金融机构一般专注于长期的金融市场即资本市场上的资金融通业务，它只是作为资金盈余和赤字单位双方的媒介，并不介入真实的资金供需关系中，提供的是直接融资服务。第三，银行等存款式金融机构的利润主要来源于资金借入和资金贷出之间的利息差额，以及由此延伸出来的资金营运和表外业务等的收入；而证券公司等证券类金融机构的利润主要来源于在直接证券发行市场上获得的承销手续费、在交易市场上获得的经纪佣金，以及在投资管理和金融创新中获得的其他管理费用，资金营运的收入或者是证券买卖

差价收入并不是其利润的主要构成部分。第四，银行等存款式金融机构由于将资金融通活动中的大部分风险都集中在自身，而且面临着存款类业务“硬约束”和贷款类业务“软约束”的问题，因此更加注重安全性和风险性管理，其资金营运活动主要围绕着短期贷款、担保抵押贷款、银行同业往来、政府债券等低风险品种展开；证券类金融机构在经营活动中如果仅仅从事委托代理业务，自身并没有承担任何风险，那么安全性和风险性并不是其内部管理的重点，但是承销、项目融资、风险投资、企业并购、资产证券化等传统证券类业务中仍然存在着大量的或有风险，一旦操作不当就会给证券类金融机构造成巨大损失。而且随着金融市场尤其是金融衍生品市场的发展，证券公司等金融机构也开始在注重收益性目标的同时加强对风险的控制，尤其是在涉及风险较高的企业股票、债券、金融衍生工具等品种的业务活动中。

9.1.3 保险类金融机构

从经济学理论意义上来看，保险是一种分摊意外事故损失的资金活动安排，即保险公司依据意外事故发生的数理规律以及经济损失的数额，来确定并向众多的投保人收取保险费，并以此来补偿其中少数人遭受的意外事故所造成的经济损失，从而达到投保人将损失风险转嫁给保险公司的目的。因此保险类金融机构的业务具有三方面的基本特征：第一，保险业务具有互助性质的分担损失的职能；第二，参与保险活动的双方依据一定的合同即保险单，并需要缴纳一定的保险费用；第三，保险的目的是为了给意外事故造成的经济损失提供经济补偿。作为一种经济补偿的制度安排，保险活动由可保风险、多个经济单位集合、保险基金、保险合同、保险机构以及数理依据等基本要素构成。其中可保风险是第一要素，对于社会经济活动中的各种风险而言，并非都可以通过保险活动来转嫁，可保风险特指那些不具有投机性，即只会带来损失的而不存在任何获益的可能的风险，这种可保风险还必须具有偶然性、不可预知性和一定的数理规律性，否则保险公司很难进行风险转嫁。多个经济单位集合是指可保风险涉及众多具有相同风险偏好的经济个体，并由此通过互助机制来形成合力以分担可保风险。保险基金就是这种合力的具体表现，是所有投保人依据保险合同所缴纳的保险费的总和，风险转嫁、风险补偿和损失分摊就是建立在保险基金这一物质基础之上的。保险合同是约定投保人和保险公司之间权利和义务的经济协议，投保人依此缴纳保险费从而获得损失补偿的权利，而保险公司通过收取保险费并进行进一步的投资运作，进而承担风险补偿的义务。保险机制的顺利运行是建立在科学、精确的数理计算或保险精算的基础上的，并以此确定保险费用的收取、保险收入的投资、保险金额的赔付等内容。

除了为社会经济运行提供风险转嫁、风险补偿和损失分摊等职能之外，保险类金融机构还具有投资和防灾减损的职能。保险公司通过收取保险费积累了巨额的保险基金，既可以用于赔付投保人的经济损失，同时也可以将部分闲置的保险基金用于金融市场上的贷款和直接证券投资。保险类金融机构在日常业务经营活动中积累了大量的灾害意外事故的预防和处置的经验，在风险和灾害预防及应对方面具有专业化的比较优势，其业务运营的企业目标就是降低意外事故的发生，减少经济损失的赔付，这样从保险类金融机构的自身利益出发，可以很好地履行防灾防损的社会职责。

保险类金融机构根据其保障的对象一般可以划分为人寿保险公司、财产与意外保险公司等两大类。其中的人寿保险公司所发售的人寿保险单或年金保险单，其实质类似于一种特殊形式的长期储蓄存款，即由投保人每年向保险公司缴纳保险费，如果在保险单承保期间出现意外死亡等情况，保险单受益人便可以获得保险公司的赔偿，或者是由投保人本人在保险单期满后提取本金和利息。财产与意外保险公司承保的对象是投保人的财产，是以意外事故造成的财产损失作为保险标的。保险公司的保费收入，一般用于政府债券、企业证券、贷款等类型的长期投资。随着存款式基金的发展，人寿保险公司受到了严峻的挑战，更具流动性的养老基金、投资基金存款式金融机构等不但能够给投资者提供更高和更稳定的收益，还能够提供开列支票等便利，在税收方面还能够享受到一定的优惠，因此，一经推出便极受市场欢迎，在20世纪80年代末期便在资产规模上超越了传统人寿保险公司等保险类金融机构。

9.2 金融混业与金融分业的历史渊源

9.2.1 金融分业经营的由来

从全球金融业务发展的轨迹来看，几乎所有的金融机构最初从事的都是传统的、纯粹的银行业务，即吸收存款、发放贷款、办理资金支付结算以及汇兑等类型的业务。这与当时金融业务并不发达，资金融通的需求并不复杂和多样，银行生存环境较为宽松等内外部因素有一定的关系。其实最初的证券类业务尤其是证券承销业务主要由银行承担，但其业务量占比较低。从20世纪20年代开始，非银行金融机构，尤其是证券、保险类金融机构的大量涌现，导致银行业面临的金融竞争明显加强。银行类金融机构发行的融资凭证在金融市场上的可接受程度逐渐受到企业发行的股票和债券的冲击，银行业务的利润和市场份额迅速下滑。面对来势汹汹的直接证券所带来的丰厚收益，证券承销、代理交易以及自营买卖等业务迅速吸引了银行等传统存款式金融机构更多地参与其中。银行参与证券业务主要包括两大主要模式，一是通过银行内部自设的证券事务部门所掌控的信托基金来参与股票和债券的买卖，二是通过建立由银行控股的业务独立的子公司来进行证券承销、代理交易和自营买卖。这种早期的混业经营模式的主要优势在于证券类金融机构自身发育尚不成熟，而银行却能够充分利用现有分支机构和装备设施来开展新业务，既有利于降低新老业务的综合成本，也有利于通过多样化的经营拓展新的获利渠道。总的来看，此时西方发达国家的金融业尤其是美国的银行业和证券业实际上处于一种自由的、自发的混业经营状态，出现了大量的低层次的初级阶段的银行业务和证券业务的交叉。

1929~1933年在美国爆发的经济大危机给全球造成了剧烈的社会震荡，也为全球经济金融运行带来了深远的影响。起始于美国的这场经济危机，虽然源于资本主义社会的本质矛盾，但却引发了银行业与证券业之间的矛盾，股票价格的暴跌导致银行连锁式的破产倒闭，社会公众多年积攒的财富随着银行存款的消失而在一夜之间化为乌有，美国金融体系几乎全面崩溃，民众也开始对美国联邦储备体系和银行系统的安全性和有效性产生怀疑。为了挽救金融产业尤其是银行业，美国理论界和实务界都开始深入思考金融业发展和演变中存在的种种问题，并据此提出走出危机的思路和措施，其中就包括金融分业经营的举措。20世纪30年代的大危机让美国人普遍认识到银行从事高风险的证券投资和经纪业务是不妥当的，这是导致股市崩盘、引发众多金融机构倒闭和金融混乱的最重要原因，认为银行滥用了法律赋予它们的权力在市场上进行投机，银行在进行证券发行承销和买卖交易中的不道德行为和证券市场的风险是导致经济危机和金融体系崩溃的元凶。因此，社会各界一致要求在银行与证券之间建立严格的分业经营界限，以防止危机的再次出现。

1933年美国国会通过了《格拉斯-斯蒂格尔法案》，该法案要求商业银行不得从事代理证券发行、证券包销或分销、证券经纪等业务，而投资银行不得办理支票存款、存单存款和贷款等业务，也就是确定了将银行业务与证券业务分别交由存款式金融机构和证券类金融机构分别经营的原则，标志着美国金融分业经营体制的正式确立。此后，美国又相继颁布了《1934 年证券交易法》、《投资公司法》等一系列法案，加强了对银行业和证券业分业经营的管制，完善了金融分业经营的制度框架。

在经济大萧条之后，许多大型银行也因为证券业务量的急剧下降逐渐丧失了对经营证券类业务的兴趣，而中小型银行又因为对自身生存状况的担忧而对高风险的证券类业务敬而远之。对于政府以及金融监管部门而言，由于金融危机导致的外部社会成本太大，因此加强监管也符合政府当局的利益，并且分业经营所导致的分业监管模式更能够提高金融监管的专业化和效率。《1933 年银行法案》等一系列法案的出台顺应了金融业发展的趋势，从此金融业自然出现的混业经营模式结束了，分业经营成为金融业运作的时代主流，并持续了大半个世纪。

【小知识】《格拉斯－斯蒂格尔法案》的来历及废除

《格拉斯－斯蒂格尔法案》（Glass－Steagall Act），也被称为《1933 年银行法案》，这是在 1930 年大危机后美国立法，将投资银行业务和商业银行业务严格地划分开，保证商业银行避免证券业的风险。该法案禁止银行包销和经营公司证券，只能购买由美联储批准的债券。该法案令美国金融业形成了银行、证券分业经营的模式，允许商业银行以信托的名义代客买卖公司股票。商业银行普遍设立信托部，通过信托部和银行控股的方式，参与大公司的人事和资本，大量进入非银行金融业务。

随着时间的推移，《格拉斯－斯蒂格尔法案》形成的分业格局使得商业银行利润下滑。随着美国金融业的发展和扩张，1933 年的《格拉斯－斯蒂格尔法案》已经成为障碍。商业银行不满足于低利润的银行零售业，开始向投资银行渗透，很多商业银行都有变相的投资银行部门。自 20 世纪 80 年代起，《格拉斯－斯蒂格尔法案》遭到很多商业银行的反对。1988 年第一次尝试废除《格拉斯－斯蒂格尔法案》，未成功。1991 年，布什政府经过研究，推出了“监管改革绿皮书”（Green Book）。

1998 年，以花旗银行和旅行者集团合并为标志，《格拉斯－斯蒂格尔法案》名存实亡。

1999年，由克林顿政府提交由1991年布什政府推出的“监管改革绿皮书”（Green Book），并经国会通过，形成了《金融服务现代化法案》（Financial Services Modernization Act），也被称为《格雷姆－里奇－比利雷法案》（Gramm－Leach－Bliley Act），废除了1933年制定的《格拉斯－斯蒂格尔法案》有关条款，从法律上消除了银行、证券、保险机构在业务范围上的边界，结束了美国长达66年之久的金融分业经营的历史。其结果是商业银行开始同时大规模从事投资银行的活动，如花旗集团（Citigroup）和摩根大通（JP Morgan）。

废除《格拉斯－斯蒂格尔法案》后，商业银行能够从事全能银行的业务。在美国，金融企业的利润占全部上市公司利润的份额从20年前的5%上升至40%。金融扩张的幅度明显大于其所服务的实体经济，而且随着监管的“绊脚石”被移走，越来越多的商业银行加入到衍生品的“盛宴”当中，从而使隐患一步步扩大。这种放松管制的爆发性增长是不可持续的，一旦房地产泡沫破裂，多重委托代理关系的链条便从根本上断裂了，危机便不可避免地发生了。

9.2.2 金融分业与金融混业的比较

金融分业主要指的是将银行业务、证券业务或其他具有投资性质的金融业务相分离的经营体制，美国的《格拉斯－斯蒂格尔法案》是这一制度形成的主要标志，其中就明确规定了金融分业的原则及条款。例如，联邦储备体系的会员银行有权根据客户的指令从事证券经纪业务，但不能从事证券自营买卖和发行承销；禁止存款式金融机构与证券类金融机构建立联属关系或交叉董事关系；禁止证券类金融机构从事存贷款业务等等。

金融混业通常是指银行类业务、证券类业务或其他投资性金融业务在一定程度上和范围内相互融合的经营体制，既可以表现为全面融合，又可以表现为部分融合，既有在同一机构中从事的混业经营，也有在不同机构中通过控股集团、连锁经营等方式实现的混业经营。1999年美国《金融服务现代化法案》中将金融混业经营定义为“银行、证券公司和保险公司之间的联合经营”，即允许合格的银行控股公司或者是在美联储注册的国民银行的子公司从事证券和保险业务，允许银行、证券公司和保险公司之间以设立金融控股公司的形式进行业务上的相互渗透，进行联合经营，同时有条件地鼓励保险公司涉足传统银行业务活动。

金融分业经营与金融混业经营各有利弊，并没有绝对的安全性和效率性上的优劣之分。综合来看，金融分业经营体制具有专业化强、利益冲突小等优点，各种类型金融机构经过专业化分工，在各自的业务领域内可以集中体现资金、人力资源、经营经验等方面的相对优势，提高金融产品的质量和服务的效率，不但可以巩固和增加各自细分市场上的市场份额，更能够实现规模经济效益。此外，各种类型的金融机构分业经营，互不交叉，可以避免它们陷入过度竞争或是垄断的局面，维护广大金融业务客户的利益。但是金融机构分业经营中可能由于过度专注于单一业务，反而可能导致风险过于集中，对外部风险因素的波动过于敏感，而且不能实现金融信息数据的共享，很难实现范围经济效应。

一般来看，金融混业经营可以通过分散风险、多元化经营、多样化服务实现规模经济效应和范围经济效应。采用金融混业经营模式的金融机构，由于金融业务之间的同质性，使得相关的金融资源可以在各分支机构以及不同的业务部门之间实现共享，从而降低金融业务经营中的单位成本，提高经营效益。而且金融机构通过多元化经营涉足不同的业务领域，可以根据各金融业务特定的波动周期进行优化组合，在不同风险之间实现相互对冲，各种类型的业务部门或分支机构之间的意外损失与非预期收益相互抵消，从而稳定整体经营绩效。此外，金融混业经营所导致的经营多元化和产品服务多样化，给金融机构的经营管理带来了更多的灵活性和便利性，使之不但能够在内外部经营要素发生变化时灵活地调整，更能够为客户提供更加全面、优质、低价的金融产品和服务，在金融竞争中立于不败之地。但是金融混业经营的劣势也是显而易见的，如在每个相对独立的业务领域中需要占用更多的人力、财力、物力以及信息资源，各业务之间交叉混合，管理协调的难度加大，对于资源配置、未来规划以及管理协调能力提出了更高的要求。而且金融混业经营由于业务交叉混合以及内部控制和外部监管的难度较大，更容易引发道德风险和逆向选择，也更容易导致在整个金融体系内部出现风险传递，甚至出现类似于20世纪30年代以及2008年金融危机扩散蔓延的状况。

总的来看，虽然金融分业经营与金融混业经营各有利弊，都有着大量成功案例和失败教训，但结合信息时代特征以及现代信息技术发展趋势来看，金融混业经营是比较符合金融产品服务需求未来发展需要的，现代信息技术手段也为金融混业经营提供了更先进、更丰富的风险经营、信息共享、管理协调的条件，为提高金融机构乃至金融体系的稳定性奠定了基础。同时，金融混业经营在同一金融机构内部实现了资源的共享和充分利用，有利于降低经营成本，在维系金融安全的基础上更加彰显出金融对现代经济的推动作用（见表9-2）。

表 9-2 混业经营和分业经营优劣比较

	混业经营	分业经营
优点	1. 全能银行同时从事商业银行业务和证券业务，可以使两种业务相互促进，相互支持，做到优势互补。 2. 混业经营有利于降低银行自身的风险。 3. 混业经营使全能银行充分掌握企业经营状况，降低贷款和证券承销的风险。 4. 实行混业经营，任何一家银行都可以兼营商业银行与证券公司业务，这样便加强了银行业的竞争，有利于优胜劣汰，提高效益，促进社会总效用的上升。	1. 有利于培养两种业务的专业技术和专业管理水平。 2. 分业经营为两种业务发展创造了一个稳定而封闭的环境，避免了竞争摩擦和合业经营可能出现的综合性银行集团内的竞争和内部协调困难问题。 3. 分业经营有利于保证商业银行自身及客户的安全，阻止商业银行将过多的资金用在高风险的活动上。 4. 分业经营有利于抑制金融危机的产生，为国家和世界经济的稳定发展创造了条件。
缺点	1. 容易形成金融市场的垄断，产生不公平竞争。 2. 过大的综合性银行集团会产生集团内部竞争和内部协调困难的问题，可能会导致新的更大的金融风险。	1. 以法律形式所构造的两种业务相分离的运行系统，使得两类业务难以开展必要的业务竞争，具有明显的竞争抑制性。 2. 分业经营使商业银行和证券公司缺乏优势互补。 3. 分业经营不利于银行进行公平的国际竞争，尤其是面对规模宏大，业务齐全的欧洲大型全能银行，单一型商业银行很难在国际竞争中占据有利地位。

9.2.3 金融控股公司

现代金融混业经营主要采用金融控股公司的组织形式，根据 1999 年 2 月三大国际性金融监管合作组织——巴塞尔银行监管委员会、国际证监会组织、国际保险监管协会联合发布的“对金融控股公司的监管原则”中的定义，金融控股公司是“在同一控制权下，所属的受监管实体至少明显地在从事两种以上的银行、证券和保险业务，同时每类业务的资本要求不同”。

作为混业经营典型的金融控股公司，具有传统的单一化经营的金融机构所不具备的特征。首先，金融控股公司作为控股集团企业的核心，内部实行联合经营，控股的集团公司往往并不涉足具体的业务经营，而只是作为一个单纯的投资机构存在。不过在西方金融发达国家仍然存在由传统的单一化的金融机构发展起来的控股集团公司，如银行控股公司、保险控股公司等，其母公司仍然在经营银行业、保险业等某一项特定的本源性金融业务。其次，金融控股公司下设的各具体业务的经营机构均为独立法人，这样既有利于抑制金融风险在不同行业中跨越和蔓延，也可以对金融活动中的关联交易、内幕交易等行为进行有效的遏制。最后，根据国际会计准则的要求，控股集团公司对控股比例超过51%的子公司，在进行会计核算时要采用合并会计报表的处理方式，以防止企业资本金和利润额的重复计算，并避免由此导致的过度使用财务杠杆而带来的财务风险。同时由于各子公司具有独立的法人地位，因此各子公司之间、子公司与控股集团公司之间都是各司其职，各负所责，盈亏自担，这样也就不容易出现局部拖垮整体的恶性循环。

基于以上特征，金融控股公司在金融混业经营中具有较为明显的相对比较优势。第一，金融控股公司通过控股集团公司作为资本运营的平台，通过兼并收购以及设立新的子公司，更有利于实现金融业务的拓展以及全能型金融服务平台的构建。第二，即便是在金融分业的监管体制下，通过金融控股公司也能够实现宏观层面要求的分业监管和微观主体追求的混业经营的双重目标。第三，金融控股公司内部经营不同金融业务的金融机构之间，可以在集团公司内部充分实现资源共享，带来整体的规模经济效应和范围经济效应。例如，通过银行的经营网点来经销证券类和保险类的金融产品和服务，既可以节约新设分支机构所需的人力、物力、财力等方面的成本，也可以提高原有客户的忠诚度和满意度。第四，在控股集团公司旗下的经营银行类、证券类和保险类业务的子公司各司其职，独立运作，但在业务拓展中却又可以加强横向联合，基于传统金融要素重新组合的金融创新在金融控股公司中层出不穷，例如，20 世纪末在现代信息技术手段的辅助下推出的金融超市、一站式服务、网络金融等金融创新都是首先出现在金融控股公司。第五，金融控股公司一般不干涉各子公司的日常经营管理，而且各子公司依据其业务特征被置于不同的监管领域中，各子公司也在其各自的业务范围内各司其职、自负盈亏，因此，总的来看，不论是内部经营管理还是外部监管都更具透明度，业务经营的风险也更低，风险暴露所带来的损失的危害范围也较为有限。

【小知识】世界上最大的金融服务集团——花旗集团简介

花旗集团是当今世界资产规模最大、利润最多、全球连锁性最高、业务门类最齐全的金融服务集团。它是由花旗公司与旅行者集团于 1998 年合并而成、并于同期换牌上市的。换牌上市后，花旗集团运用增发新股集资于股市收购或定向股权置换等方式进行大规模股权运作与扩张，并对收购的企业进行花旗式战略输出和全球化业务整合，成为美国第一家集商业银行、投资银行、保险、共同基金、证券交易等诸多金融服务业务于一身的金融集团。合并后的花旗集团总资产达7 000亿美元，净收入为500亿美元，在100个国家有2亿多位客户，拥有6 000万张信用卡的消费客户（见图9－2）。

【图9－2】 花旗集团标志

花旗集团的历史可追溯到当时数家从事金融服务业的机构。首先是1812年于美国成立的纽约城市银行，它是贸易融资的先驱。其次是1873年Charles D. Barney在费城成立的证券经纪公司，以及1892年Edward B. Smith在费城成立的证券公司。1910年，花旗的另一前身——所罗门作为一家工业债券交易商在纽约成立，后来发展成业内领先的债券交易所。1998年，花旗银行集团与旅行者集团以700亿美元合并。在花旗红雨伞商标下也聚集了众多品牌，包括花旗银行、旅行者、美邦、Citi Financial（前身为：商业信贷）和Primerica。这些经久不衰的品牌互相整合，使集团能够提供全方位的银行服务，从个人银行服务到企业和投资银行服务、保险、证券经纪、私人银行和资产管理等。

花旗集团目前是全球公认的最成功的金融服务集团之一，不仅是因其在全球金融服务业盈利与成长速度最高的企业中连续占据领先地位，更由于它是世界上全球化程度最高的金融服务连锁公司。花旗集团为100多个国家2亿多位顾客服务，每位客户到任何一个花旗集团的营业点都可得到储蓄、信贷、证券、保险、信托、基金、财务咨询、资产管理等全能式的金融服务，平均每位客户的产品数在全球同行企业中排名第一，因此，花旗集团的客户关系服务网络是花旗不可估量的一种资源，桑迪·维尔就曾骄傲地说过："这个网络是我们唯一拥有的真正有竞争力的优势，不管你到世界任何一个地方，你都可能找到一家花旗银行的机构可以为你服务。"

花旗集团在中国的历史可追溯至1902年5月，是首家在中国开业的美国银行。如今，花旗银行已是中国顶尖外资银行，为客户提供最广泛的金融产品。目前，花旗银行分别在北京、上海、广州、深圳和天津设立企业与投资银行分行；在上海和北京设立个人银行营业网点；在厦门和成都设有代表处；中国区总部设在上海。作为花旗集团在全球100多个国家网络的一部分，花旗银行是中国最具全球性的外资银行。花旗银行在中国主要为跨国公司、合资企业、本地企业和个人提供广泛、多样的金融服务。花旗银行通过不断创新，始终站在行业发展的前沿。2005年，花旗集团国际投资有限公司负责在中国的投资业务推广。

但是，由于金融控股公司的业务涉及面更加广泛，金融创新活动更加活跃，因此在经营管理中也潜藏着许多新型的金融风险。例如，金融控股公司面临的系统性风险的危害更大，这是由于其涉及面广所造成的，导致各子公司之间无论如何加强内部风险管理、如何进行风险分散或风险转嫁，对于整个控股集团公司而言，也无法完全摆脱外部风险因素带来的影响，它所涉及的金融风险因素涉及整个社会经济金融活动的绝大部分甚至是所有的领域，因此，不可避免地暴露在风险中；此外，控股集团公司与产业周期结合得更为紧密，导致经济波动更容易通过金融活动进行传播和放大。又如，金融控股公司中的各子公司之间进行的关联交易，要么有可能导致对于控股集团公司外部投资者而言的不正当的内幕交易，要么就是在集团内部出现利益冲突，也就是说，既有可能出现损害市场公平原则的风险，也有可能出现整体利益的风险。再如，金融控股公司中的各子公司，如果没有达到合并会计报表的控股比例，则极有可能在控股集团公司和子公司各自的会计报表中出现资产负债等会计信息数据的重复计算，有可能掩盖财务杠杆偏高等财务风险（见图9－3）。

9.3 信息时代的金融混业经营趋势

9.3.1 信息时代金融业发展的新趋势

尽管美国的《1933年银行法案》确立了金融分业经营的体制，但银行的经营范围仍较为宽泛，从银行业务中分离出去的只是风险较大的企业证券的发

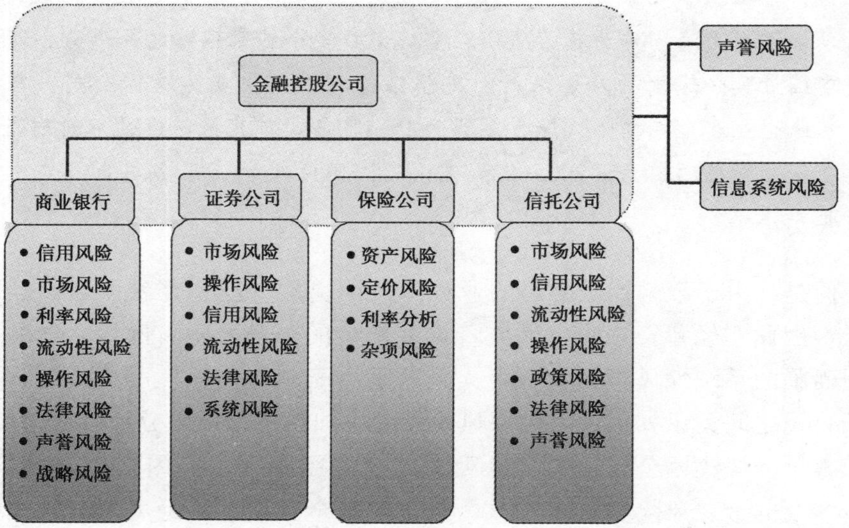

【图 9－3】 金融控股公司面临的风险类型

行和交易以及直接股权投资等内容，对于政府债券以及信用等级较高的企业债券的发行和交易并没有过多的限制。因此，美国的分业经营虽然给全世界金融体系树立了一个样板，但其本身并不严格。

20 世纪 70 年代，随着全球经济形势的持续向好，各国经济运行已经完全摆脱了 20 世纪 30 年代经济大危机的阴影，金融市场和直接融资活动日趋活跃，银行又开始明显地感受到了来自其他非银行金融机构的外部竞争压力。在现代信息技术的辅助下，证券公司、基金公司、保险公司等开始通过现金管理账户、货币市场互助基金等金融创新形式逐渐侵蚀着银行的传统业务领域。在金融市场活动中，银行的市场份额持续下降，而证券类金融机构的市场份额却越来越大，甚至大有赶超银行的势头，银行业一度被认为是进入了产业生命周期末端的“夕阳行业”。面对激烈而严峻的外部竞争形势，银行也开始迈出了通过并购或者是成立控股公司向证券等其他类型的金融业务拓展的步伐。1999 年美国国会通过《金融服务现代化法案》，放开了对金融分业经营的管制，金融机构重新回归了金融混业经营模式中。

【小知识】《金融服务现代化法案》简介①

1999年11月4日，是美国金融史上也是国际金融史上的一个重要日子。经过20多年的争论，美国国会参众两院最终分别以90票对8票和362票对57票的表决结果通过了以金融混业经营为核心的《金融服务现代化法案》[又被称为《格朗-利奇金融服务现代化法案》（Gramm-Leach Financial Services Modernization Act）]，克林顿总统在11月12日正式签署了这一法案，使之成为新世纪到来之前美国最重要的金融法律。这一法案是20世纪末金融自由化的重大事件。从此，以1933年经济大萧条时期制定的《格拉斯-斯蒂格尔法案》为基础的美国金融体系将发生革命性变化，商业银行、证券公司和保险公司跨界经营变成普遍现实，以提供全方位服务和金融百货为特征的金融超市将得到迅速发展。

美国政府和社会各方面普遍对《金融服务现代化法案》给予积极评价，这一法案将促进美国金融市场发展和金融效率的提高，同时将给美国消费者带来巨大的实际利益。

克林顿称，这是一项具有里程碑意义的金融法案，该法案有助于促进金融业的竞争，加速金融服务系统的现代化，提高美国金融业在国际上的竞争力，推动美国金融业迈入一个崭新的时代，使美国和平时期最长的经济增长持续到21世纪。

美国财政部长萨默斯认为，这一法案将奠定21世纪美国金融体系的基础。美国银行家协会认为，这一历史性的金融法案将为消费者提供更多的选择、更富有创新的产品和更有竞争性的价格，同时，使现代金融服务成为现实。现代金融服务意味着购买金融产品就像在商品超市选购鲜花、药品、贺卡和食品一样方便，消费者可以按竞争性价格获得人寿保险、抵押贷款和投资服务等一系列金融产品。

《金融服务现代化法案》自开始起草就得到美国社会和国际金融界的高度关注。它的通过和实施，不仅对美国金融和经济发展，而且对全球金融体系演变和国际金融发展产生持续的重大影响。全面认识和评价这一法案，有助于及时了解美国金融体系的新变化，而且有助于把握这一金融自由化的重大举措对

① 资料来源：姚勇："评美国《金融服务现代化法案》"，北京大学论文，2000年9月28日。

全球金融体系和世界经济的影响。

英国也是实行金融分业制度的典型，银行专注于短期资金融通活动，以发放基于商业买卖行为而能够自动清偿的自偿性贷款为主，而且不同类型的银行之间相互分工合作，既分散了短期资金融通活动中的风险，也避免了因业务雷同而导致的激烈竞争。英国这种明确的金融分业体制具有独特的历史渊源，英国作为老牌工业强国和贸易大国，其企业的自有资金充裕，品牌卓越，市场信誉度良好，金融市场发达，因此，企业无须通过银行进行长期资金的融通。但从20世纪80年代中期开始，在现代信息技术发展和社会金融需求演变的共同推动下，英国金融业传统的专业分工界限逐渐被突破，出现了金融混业经营的趋势，尤其是银行开始从事证券类和保险类业务。1986年10月，伦敦证券交易所进行了大规模改革，取消了证券经纪商和自营商分列经营的限制，允许银行以全资购买交易所会员公司的方式进入证券业领域。20世纪90年代，英国银行迅速进入保险类零售业务领域，纷纷成立了作为自己分支机构的保险公司，不但从事传统的保险产品的代理销售，而且还自己研发保险产品。

欧洲大陆的德国的全能型混业经营的银行模式也是金融混业经营体制的典型代表，这种全能混业的银行不仅经营存、贷、汇等传统银行业务，同时也将证券类、保险类以及金融衍生类业务包容其中，甚至还可以直接持有非金融企业的股权。德国的全能银行模式之所以能够获得成功，一方面得益于德国政府在资本主义制度确立初期制定的以宽松和扶持为主的经济赶超计划，另一方面也是在金融市场尚不发达时的无奈之举。这比较类似于日本财阀控股型的混业经营的金融体制。德国的全能银行制度既保障了企业各种类型的资金需求，也使得企业运营始终处于银行监管控制之下，从而让银行与企业都能够更加安全高效地发展。当然，德国全能银行制度也存在着诸如忽视资本市场发展、金融体系过于松散、证券类业务竞争力较弱等缺陷，但在信息时代，德国银行业通过在全球范围内的并购重组，加大证券类业务的投入力度，从地理区域和业务范围上进行金融业务拓展，大力发展诸如网络金融之类的新型金融业务。德国银行业正在朝着银行、证券、保险等业务共同发展的真正的全能银行的目标稳步迈进。

【小知识】德意志银行领先全能银行

人们通常把德意志银行看成一家商业银行。事实上，德意志银行最早创立时不是真正的商业银行，而是一家投资银行性质的机构。当时德国的工业家们必须到伦敦去融资，看够了英国银行家的脸色，于是提出要创立自己的银行。因此，诞生于1870年的德意志银行成立的初衷不是面向储户和消费者，而是把致力于为工商企业提供融资服务、配合当时德国经济的发展、推进海外贸易作为首要目标也就毫不令人奇怪了。它提供的实际上是不折不扣的投资银行服务，工业巨头西门子就是它最初的三个管理董事会成员之一，而其资本开始也主要是由政府提供的，后来才逐步扩大到私募。实际上，德意志银行也是历史上最早的投资银行之一。

两次世界大战，尤其是第二次世界大战后，德意志银行的商业银行色彩越来越浓，开始大规模吸收存款，同时向企业提供传统的商业贷款。尽管如此，投资银行的文化传统和实际经营活动在德意志银行一直没有中断过；因为德国金融界走的一直是“全能银行”的路子，不像美国那样信奉的是分业经营的哲学。至今，德意志银行仍然对自己在19世纪30年代帮助戴姆勒-奔驰公司起死回生的经营手笔津津乐道。当时，作为这家濒临垮台的汽车公司的主要债权人，德意志银行把对该公司的一笔债权转为了股权，然后严格控制其经营行为，并给它提供后续融资，终于使它东山再起。这笔业务实际上就是投资银行业务，也是迄今为止德意志银行所做的最好的一单生意，因为戴姆勒-奔驰公司的股票今天已经成为德意志银行最好的一笔资产了。而在当时，坚持这样做的两位董事会成员差点就被开除了。

20世纪80年代中晚期，德意志银行又开始了新一轮业务方向的调整。这主要是由于两个因素促成的。一是德意志银行认识到，银行业务越来越复杂，客户对投资银行业务的需求越来越强烈，传统的商业银行业务已经不敷使用了。二是银子的问题。德意志银行的资产规模在国际银行界数一数二，而收益率却长期徘徊在2%~3%的水平，与同期其他大银行20%~30%、甚至40%的收益率一比较，自然让股东感到很不舒服。

作为这种战略的第一步，德意志银行在20世纪90年代初期收购了著名的英国投资银行——摩根建富，使自己在投资银行的诸多业务领域由原来的中等水平迅速跻身业界前列。

9.3.2 现代信息技术与金融混业经营

20世纪以电子计算机、远程通讯、互联网络等为主的现代信息技术的发展和普及应用，使传统的金融分业经营模式受到了严峻的挑战，信息时代、网络经济的兴起，使得传统金融业所采用的手工操作、经验管理、分业经营的模式很难适应社会经济运行的需要。现代信息技术在金融业中的推广普及首先是从电子计算机的单机应用开始的，主要作为会计记账、转账结算等业务以及内部信息资源管理等的辅助手段，帮助以银行为主的金融机构减轻人力资源的负担，改进工作流程，提高经营管理的效率。从20世纪60年代末开始，随着现代信息技术的飞速发展和推广普及，金融机构从单机应用逐渐过渡到了联机应用阶段，首先是从以银行为主的金融机构内部着手，在总行与分支机构以及营业网点之间发展通存通兑、电子转账等联机业务系统，加强内部的部门协作和纵向管理。20世纪70年代，西方发达国家利用电子计算机内部联网系统开发出在本国范围内不同银行之间的跨行资金交易系统，银行与银行之间实现了通存通兑、电子转账等业务活动。到20世纪80年代，西方发达国家的金融交易日趋活跃，银行与其他金融机构之间的资金往来也日渐增多，于是金融信息数据的网络传输平台以及电子转账系统也逐渐建立和完善起来，不但在金融行业中实现了信息数据共享，节约了资金交易的成本，也大幅提高了票据处理、货币收付和资金管理的效率和质量。尤其是到了20世纪80年代后期，西方金融体系中的电子化、自助化、智能化成为主流。随着电子货币、信用卡等现代信息技术与金融业务相结合的银行产品和服务的普及，银行又陆续推出了自动柜员机、销售点终端系统、在线服务银行、电话银行、网络银行、手机银行等电子化、网络化的金融业务模式。到了21世纪，随着数据处理等现代信息技术的进一步发展，金融业的运行模式出现了质的转变，由于信息数据资源摆脱了客户终端的软硬件限制，独立地在银行等金融机构的服务器、工作站的数据库、信息中心进行存储、传输和处理，使得金融机构所能从事的业务范围更加具有积极性、开放性和灵活性，各种传统金融业务的经营成本、管理成本和交易成本也更加低廉，规模经济和范围经济的比较优势逐渐改变了传统的分业经营方式、营销渠道和服务理念。

诸如互联网络等现代信息技术在金融业务领域的广泛运用，不但提高了各种类型金融机构的业务拓展能力，能够提供更多更好的金融产品和服务，而且提高和改善了它们的营销能力和营销渠道，突破了业务经营的时间和空间障碍。无论何种类型的客户，只需要装备上电子计算机等终端以及接入互联网络，将个人账户的数据信息与金融机构的系统数据进行集成化之后，就可以在任何时间、任何地点通过任意金融机构享受到存贷款、转账支付、证券买卖、保险投资等金融产品和服务。与传统金融业务相比，信息时代的金融客户很容易突破在时间、地域和业务类型等方面的限制，ATM、POS、自动支付系统等现代信息技术的应用使得金融活动更加便利和快捷，自动化和智能化程度大为提高，综合化的金融产品和服务为客户提供了更高的经济附加值。

从经济学理论的分析视角来看，利用现代信息技术手段有助于改善金融活动中的透明度，为信息不对称问题的解决提供有效的工具。在金融活动中的资金盈余单位和资金赤字单位利用互联网络的共享机制和丰富的信息资源，都可以用较低的成本来获取有关金融产品和服务的信息数据，更好地了解金融市场状况。由于现代信息技术的普及应用，各种类型的金融机构逐渐实现了劳动密集型向资本密集型和技术密集型的转变，通过与国际互联网络、社会公众网络以及各种类型的专业信息数据库网络进行联接，利用电子计算机等终端设备进行市场调研、产品营销、客户信息处理以及风险管理等，降低了金融机构的运营成本和金融活动的交易成本，提高了社会整体效益。从金融业务未来发展的视角来看，现代信息技术发展和普及应用提高了金融信息传递和处理的速度，降低了金融交易成本，拓展了金融产品和服务的应用范围，提高了金融业整体的技术含量和效率。依靠现代信息技术提供的终端设备和互联网络系统，金融机构的跨行业经营和跨国界经营具有了可能性和现实性，为金融混业经营创造了有利的技术条件。

9.3.3 中国金融经营体制的变迁

在传统的计划经济时代，中国金融业实行“大一统”的经营体制，全国只有一种金融机构，即银行；银行也只有一家，即中国人民银行；而且金融业务品种单一，除了人民币发行、黄金外汇买卖、家庭个人储蓄、工商企业信贷等中国人民银行集于一身的金融业务之外，其他诸如保险类业务等仅仅涉及海外市场，而证券类业务更是作为资本主义制度的产物而被取缔。

始于20世纪70年代末80年代初的金融体制改革在传统银行和新型银行中实行了区别对待，即国有银行的专业化（即银行业务内部的分业化）和股份制银行的混业化。1979～1984年，中国农业银行、中国银行、中国建设银行和中国工商银行相继成立（或从中国人民银行中独立出来），而相应地针对农村金融、外贸金融、基建金融和工商金融等四大领域的金融活动也就此分开，形成了四大国有专业银行的金融格局。但在此后建立的新型股份制银行，出于鼓励探索和国际接轨等因素的考虑，基本采取了混业经营的思路，这不仅是在传统银行业务内部的混业化，而且也是银行业务与非银行业务之间的混业经营。例如，交通银行和中信实业银行在1986年组建之初所核定的业务范围就十分广泛，既包括存贷汇等传统的本外币银行业务，又包括保险类、证券类、金融租赁和信托投资等非银行类业务。而于1979年成立的中国国际信托投资公司作为首家非银行金融企业，下设租赁公司、中信实业银行等金融业务类子公司，实行工贸结合和技贸结合，利用外资从事生产、技术、金融、贸易和经济技术服务，其经营范围已经超出了一般金融业务领域，包括国内外投资、国内外贸易、海外工程承包和劳务输出、外汇业务、国际金融和对外担保、租贷、咨询、房地产、旅游、为外商保险、外商委托的其他代理业务、在国外发行债券或代理发行股票等。

到了20世纪80年代末90年代初，随着中国国民经济的发展，国有银行专业分工的界限逐渐被打破，出现了俗称为“工行下乡，农行进城，中行上岸，建行进厂”的银行业内混业经营格局。同时在新型混业经营的股份制银行及其他非银行金融机构示范作用的引导下，四大国有专业银行开始向信托投资、证券、保险、房地产等领域拓展，这又反过来推动了非银行金融机构之间的融合以及向传统银行业务领域的渗透，自此中国金融领域的第一轮大范围的混业经营的探索全面铺开。例如，银行纷纷建立子公司或分支机构开展自己的信托投资以及证券投资类业务，信托投资公司变相经营存款、贷款业务，证券公司介入传统银行的短期融资业务领域，银行、信托公司等金融机构直接参与到实业投资、房地产投资之中，政府机构、企事业单位等非金融部门也纷纷开办信托投资公司以及开展内部集资活动。此时的金融混业经营的探索，有力地推动了中国非银行金融机构及其业务的发展，促进了金融市场的建立和发展，活跃了金融市场，使得中国金融体系更加丰富和完善。但不可否认的是，非银行金融机构和业务发展过于迅猛，金融监管工作难以跟上，导致了金融市场秩序混乱，违法违规现象层出不穷，银行信贷资金大量转移，全国爆发严重的通货膨胀，金融风险在某些地区和行业内严重累积，甚至引发了诸如国债“3·27事件”、“海发行事件”等局部性的危机。

从20世纪90年代初期开始，在探索金融混业经营之路的同时，金融分业经营的研讨也在紧锣密鼓地进行着。在1991年中国人民银行制定的“八五”金融体制改革方案中就提出了分业经营的思路；在1993年年底，国务院发布的《关于金融体制改革的决定》中也明确了保险业、证券业、信托业和银行业之间分业经营的规定；1995年我国相继颁布《中华人民共和国中央银行法》、《中华人民共和国商业银行法》、《中华人民共和国保险法》，1998年我国又颁布了《中华人民共和国证券法》，至此，我国金融体系内的分业经营模式正式成形。按照这一系列相关法律规定，银行不得从事信托投资和股票等证券业务，不得投资于房地产、非银行金融机构和企业；保险公司专营商业保险业务，但不得兼营财产保险和人身保险，保险资金投资限于银行存款、政府债券和金融债券等，不得投资于证券经营机构和企业；证券业与银行业、信托业、保险业之间机构分离，分业经营，分业管理。这种具有中国特色的金融分业经营模式对于扭转20世纪90年代的金融秩序混乱的局面，以及治理通货膨胀，起到了很好的作用。尤其是在面对1998年和2008年两场来势汹汹的金融危机的冲击时，中国的金融分业经营模式在防范金融风险蔓延上功不可没。

【小知识】中国金融业分业经营与混业经营的演化

1995年7月：《中华人民共和国商业银行法》明文规定，商业银行在中华人民共和国境内不得从事信托投资和股票业务，以立法形式确立金融分业制度格局。其后，《中华人民共和国保险法》、《中华人民共和国证券法》相继颁布，与《中华人民共和国商业银行法》共同成为金融分业的法律基础。

1997年6月：央行下发《关于禁止银行资金违规流入股票市场的通知》和《关于各商业银行停止在证券交易所证券回购及现券交易的通知》，国务院批转证券委、中国人民银行、国家经贸委发布的《〈关于严禁国有企业和上市公司炒作股票的规定〉的通知》。此后，银行信贷资金以任何形式进入股票市场都属于违规行为。

1999年7月：《中华人民共和国证券法》规定，禁止银行资金“违规”流入股市，从法律上为银行信贷资金合法进入股票市场提供了依据，但没有指出“合规”进入股票市场的渠道。

1999年8月：央行颁布《证券公司进入银行间同业市场管理规定》和《基金管理公司进入银行间同业市场管理规定》，允许符合条件的券商和基金管理公司进入银行间同业市场，从事同业拆借和债券回购业务。

1999年10月：中国证监会和中国保监会批准，保险公司可以以不超过上半年总资产5%的资产投资证券投资基金、在二级市场买卖已上市的证券投资基金以及在一级市场配售新发行的证券投资基金。

2000年2月：央行与中国证监会联合发布《证券公司股票质押贷款管理办法》，允许符合条件的证券公司以自营股票和证券投资基金作为抵押，向商业银行借款。

2000年10月：《开放式证券投资基金试点办法》开始执行，商业银行可以买卖开放式基金，开放式基金管理公司也可以向商业银行申请短期贷款。

2001年7月：央行发布《商业银行中间业务暂行规定》，首次明确商业银行可以进行代理证券业务，发出放开混业经营的信号。

2003年12月：修改后的《中华人民共和国商业银行法》，以“国家另有规定的除外”的方式，为混业经营预留了法律空间。

2004年6月：《保险资产管理公司管理暂行规定》开始实施，明确了保险资产管理公司与保险公司之间的权利义务关系，以及受托管理保险资金应遵循的基本规则，为保险资产管理公司拓宽业务范围留下余地。

2004年10月：中国保监会和中国证监会联合发布《保险机构投资者股票投资管理暂行办法》，保险资金获准直接入市。

2005年2月：由央行、中国银监会和中国证监会联合制定的《商业银行设立基金管理公司试点管理办法》公布施行，鼓励商业银行采取股权多元化方式设立基金管理公司，标志着商业银行设立基金管理公司正式进入实质性操作阶段。

在2006年3月通过的《中国国民经济和社会发展“十一五”规划纲要》中提出的“稳步推进金融业综合经营试点”，是中国首次在如此高级别的文件中出现“综合经营”的提法，这标志着金融业综合经营在政策上取得重大突破，预示着我国金融业综合经营从试点走向推广，混业经营在我国渐行渐近。

虽然金融分业经营模式取得了巨大的成功，但是时代的发展，尤其是西方金融混业经营体制的推广普及，给中国金融业未来发展带来巨大的压力和挑战。20世纪90年代以来，现代信息技术尤其是信息通讯技术的发展以及在金融业中的推广应用，西方发达国家之间的金融自由化和金融国际化趋势日益显著，银行业务也逐渐向智能化和全能化转变，网络经济不但对金融业务提出了更高的要求，同时也提供了更多的经营手段和利润增长点。国际金融业正在现代信息技术的帮助下，在兼顾安全性和收益性的同时，向着混业经营的途径迈进。中国金融业也开始了新一轮的混业经营的探索，诸如在银行业与证券业的合作创新中，既有银行代理债券的发行和兑付，也有银行利用自己先进的支付清算系统为证券投资者进行账目清算和资金划拨，也有银行作为投资者的资金托管人进行财产保管、投资监督、资金审核和承办资金往来等事项，还有银行以自己的专家身份来充当企业的投融资和并购活动中的财务顾问。为了解决证券公司短期资金余缺问题，允许证券公司进入银行间同业拆借市场；证券公司可以用自营证券作为质押向银行申请抵押贷款；证券公司可以发行债券进行融资。保险公司开办了具有保险保障和投资分红双重功能的“投资连结险”品种；保险资金允许通过证券投资基金间接进入股票市场，某些具备条件的保险公司可以直接在证券市场上进行投资；保险产品通过银行分支机构和网点进行推广和销售。尤其是在21世纪之后，中国也出现了大量的金融控股公司，如以经营银行、证券、保险、投资管理等金融业务为主的中国光大集团（包括光大银行、光大证券、光大期货、光大永明人寿保险、光大保德信基金管理、中国光大投资管理等金融类子公司）、中国中信集团（包括中信信托投资、中信控股、中信银行、中信嘉华银行、中信国际金融控股、信诚人寿保险、中信证券等金融类子公司）、中国平安保险集团［包括平安人寿、平安产险、平安养老保险、平安资产管理、平安健康保险，平安保险海外（控股）、平安信托、平安银行等金融类子公司，其中平安信托下有控股平安证券，平安海外下有控股平安保险（香港）和平安资产管理（香港）］等。

【小知识】中国中信集团公司简介

中国中信集团公司（原中国国际信托投资公司）（以下简称“中信集团”）是中国改革开放的总设计师邓小平亲自倡导和批准，由前国家副主席荣毅仁于1979年10月4日创办的（见图9－4和图9－5）。2010年12月22日，中信集团以63亿元人民币的报价竞得北京商务中心区（CBD）核心地块，这个价格刷新了北京单幅地块出让价格的新记录。

【图9－4】 中信集团标志

【图9－5】 中信集团创始人荣毅仁

中信集团成立初期曾被邓小平同志赞誉为是中国对外开放的一个窗口。中信集团按照国家的法律法规和方针政策，坚持开拓创新，通过吸收和运用外资，引进先进技术，采用国际上先进、科学的经营方式和管理方法，遵循市场经济规律，在诸多业务领域中进行了卓有成效的探索，取得了较好的经济效益，在国内外树立了良好的信誉，为国家的改革开放事业做出了重大贡献。

中信集团现已成为具有较大规模的国际化大型跨国企业集团。中信集团目前拥有44家子公司（银行），其中包括设在我国香港、美国、加拿大、澳大利亚等地的子公司；在东京、纽约设立了代表处。中信集团的业务主要集中在金融、实业和其他服务业领域。在中信集团成立5周年时，邓小平同志题词："勇于创新 多做贡献"；成立20周年时，中共中央总书记、国家主席江泽民题词："开拓创新 勤勉奋发 办好中信"。

发展历史：

创业时期（1979～1984年）。中信集团成立初期，主要通过吸引和利用外资，服务于国内经济建设，发挥对国民经济"拾遗补缺"的作用；同时在管理体制、经营方式和业务领域等方面进行了一系列探索和创新，率先对外发行债券，开辟了多种融资方式，最早开展了融资租赁、海外投资、国际经济咨询等业务，积极开展中外经济技术交流与合作，在许多方面起到了重要的示范作用。

快速发展时期（1985～1988年）。这一时期，中信集团继续开拓创新，利用外资发展投资业务，取得快速发展。为适应业务快速发展的需要，进行了机构改革，将主要业务部门分别独立出来，先后成立了若干个专业子公司、地区子公司和海外子公司，逐步发展成为一个从事生产、技术、金融、贸易、服务等综合性业务的企业集团。荣毅仁董事长制定的"中信风格"，成为中信人的行为准则。

调整时期（1989～1992年）。根据国家对经济工作的总体要求，公司围绕加强管理、压缩投资规模、提高经济效益等方面实施了一系列调整措施，公司业务在调整中继续取得发展。1992年7月，公司制定了十年规划和"八五"计划，确定了"加强管理，提高效益，抓住机遇，积极发展"的基本方针和发展目标。

稳步发展时期（1993年至今）。1993年3月，荣毅仁同志当选为国家副主席，国务院调整中信集团领导班子，魏鸣一同志任董事长，王军同志任总经理。从1993年起，中信集团围绕发展战略、业务重点和经营管理等问题进行了广泛研讨，注重克服重开拓、轻管理的倾向，加强经营管理，强化宏观控制。

10. 信息时代的银行安全

10.1 现代信息技术发展中的安全问题

10.1.1 信息时代的安全问题

现代信息技术的发展，不仅为社会经济运行提供了更多更先进的工具和手段，也改变了人们对安全问题的认识。尤其是当电子计算机和通讯技术在社会经济各部门中普及应用之后，现代信息技术发展所带来的安全问题逐渐受到了重视。最初的信息安全问题被认为仅仅局限在通讯保密领域，解决的思路和方法只是增加访问限制和数字加密。到了 20 世纪末，信息安全问题逐渐扩展到了对信息的完整性、保密性、可用性以及信息系统的可靠性等方面，并开始向信息的真实性和可控性层面进行拓展。20 世纪 90 年代，美国、加拿大和欧洲等国将信息时代的安全问题界定为与信息系统和信息产品的功能、管理、开发、维护、检测、恢复和测评等活动有关的内容，将信息安全问题从传统的信息存储、传输等方面，扩展到了针对电子计算机系统和通讯网络系统中的信息保障层面，包括各种硬件、软件及其互联网络系统中信息数据的安全保护，使之不受偶然的或者恶意的原因而遭到破坏、更改或泄露，确保其连续、可靠、正常地提供信息产品和服务。具体来说，对于现代信息技术的用户而言，如何安全、完整、真实地搜集、传输、存储与个人隐私或商业机密有关的数据信息是最值得关注的，不但要避免非法访问或破坏，而且要防范和避免信息数据被窃取、假冒、篡改等带来的损失；对于现代信息技术及其软硬件的经营者而言，关键的安全问题在于保护和控制用户对本系统信息数据的访问和读写，避免、制止或防范病毒或黑客攻击、非法读写以及网络通讯资源的非法占有或非法控制等。

现代信息技术的发展及其推广应用，带来了资源共享和使用方面的便利性，但也使得信息的存储、共享和传输可能会遭遇非法窃取、篡改或毁坏，对于应用部门尤其是诸如金融、政府或军事等涉及公共安全领域的数据安全更加重要。现代信息技术所涉及的安全威胁来自多个方面，并且随着现代信息技术的发展呈现出不稳定的波动状态，其中既包括自然因素，也包括人为因素。自然因素主要包括各种自然灾害、恶劣的地理环境、外界电磁辐射干扰以及终端设备的自然损耗老旧等等，有时会直接威胁电子计算机等终端设备的安全，影响信息设备的传输、存储和处理等功能。而人为因素则是通过攻击信息技术设备的软硬件系统的要害或弱点，人为地降低或损害信息数据库系统的保密性、完整性、真实性、可控性和可用性等，其中既包括因人工操作失误导致的偶然事故，也包括有目的的恶意侵害，如互联网络黑客攻击、电子计算机病毒攻击等。

10.1.2 硬件终端设备的安全问题

尽管现代信息技术在不断发展完善之中，但各种电子信息软硬件系统都不可避免地存在着安全缺陷，其中有些是可以通过人工努力加以改进或规避的，但也有些是在现代信息技术发展和普及应用中所必须付出的代价。现代信息技术的硬件终端设施受到自然灾害和人为破坏的可能性较大，而硬件终端设备在工作中产生的电磁辐射以及外界的电磁干扰，或者是设备零件长时间的自然损耗等，都会影响硬件终端设备的正常工作。尤其是涉及信息安全的考虑，电子计算机及其输入、输出或外存储器等外部设备在进行信息数据处理时常常产生电磁泄漏或电磁辐射，而互联网络中信息传输又具有多样性和广泛性，因此极有可能造成信息数据的泄露。例如，目前有些先进的硬件终端设备可以在一公里之外的距离搜集和区分电子计算机工作站发出的电磁辐射信号。

硬件终端设备的安全问题主要涉及对电子计算机等终端设备以及其他多媒体设施在遭遇到自然灾害、有害气体和其他环境事故（如电磁污染等）的侵害时的防护，保证单个设备、机房或其他现代信息技术应用场地的安全等等。

影响硬件终端设备安全的主要因素包括各种自然灾害（如地震、火灾和洪水等）以及硬件终端设备故障（如硬盘损坏、设备使用年限到期、外力破损和停电断电等）导致的安全问题；电磁辐射；由于人为的错误操作（如删除文件、格式化硬盘和线路拆除等）以及各种新型电子化犯罪所导致的安全问题。

【新闻链接】2013 年或现猛烈太阳风暴 严重影响全球通讯①

世界顶级科学家发出警告，太阳风暴在未来两年达到峰值时，将会对人类科技造成“破坏性影响”；美国国家海洋与大气管理局副局长凯瑟琳·苏利文表示，届时太阳风暴对卫星通讯、导航系统和传真设备等重要设施造成的威胁会升级。它释放的粒子能使脆弱的电脑线路暂时失灵，或者被永久性摧毁。

苏利文博士是美国宇航局前宇航员，1984 年成为进入太空的第一位女性。2011 年 5 月 17 日，她在日内瓦举行的联合国气候会议上说：“这并不是它是否会发生的问题，而是什么时候大规模太阳风暴会袭击我们的地球。”事实上，苏利文并不是唯一警告太阳风暴会对人类构成重大威胁的专家。2011 年 2 月，很多天文学家发出警告说，现在人类比以往任何时候都更易受到太阳活动的影响，因此，地球应该做好应对一场“卡特里娜”飓风级别的全球性自然灾害的准备。

如果大规模太阳活动爆发，它释放的大量辐射波和带电粒子波会摧毁用于同步电脑、空中导航和手机网络的卫星系统。专家对美国科学促进会说，要是这场风暴非常猛烈，它甚至会对股票市场产生影响，导致电力供应中断数周或数月。由于太阳正在进入为期 11 ~ 12 年的自然周期中的最活跃阶段，因此，来自太空的破坏的可能性变得越来越大。2011 年 2 月人们体验了太阳的超强爆炸能力，这是 5 年来最强的太阳爆发，它喷出的大量带电等离子体以每秒 580 英里（933.42 公里）的速度向地球驶来。这次太阳风暴产生蔚为壮观的极光，对无线电通信产生干扰。

太阳风暴是由大规模的太阳爆炸造成的。爆炸释放的大量 X 射线和紫外线波会在几分钟内抵达地球，对无线电信号产生干扰，破坏卫星的电子仪器。10 ~ 20 分钟后，随之而来的是高能粒子爆，它对卫星造成的危害更大。15 ~ 30 小时后，超动力等离子体将会撞上地球磁场。等离子体产生极光，会导致

① 资料来源：作者：秋凌，载于新浪科技，tech. sina. com. cn，2011 年 5 月 20 日。

输电线和电缆里产生电流。太阳活动周期平均大约是11年。上次太阳峰值发生在2001年，那次太阳的活动性相对较弱，而且持续时间较长。

太空风暴并非什么新鲜事。1859年英国天文学家理查德·卡林顿记录了第一次最大规模的太阳耀斑。最近几十年科学家一直在对其他太阳磁暴进行观测。美国宇航局称，1972年发生的一场大规模太阳耀斑中断了美国中西部州——伊利诺斯州的长途电脑（电话）通讯系统。美国宇航局表示，1989年发生的另一场耀斑引发地磁暴，对电力传输系统产生干扰，导致加拿大魁北克省的电力供应中断。

要解决现代信息技术发展和应用中的硬件终端设备安全问题，主要应该从硬件终端设备的使用环境、设备系统自身以及存储媒体介质等几个方面入手。首先，从外部环境来看，要防止水、火、有害气体、地震、雷击和静电等自然灾害，就必须让硬件终端设备具备灾前预警、灾中保护和灾后恢复等功能，并在机房、基站等特定区域采取红外扫描等电子监控和隔离保护等措施。其次，针对硬件终端设备自身的安全保障，要采取一定的防盗措施（如安装探测器、报警器甚至物理锁具）进行盗窃保障，使用特定的防止毁损的手段（如电路的接地保护、设备外壳强化等）抵御自然因素或人为因素的破坏，采用专用的探测和对抗设备或吸收材料来消除和防止内外部电磁波的干扰和数据信息的泄露，通过对硬件终端设备传输线路的监控来防止外界对信息传输的干扰和数据的非法截取，并且使用备用电源以及不间断电源来为硬件终端设备提供稳定的能源保障。最后，在硬件终端设备的存储媒体介质的安全保护方面，既要考虑到存储媒体介质自身的防盗防毁损方面的安全性以及在存储方面的性能稳定性，又要考虑到被存储的信息的安全保障。例如，在存储媒体介质上进行信息数据的安全删除和安全销毁，不但要保障其不被非法拷贝和非法盗用，又要确保此类存储介质能够实现信息数据的彻底销毁或媒体介质本身的物理粉碎。

10.1.3 软件系统和网络系统的安全问题

随着现代信息技术的发展及其普及应用，软件系统和网络系统也得到了迅猛的发展，在各行各业的应用中已经占据了相当重要的地位。各部门在选择现代信息技术的硬件终端设备时，不但要注意硬件本身的性能，还应该十分重视是否具有完善的软件系统进行支持，以及能否进行广泛的网络联接。否则，运算速度再快、性能再优越的硬件终端设备也只是信息时代的“废铁”一堆。

对于软件系统而言，由于当前软件系统的功能越来越强大，相应的开发规模也越来越大，开发成本也越来越高，它是诸多软件程序员集体智慧的结晶，其市场价值就应当受到市场的肯定。但是由于软件系统所具有的易复制、易传输的特点，因此导致盗版现象猖獗，严重损害了软件系统开发业的权益。基于这种状况，软件系统的安全保护问题逐渐引起了广泛重视，尤其是防止被非法复制和非法传输，以及防止被非授权用户进行非法阅读和修改。软件系统本身既要保证操作系统软件、数据库管理软件、网络联接软件、应用软件及相关资料的完整，实现对软件开发、保密测试、软件的修复与复制、口令加密与限制以及防动态跟踪等功能的要求；又要让诸多通过软件系统产生的数据信息能够完整、有效地被合法使用，不被破坏或泄露；还要让包括电源、环境、出入控制、存储介质与信息数据等在内的系统资源得到有效运行和管理。

影响软件系统安全的威胁性因素很多，例如非法破译信息、电子病毒入侵、电子化犯罪等等，要保障软件系统的安全，主要是通过制定相关法律法规加强管理，以及采取软件系统加密、数据库管理系统加密、软件防拷贝加密、防静态分析和防动态跟踪等技术性措施。例如，在软件系统开发中一般应该为可执行程序进行加密或压缩，使得非法用户无法直接修改程序，并在软件系统中嵌入反跟踪代码以增强安全性，也可以采用与硬件终端设备相关联的一机一码的注册码制度来对非法用户加以限制。软件系统的安全保障可以通过用户自主保护、系统审计保护、安全标记保护、结构化保护以及访问验证保护等形式来实现，具体包括用户口令、用户级别、操作权限等安全性保护规则，即从自主访问控制、身份鉴别和数据完整性控制等方面来实现软件系统的安全保护要求。

对于硬件终端设备之间的网络互联系统而言，随着通讯技术和网络联接技术的飞速发展，利用网络安全漏洞进行破坏和信息窃取的黑客技术也在变得越来越先进，而且也越来越容易被普通用户所获取和滥用，这就使得网络系统的安全防护问题愈发受到关注。虽然在理论上并不存在绝对安全的网络系统，但在网络系统的安全防范上，尤其是针对预防、抵御和恢复等方面已经取得了许多成效，例如入侵检测系统、防火墙、强制访问控制系统以及自动恢复系统等，共同构建了网络系统安全防护领域中多层次的安全防护措施。

随着互联网络的普及应用，安全问题日益成为影响网络系统效能的关键因素，网络系统所特有的开放性和自由性在给用户带来更多便利的同时，也对安全提出了更高的要求。网络系统的开放性特征，使得其所面临的侵害和攻击可能是来自多方面的，既有可能是来自硬件终端设备的传输线路，也有可能是由于通讯网络协议的漏洞而导致的；既有可能来自本国或本地区的网络用户，也有可能是来自全球范围任何一个国际互联网络的用户。而网络系统的自由性则意味着对于网络系统的使用者来说，并没有太多的法律或技术约束，网络系统在被访问以及信息发布过程中的自由度很高，这也就给非授权访问、违法操作、盗用数据、破坏信息甚至是黑客攻击和电脑病毒传播等提供了可能。针对网络系统的安全问题，可以依靠技术化措施来加以解决，主要包括以下几种类型：通过实时的安全监控系统进行入侵检测；通过由硬件终端设备和软件系统共同构筑的防火墙进行风险隔离；通过链路、端点和节点加密和身份、消息认证技术以保护信息传输通道中的安全；通过对网络服务器以及网络传输中的数据信息进行扫描或监测限制电脑病毒和木马程序的传播和侵害；在网络系统中为关键数据信息进行自动存储和备份。

10.2 信息时代银行业务的风险

10.2.1 信息时代银行业务的内外部攻击风险

银行是推动现代信息技术发展和普及应用的重要部门，大量的高新技术成为银行业务的载体，尤其是电子计算机、通讯和网络技术的发展及应用，使得银行产品和服务正在发生日新月异的变革和创新。在现代信息技术的支持下，银行业务活动的领域逐渐扩大，银行产品和服务的技术含量不断提高，银行的核心竞争力也在快速提升。但是在银行业务自动化、智能化、集成化、网络化的同时，银行业务风险也在发生着改变，尤其是现代信息技术所带来的决策风险、管理风险、操作风险等新型风险正在快速上升，与高新技术有关的银行业务风险已经成为银行损失的重要源头之一。信息时代的新型银行风险主要表现为内部欺诈、外部攻击、操作失误、管理不当、软硬件系统故障等方面。

在现代信息技术广泛应用于银行业务领域之后，利用银行内部的电子计算机等终端设备来进行犯罪的案件逐渐增多，主要涉及银行内部操作、审核、系统管理等环节的工作人员，这就是银行业务的内部欺诈风险。这种利用现代信息技术进行的内部攻击往往会给银行造成毁灭性的打击，因为这种内部欺诈风险的实施者本身就是对银行业务流程、软硬件应用系统、网络联接架构以及资金账务管理等非常熟悉的银行内部员工，其攻击成功率和损害程度都大为提高。内部欺诈风险主要的表现形式有以下类型：银行工作人员未经授权非法访问银行客户的私人账户或银行数据库系统，窃取、泄露或篡改客户信息或者是银行数据库系统的信息，造成银行客户的经济损失或干扰银行正常的业务运作；银行内部人员利用管理漏洞，在软硬件系统中放置电脑病毒，造成银行的信息技术系统瘫痪；银行职员利用技术漏洞破解银行密钥系统，从而窃取客户账户或银行的资金和信息；银行员工利用 ATM 机等硬件终端设备的缺陷或电力系统的故障，进行现金盗窃等。

【新闻链接】取保候审仍疯狂作案 银行员工盗用客户信用卡套现[①]

银行职员本应该为客户做好服务，可是刘××却借职务之便多次盗用客户的信用卡购物套现。从安庆警方获悉，涉嫌信用卡诈骗的银行“内鬼”刘××已被警方提请逮捕。

2010 年 7 月初，家住安庆市宜秀区迎春花苑小区的李先生经熟人介绍，在当地某银行工作人员刘××处申办了一张信用卡。7 月 20 日，银行通知信用卡已寄出。但是，李先生不但没有收到信用卡，而且还收到银行的短信，告知他的信用卡在安庆消费了 5 000 元。于是，李先生找到办卡人刘××询问，刘××却称没收到卡。

事后，李先生越想越觉得不对劲，于是在 8 月 9 日上午来到安庆市公安局宜秀分局刑警二中队报案。民警经过核实，发现李先生申请的信用卡确已寄出，而且已经开通并消费过。办案民警侦查发现，盗刷李先生信用卡的犯罪嫌疑人不是别人，正是替李先生办卡的刘××。

经调查，刘××原是芜湖一家银行信用卡管理中心驻安庆办事处的工作人员，因涉嫌另一起信用卡诈骗案正被安庆市菱北公安分局调查。7 月 25 日，也就是刘××被取保候审的第 4 天，他又借职务之便领取了李先生的信用卡，并利用办卡时记下的李先生的身份信息私自将信用卡激活。7 月 28 日，刘××持

① 资料来源：上海律师网，www.ch－lawyer.com，2010 年 9 月 11 日。

李先生的信用卡在安庆市一家烟酒店内刷卡消费5 000元，后又将所购物品变卖套现。

办案民警调查发现，刘××还曾借口为客户修改联系方式和注销信用卡，盗用多名客户的信用卡疯狂购物套现10 000余元。此类案例自从国内的信用卡出现以来已经不是第一起了。

随着现代信息技术在银行业务领域的日益普及，银行卡、电话银行、网络用户、手机银行等利用现代信息设备和技术手段的自助银行系统的市场份额越来越大，逐渐取代了营业柜台等传统的有形业务渠道。但是与此同时，针对自助银行系统的外部攻击风险也愈演愈烈，高科技、高智能的违法犯罪活动层出不穷。外部攻击风险包括以下具体形式：利用金融系统软硬件功能上的缺陷，通过电子计算机等终端以及互联网络进行的黑客攻击；利用网络接入设备非法进入金融系统专用网络，窃取信息数据或破解密钥系统，进行非法数据操纵控制；在社会公众互联网络上制作和发布虚假、假冒的银行网站，骗取网络银行客户的信任，非法窃取信息和资金；某些承担电子银行外包业务的机构管理不善，导致软件应用系统出现漏洞，导致银行数据库信息被窃取；不法分子伪造、复制或篡改银行卡等电子货币载体，给银行及其客户造成经济损失等。

10.2.2 信息时代银行业务的技术风险

随着现代信息技术在银行中的普及应用，银行业务活动中面临的技术风险也在快速增加。从技术角度来看，这种风险来自通过现代信息技术的手段和途径进行的资金交易活动中对于数据信息的真实、可靠、保密等环节出现的问题。由于现代信息技术尤其是电子计算机以及互联网络等技术本身的隐秘性和脆弱性，使得银行在处理此类风险因素时障碍重重。例如，网络银行业务中的操作程序、应用程序以及数据信息通讯系统都是基于TCP/IP协议的，而TCP/IP协议本身的安全漏洞使得银行业务流程中存在着许多安全隐患。而且信息时代的银行由于与外界有着四通八达的互联网络联接，因此很容易遭受外界的犯罪分子或者是网络黑客的破坏和攻击，并且这种攻击的后果会在瞬间实现或在银行网络内部快速扩散，最终引起整个银行系统的危机。因此，伴随着现代信息技术发展和普及应用而产生的新型技术风险越来越引起银行业的重视。

信息时代银行业务的技术风险主要集中在电子计算机等硬件终端设备、通讯联接线缆、身份识别密钥系统、应用程序漏洞以及操作系统漏洞等方面。如电子计算机的硬盘、主机等很容易遭受水、火、雷电等自然因素的损害，也很容易被偷盗或损毁，其中的信息数据也很容易受到破坏。而联接电子计算机及其他终端设备的通讯线缆，在使用中不但会产生大量电磁波，也会占用一定的载波频率，很容易被外界监视或侦听，导致信息数据在传输过程中出现泄露。身份识别是对操作者权限进行逻辑判断的密钥系统，主要通过账号与口令之间的搭配来实现。如果没有良好的身份识别密钥系统，银行业务中的保密性就无从谈起，但是现实中并不存在不能破解的密钥系统，因此，电子化的银行业务运作中一直存在着安全隐患。在银行应用程序和操作系统中存在着许多来自源代码的安全漏洞，这给了不法分子以及网络黑客以可乘之机，他们通过木马病毒等破坏性极强的程序来攻击这些漏洞，侵犯银行客户的隐私，破坏整个银行系统的安全。不法分子通过共享的信息资源窃取银行及其客户的信息数据，偷窃资金或贩卖核心机密以牟取非法利益；或者通过国际互联网络诱骗银行客户，获得其账号、密码，窃取和转移客户的资金等。此类技术性风险的特点在于隐蔽性强，实施成本低，破坏力强，难以识别和举证，现在已经逐渐成为信息时代银行业务活动领域的主要风险之一。

10.2.3 信息时代银行业务的经营管理风险

随着现代信息技术在银行业务中的推广，银行采用了大量的银行卡、ATM机、POS机等电子化、自动化的设备，而与此同时，针对此类载体或机具的诈骗或犯罪活动明显增多，如果银行没有对其客户履行到应尽的提醒义务和采取必要的防范措施，则会给客户造成经济损失，也会为银行的业务运行带来不必要的麻烦。例如，犯罪分子利用银行管理上的漏洞，以ATM机所属银行的名义，张贴虚假告示，诱骗银行客户将自己银行卡中的资金转移到犯罪分子开立的账户中；或者是损坏ATM机密码防泄罩、插卡口等部件，非法安装盗密器、读卡器、摄像头、外接吞卡装置等，盗取银行客户的资料信息和资金。此类针对银行的高科技案件林林总总，不一而足，但都是利用了现代信息技术的先进手段和银行自身的管理漏洞，不但让银行客户受到了损失，而且对银行自身业务安全造成了侵犯。

【小知识】ATM机主要犯罪手段及防范措施[①]

针对近期在部分地区发生的与ATM机有关的犯罪案件，结合早前发布的相关风险提示信息，中国银监会再次提示广大金融消费者在进入自助银行、使用自助机具（主要是ATM机）时应提高警惕，避免以任何方式泄露个人安全信息或向不明账户转款。

1. 主要犯罪手段。

(1) 安装特殊装置盗取银行卡信息。不法分子除通过在自助银行门禁系统、自助设备上安装摄像头、假键盘、录音机等特殊装置盗录持卡人银行卡卡号、密码等安全信息外，还利用测录机等设备盗取客户磁卡上的磁道信息，再利用盗取的信息制作伪卡后大肆消费、取现，给持卡人和发卡银行造成重大经济损失。

(2) 制造吞卡、不出钞等假象。不法分子先将自制装置放入ATM机读卡器内制造“吞卡”假象，或是在ATM机出钞口设障，使ATM机吐钞不成功，同时在ATM机旁粘贴假冒的“客户服务投诉热线”，引诱持卡人向所谓的“银行员工”或“公安人员”透露卡号、密码等安全信息，或直接把资金转移到其指定的账户上。经查，目前不法分子的诈骗手段又有升级，出现了将真实银行客户服务电话号码嵌入小灵通号码，伪装银行客户服务热线的新手法，较之早前的手法更具隐蔽性和欺骗性。

(3) 张贴虚假告示。不法分子冒充ATM机管理单位，在ATM机上张贴紧急通知或公告（如“银行系统升级”、“银行程序调试”等），要求持卡人将自己银行卡的资金通过ATM机转账到指定账户上，盗取持卡人存款。

(4) 分散持卡人注意力，对卡片进行调包。在此类案件中，不法分子通常结伙作案，在持卡人进行ATM机操作过程中，采取假装提醒持卡人遗落钱物、询问ATM机使用方法、故意推撞持卡人等方式干扰持卡人的正常操作，转移其视线后在卡口插上假冒的同类银行卡，使持卡人误以为自己的银行卡被ATM机退出。持卡人为防盗抢，慌乱中没有认真鉴别卡片真伪即离开，犯罪分子利用留在机具内的真卡，继续进行取款、修改密码甚至取卡后到商场消费等操作，使持卡人蒙受损失。

---

① 资料来源：中国银监会公共教育服务网，www.cbrc.gov.cn，2007年6月5日。

2. 主要防范措施。

(1) 不法分子通常利用银行下班后时间作案，因此持卡人在银行下班后，尤其是在夜间或凌晨进入自助银行使用ATM机时应格外提高警惕，观察周围有无尾随、偷窥等可疑情况。

(2) 通过自助银行门禁系统时不要输入密码。进入自助银行服务区通常需要在自动门上刷卡（借记卡或信用卡）开门，但不需要密码。持卡人如遇要求输入密码方可进入时，应及时报警。

(3) 各商业银行已加强对自助服务设备的日常检查，在此特提醒持卡人提高安全防护意识，在使用自助设备前，应先观察自助设备上有无可疑的附加装置。

(4) 注意银行通过网点、网站、媒体、ATM机屏幕等正常渠道公布的统一客户服务电话，一旦有吞钞、吞卡等不正常事件发生，不要急于离开自助设备，也不要轻易相信来历不明的电话号码，而应拨打设备所属银行统一客户服务电话寻求帮助。

(5) 切记：任何情况下，银行职员或警方都不会要求持卡人提供银行卡密码或向来历不明的账户转款，如果遇此类要求，首先应怀疑其身份的真实性，并及时通过正规渠道报警。

(6) 随时注意周围情况，如遇有人故意以各种理由靠近或制造事端分散自己的注意力时，应要求其与自己保持一定的距离，在输入密码过程中注意用身体遮挡键盘。若中途有被干扰的情况，持卡人在完成所有操作环节后，应仔细核对取回的银行卡，确认没有被人趁乱调包。

(7) 现在通常银行都会在ATM机交易凭条上将部分卡号隐去。如果遇有未将卡号隐去的情况，请注意妥善处理，不要把交易凭条随意丢弃，尤其不要丢在自助设备旁。

(8) 牢记发卡银行的统一客户服务电话，并尽量开通账户变动短信提醒服务，第一时间了解自己账户金额变动情况。一旦怀疑自己的银行卡信息或资金被盗用，应立刻联系发卡银行查询账户余额、办理止付或将卡内资金转移到属于自己的其他账户中。

在信息时代的银行业务运作过程中，由于银行自身经营方式或管理水平的局限而导致的经营风险也层出不穷。例如，银行由于管理上的疏忽，或者是无意中将银行客户的资金交易信息泄露出去，或者是被银行内外部的不法分子窃取了客户的资料信息，这些都将引起银行经营管理中的纠纷，蒙受经济损失。在面对信息时代金融需求的飞速变化时，银行不断推出新的银行产品和服务，但由于创新频率过快，产品设计中不可避免地存在着较多缺陷，例如，为电子银行、手机银行、网络银行等业务设置的密钥口令系统太过简单，保障功能不足，使得不法分子有机可乘；或者是新型银行产品或服务的功能设置过于简单，不能满足银行客户的需求，也无法实现银行信息搜集、反馈等要求；在自助式业务流程中没有提供自动纠错保护功能，没有信息存储和反馈功能，导致银行客户无法进行既往信息查询或资金交易失误等等。

信息时代越来越多的银行业务正在转变成为电子化的无纸交易形式，银行及其客户之间的交易频率和交易量也不断加大，银行产品和服务的类型也越来越纷繁复杂，不论是基于银行客户自己的过失，还是银行技术或管理上的漏洞，都会引起相关法律纠纷。但信息时代银行业的相关法律规章制度尚不完善，无法跟上快速发展的银行业务创新的步伐，尤其是有关电子类银行产品和服务、电子签名、业务流程管理等方面的法规及制度规定的不完善，都会给银行业务运作造成巨大的经营风险。

随着现代信息技术在银行业务中应用的增多，银行管理也更加复杂，既包括传统的业务流程的管理，也有新型的软硬件系统的管理。例如，由于银行客户在 ATM 机、POS 机等自助终端设备上的操作失误或是银行软硬件技术缺陷，造成存取款等业务活动的失败或错误，不但可能引起法律纠纷和经济损失，而且会给银行带来非常恶劣的影响。

在系统管理中最为常见的风险出现于软硬件系统更新时，例如世纪之交的“千年虫”问题等，其间可能出现信息数据丢失或数据变更，也可能会给内外部攻击提供漏洞，这不但会给客户造成损失，而且银行也难逃法律纠纷和经济赔偿。而软硬件系统的瘫痪等故障问题，也是信息时代管理风险的主要因素。在现代信息技术在银行推广应用的初期，银行经常会因为停电、太阳黑子爆发、电子计算机联网系统死机、不间断电源 UPS 失灵、通讯线路阻塞等原因导致系统故障而出现停业或数据错误等管理风险。

电子计算机病毒和网络黑客攻击是造成银行业务管理风险的另一大主要因素。电子计算机病毒可能会破坏软硬件系统的运行环境，也可能非法窃取和篡改信息数据，有的甚至还能够直接破坏硬件终端设备，如 20 世纪 90 年代末在全球泛滥的 CIH 病毒。

【小知识】CIH 病毒简介[①]

CIH（英语又表示为 Chernobyl 或 Spacefiller）是一种电脑病毒，其名称源自它的作者，当时仍然是台湾大同工学院（现大同大学）学生陈盈豪的名字拼音或注音（Chen Ing - hau）缩写。它被认为是最有害的广泛传播的病毒之一，会破坏用户系统上的全部信息，在某些情况下，会重写系统的 BIOS。因为 CIH 病毒的 1.2 版和 1.3 版发作日期为 4 月 26 日（第 1 版本病毒创造出来的时间），正好是前苏联（位于今日乌克兰）核电厂灾害“切尔诺贝利核事故”的纪念日，故曾被认为病毒作者撰写动机和切尔诺贝利事件有关，因此，CIH 病毒也被称作“切尔诺贝利（Chernobyl）病毒”。

CIH 以可移植可执行文件格式在 Windows 95、Windows 98 和 Windows ME 上传播。CIH 不会在 Windows NT、Windows 2000、Windows XP、Windows Vista、Windows 2008 或者 Windows 7 上传播。

由于 CIH 会感染可执行文件，它会占据一般的可执行文件空余的位置。因此，CIH 又有一个绰号叫“空间填充者（Spacefiller）”。这个病毒大小不到 1KB，但是文件不会增大。它使用从处理器 Ring 3 到 Ring 0 跳转的方法触发系统调用。

CIH 会感染 Windows 的 PE（Portable Executable）可执行文件，并且把它不到 1KB（1024 bytes）的代码切割成数个部分，分别写入 PE 可执行文件中各个区段所尚未填满的地方。因此，被感染的可执行文件大小并不会增加，也因此有另外一个绰号，叫作“空间填充者”（Spacefiller）。因为 Windows 95、Windows 98、Windows ME 等这些非 Windows NT 的核心，存在有处理结构化例外处理（SEH，Structured Exception Handling）的问题，以及 Windows 95/98/ME 没有保护中断描述表（IDT，Interrupt Description Table）的机制（正确保护模式下的应用程序无权更改，Windows NT 系列则有保护，因此病毒无法顺利运行），CPU 会用最高的权限 Ring 0 直接去运行这个 SEH 所指向的代码。一开始病毒被运行后，会置换掉原本程序或 Windows 默认的 SEH 地址，通过触发程序异常中断而让 CPU 切换回 Ring 0 模式去运行这部分 CIH 所设计的程序，顺利取得 Ring 0 权限。由于 CPU 处在 Ring 0 模式下，CIH 可以任意地访问 Windows

① 资料来源：维基百科，zh. wikipedia. org。

内核部分和系统API的挂钩，进而继续感染其他文件，或是发作时候对硬件做些直接I/O动作。

CIH发作时是非常危险的。首先，病毒会在硬件和软件中从第0扇区开始写入0数据。这样经常删除了分区表的内容，将有可能死机。其次，它也会尝试将垃圾信息写入Flash BIOS。如果保护跳线是关闭的，这一过程会在基于Intel 430TX芯片组的机器上起作用，上述芯片组将允许电脑程序刷写Flash BIOS。

对于第一种情况，如果数据很重要，可以将硬盘交给一些专业恢复数据的公司，将有可能使数据恢复；或者在某些情况下，可以使用Fix CIH，一个由史蒂夫·吉布森编写的免费软件。否则，必须运行FDISK重新划分分区。当第二种情况发生时，电脑将无法启动，需要请技术人员重写或更换Flash BIOS芯片。

随着现代信息技术的发展以及国际互联网络的普及，这些电子计算机病毒的技术手段、破坏能力和传播速度也在与日俱增，其危害性也在不断增大。面对如此汹涌的电子计算机病毒浪潮，银行业的信息技术软硬件系统也难以独善其身，尤其是在互联网络普及的信息时代，针对网络银行业务的电子计算机病毒以及网络黑客攻击也越来越多，网络银行用户的账户、密码、交易数据等信息经常被不法分子窃取和利用。

由于软硬件系统在现代银行业务中发挥着不可或缺的重要作用，在遭遇到火灾、水灾、地震、雷暴等恶劣自然灾害时，银行的信息系统管理风险也随之加大，而且由此类自然因素导致的管理风险更难预测，突发性强，往往遭受诸如通讯线路中断、软硬件系统停止运行、银行业务暂停等毁灭性的打击，而且还有可能引发恶劣的社会影响。

10.3 信息时代的银行风险管理

10.3.1 现代信息技术与银行风险管理

现代信息技术推动了银行业的发展，但是始终处于开放状态的现代信息技术也为银行业务制造了大量的安全漏洞，再加上银行业务自身的虚拟性特征，使得银行业务风险的扩散速度更快、影响范围更大，信息时代的银行体系显得更加脆弱。而且，高速发展中的现代信息技术也不可能是完美无缺的，这些安全漏洞和风险隐患给了不法分子和网络黑客以可乘之机。银行业由于自身经营特征，特定的经营对象——货币以及特定的经营形式——资金交易，使之成为犯罪分子们的首选攻击目标之一；而且在电子化、网络化的进程中，银行业务涉及的领域不断扩大，在互联网络中共享互通的信息数据变化频繁，既给不法分子创造了窃取和篡改的条件，也增加了风险管理的难度。处于开放体系中的银行极易受到外界侵扰，不但给银行资金安全带来危害，也妨碍了民众生活和金融秩序，甚至影响了社会稳定。

现代信息技术的发展及其普及应用，对于银行的业务经营和风险管理而言，是一把双刃剑。银行既可以利用各种最先进的信息技术手段，开发出与传统银行业务相关的软硬件系统，规范业务流程和风险管理，提高业务处理速度，实现业务流程的电子化、集成化、自动化、网络化和智能化，也可以利用现代信息技术，实施银行业务流程重构，将决策、经营、管理等环节结合起来，充分搜集、整理、分析和存储客户信息及市场信息，在行内和业内形成完备共享的数据信息库系统，为银行业的风险管理提供更加丰富的风险预警机制。在现代信息技术的帮助下，银行风险管理模式逐渐从事后损失处理转变为事前风险防范，利用电子计算机及其互联网络进行相关业务数据和风险信息的搜集和整理，通过以数学模型和数理统计为原理编制的软件系统对这些数据信息进行研究和分析，建立起银行的内部信息化管理系统和平台，为银行经营管理的决策提供了更加科学的依据，也提高了银行经营管理的水平和效率，降低了银行经营管理中的风险，提高了银行的核心竞争力。

银行要有效地进行风险管理，首先必须准确地识别和度量这些风险，尤其是由现代信息技术所带来的复杂的新型风险，因此，银行一定要掌握更加先进的风险管理技术。也正是在现代信息技术的帮助下，金融风险管理技术如虎添翼，相关的软硬件技术都在飞速发展，银行等金融机构也取得了良好的风险管理成效。例如，银行借助信息搜集和处理系统，使得搜集、处理和存储动态的客户信息及巨量的市场信息成为可能，银行也能够依据计量模型来对客户和市场的风险状况进行识别和度量，逐渐将风险管理模式从传统的以经验为主转变成为更为科学的方式，能够依据客观现实制定更加准确和具体的风险管理措施，实现有效的风险管理。

【小知识】VAR模型简介①

商业银行利率风险的基本度量：VAR 模型根据商业银行风险管理的程序，首先必须对利率风险进行识别。在正确识别各种利率风险后，还需要准确地测量银行所面临的利率风险程度，对利率风险数量化。对商业银行的利率风险进行量化分析是商业银行进行有效利率风险管理的前提。VAR 风险价值分析是常见的方法。在正常的市场环境下，给定一定的时间区间和置信度水平，可通过 VAR 测试预期最大的损失。这种方法是建立在可靠的科学基础之上，为人们提供一种关于市场风险的综合性度量方法。因为其概念好理解，便于操作，VAR 已经成为西方一些商业银行最重要的风险衡量方法之一。

VAR 按字面解释就是“在险价值”，其含义指：在市场正常波动下，某一金融资产或证券组合的最大可能损失。更为确切的是指，在一定概率水平（置信度）下，某一金融资产或证券组合价值在未来特定时期内的最大可能损失。

VAR 用公式表示为：$P(\Delta P\Delta t \leqslant VAR) = a$，字母含义如下：

P——资产价值损失小于可能损失上限的概率，即英文的 Probability；

ΔP——某一金融资产在一定持有期 Δt 的价值损失额；

VAR——给定置信水平 a 下的在险价值，即可能的损失上限；

a——给定的置信水平。

VAR 从统计意义上讲，本身是个数字，是指面临“正常”的市场波动时“处于风险状态的价值”，即在给定的置信水平和一定的持有期限内，预期的最大损失量（可以是绝对值，也可以是相对值）。

例如，某一投资公司持有的证券组合在未来 24 小时内，置信度为 95%，在证券市场正常波动的情况下，VAR 值为 520 万元，其含义是指：该公司的证券组合在 1 天内（24 小时），由于市场价格变化而带来的最大损失超过 520 万元的概率为 5%，平均 20 个交易日才可能出现一次这种情况。或者说有 95% 的把握判断该投资公司在下一个交易日内的损失在 250 万元以内。5% 的几率反映了金融资产管理者的风险厌恶程度，可根据不同的投资者对风险的偏好程度和承受能力来确定。由上述定义可知，要确定一个金融机构或资产组合

① 资料来源：海威：“基于 VAR 模型的商业银行利率风险管理研究”，载于《金融经济（理论版）》2010 年第 10 期。

的 VAR 值或建立 VAR 的模型，必须首先确定以下三个系数：一是持有期间的长短；二是置信区间的大小；三是观察期间。

1. 持有期。持有期△t，即确定计算在哪一段时间内持有资产的最大损失值，也就是明确风险管理者关心资产在 1 天内、1 周内还是 1 个月内的风险价值。持有期的选择应依据所持有资产的特点来确定。比如对于一些流动性很强的交易头寸，往往需以每日为周期计算风险收益和 VAR 值，如 G30 小组在 1993 年的衍生产品的实践和规则中，就建议对场外 OTC 衍生工具以每日为周期计算其 VAR，而对一些期限较长的头寸，如养老基金和其他投资基金，则可以以每月为周期。

从银行总体的风险管理看，持有期长短的选择取决于资产组合调整的频度及进行相应头寸清算的可能速率。巴塞尔委员会在这方面采取了比较保守和稳健的姿态，要求银行以两周即 10 个营业日为持有期限。

2. 置信水平 α。一般来说，对置信区间的选择在一定程度上反映了金融机构对风险的不同偏好。选择较大的置信水平意味着其对风险比较厌恶，希望能得到把握性较大的预测结果，希望模型对于极端事件的预测准确性较高。根据各自的风险偏好不同，选择的置信区间也各不相同。比如 J. P. Morgan 与美洲银行选择 95%，花旗银行选择 95.4%，大通曼哈顿选择 97.5%，Bankers Trust 选择 99%。作为金融监管部门的巴塞尔委员会则要求采用 99% 的置信区间，这与其稳健的风格是一致的。

3. 观察期间。观察期间是对给定持有期限的回报的波动性和关联性考察的整体时间长度，是整个数据选取的时间范围，有时又被称为“数据窗口”。例如选择对某资产组合在未来 6 个月或是 1 年的观察期间内，考察其每周回报率的波动性（风险）。

这种选择要在历史数据的可能性和市场发生结构性变化的危险之间进行权衡。为克服商业循环等周期性变化的影响，历史数据越长越好，但是时间越长，收购兼并等市场结构性变化的可能性越大，历史数据因而越难以反映现实和未来的情况。巴塞尔银行监管委员会目前要求的观察期间为 1 年。

现代银行要加强风险管理，就必须从提高对数据信息的搜集和处理的能力入手。面对海量的业务数据和信息，只有借助现代信息技术手段和先进的风险管理技术，以定性和定量相结合的方法才能系统性地衡量和管理银行业务风险。银行将信息数据库系统与风险管理系统整合在一起，基于资产组合中的收益和风险相关性的原理，利用先进的风险计量和风险管理软件系统，来开展风险转移和风险对冲等新型的动态风险管理活动。

10.3.2 信息时代银行技术风险管理

从技术角度来看，银行技术风险管理主要涉及电子计算机等硬件系统、操作系统和应用软件等软件系统、互联网络系统等方面，其目标是保护银行的电子计算机等硬件系统不因偶然或是故意的因素而招致破坏、窃取或更换，保护软件系统和互联网络系统中的信息数据不被非法查阅、泄露或篡改，即保护信息数据的完整性、保密性、一致性，让银行客户能够及时、准确、安全地享受到银行产品和服务，并将相关信息反馈给银行。

针对信息时代的银行来说，现代信息技术既是银行发展的依托，也应该成为银行安全运行的保障，因此，技术风险管理更应该引起银行的高度重视。第一，针对与现代信息技术应用有关的基础设施，如机房、基站等，要保证其可靠性、牢固性、可修复性，使之能够抵御诸如爆炸、火烧或其他直接损害之类的物理破坏，也要保证在出现灾难性结果后能够迅速实现恢复重建。

第二，银行应该明确自身的技术安全要求，有针对性地进行技术风险管理，了解和掌握银行内外部技术领域的安全边界，尤其要确保信息数据库系统的安全，在行内建立统一的银行客户身份识别和身份管理系统，并在内外部之间及各部门之间设置不同权限等级的访问控制系统，确保在互联网络中进行信息数据传输的完整、保密和一致，并结合经营管理和行政管理制度建立完善的审计、备案机制。

第三，银行技术风险管理的重点在于以下方面：研制和开发风险评估、风险侦测、压力测试等软硬件系统，监测银行业务中有关信息技术领域的安全漏洞，并采取必要的措施加以防范、修补或挽救；为了防范和化解不法分子、网络黑客、电脑病毒等外部侵扰和攻击，研制和开发相应的银行客户身份识别以及数据加密的技术和工具；在银行业务流程中设置损失或危机隔离、灾难备份、资源重组、数据恢复等系统，以备在遭受攻击损失后的系统重建工作之需；明确划分各部门和各环节的技术权限和职责，从全行视角来建立技术风险监管体系。

第四，针对银行的互联网络系统的技术风险而言，互联网络的共享性既为合法用户提供了大量便利，也为不法分子提供了可乘之机，因此，在银行技术风险管理中要加强对外部攻击的防护，又要不断改善内部相关软硬件及网络系统的使用环境。在内外部网络联接中，可以采用必要的硬件终端设备，如网络安全隔离卡等，以物理隔离手段实现内部局域网与外部互联网络之间风险屏蔽的效果，也可以通过防火墙、通讯密钥等软件系统来进行内外部网络联接的安全保护。利用数据包过滤以及服务代理等功能，在不同的应用软件平台和信息数据库系统之间设置风险屏障。加强针对工作站、服务器等核心终端设备的访问控制、操作权限监测、安全防护检测，提高加密的强度以防止不法分子的入侵。

第五，银行技术风险管理可能会影响到信息化的银行业务的绩效。技术风险管理越完善，对技术应用的安全要求越高，就越有可能加大软硬件技术、通讯技术和互联网络技术的使用限制和难度，约束其应用范围和领域，现代银行在进行技术风险管理时，必须均衡考虑和判断技术上的安全性和使用上的效率性。

【新闻链接】央行用科技引领商业银行　提升金融服务水平①

随着银行卡使用的频度和广度不断增强和扩大，国际上各类银行卡犯罪案件也层出不穷，就我国而言，近年来银行卡欺诈事件的立案及涉案金额均呈上升趋势，特别是在一些国家和地区陆续完成芯片卡迁移后，一些伪卡欺诈活动逐渐向我国渗透，目前被普遍使用的银行磁条卡由于技术相对简单，确实存在易被复制和欺诈的风险隐患。最近从宁波全国金融IC卡工作会议上传出消息，中国人民银行将用科技引领商业银行进一步提升金融服务水平，大力推进金融IC卡应用，“十二五”期间银行卡全面进入换“芯”时代。

金融IC卡又被称为“芯片银行卡”，是以芯片作为介质的银行卡。相比磁条卡而言，芯片卡容量大，可以存储密钥、数字证书、指纹等信息，其工作原理类似于微型计算机，具备多种功能，为持卡人提供了一卡多用的便利。实际上，金融IC卡在国际上早已有之，是国际银行卡产业升级换代的标志性产品。

从1997年颁布PBOC 1.0标准至2010年颁布新版PBOC 2.0标准，经过10多年不懈的努力，我国的金融IC卡应用发生了历史性转变。特别是近

① 资料来源：作者：金耀文，载于《金融时报》2011年6月10日。

几年来，中国人民银行在全面审视国际金融IC卡普遍铺开、国内银行卡产业基本实现跨越式发展的背景下，按照国家“十二五”发展战略的引领，结合金融“十二五”发展规划、信息产业“十二五”发展规划，组织各商业银行和中国银联充分调研国内外金融IC卡和银行卡发展现状与趋势，分析我国金融IC卡工作开展的必要性和可行性，战略性地提出我国开展金融IC卡工作的整体计划与安排，并将其列为金融信息化和金融标准化“十二五”发展规划的重点内容。中国人民银行组织各金融机构先后制定了《中国金融集成电路（IC）卡规范》等24项银行卡业务、技术和服务标准，对于巩固银行卡联网规范，支持我国银行卡产业发展，满足人民群众用卡安全方便起到了重要作用。

与此同时，中国人民银行通过“制定标准、夯实基础、营造环境、搭建平台、试点引导”等多种方式，鼓励和引导商业银行推广金融IC卡，不断拓展金融IC卡的跨行业应用。2010年，银行卡跨行交易成功率达99%以上。2008年，中国人民银行批准宁波为全国首个金融IC卡应用试点城市，推动“一卡多用、一卡通用”，对金融IC卡应用于公共服务领域进行了成功探索。截至2011年3月底，国内已累计发行金融IC卡1 100余万张。目前已完成金融IC卡发卡系统、收单系统、全国性银行卡交易清算和转接系统、金融IC卡非对称根CA密钥中心等重要基础设施建设。全国主要商业银行金融IC卡发卡、受理、应用推广等工作已准备就绪。

更重要的是，中国人民银行依托IC卡这一科技创新，一方面引导、促进商业银行和其他金融机构有效地提升了金融服务质量和水平，提高了金融业核心竞争力，实现了金融便民惠民，更好地服务社会主义市场经济发展，让更多的人享受到高效、便利的贴心金融服务；另一方面也促进了央行履职能力和水平的进一步提高，提高了国家银行卡的整体风险防控能力，维护了金融稳定和社会稳定。

2011年3月《中国人民银行关于推进金融IC卡应用工作的意见》及5月《中国人民银行办公厅关于选择部分城市开展金融IC卡在公共服务领域中应用工作的通知》下发后，中国人民银行各分支机构和各家金融机构进一步加强了对金融IC卡工作的重视和领导，人、财、物快速集中，规划、制度、办法密集出台，金融IC卡工作明显加快，金融IC卡社会影响日益彰显，所有这些工作都为我国金融IC卡全面推广开了一个好头，形成了良好开局。

10.3.3 信息时代的银行监管

如果说银行风险管理对应的是安全性的内部控制，那么银行监管就是对应着外部风险管理的，抛开两者实施主体的内外差别不谈，内部风险管理和外部监管的目标是一致的，即银行运作的安全性和稳定性。内部风险管理的实施主体是银行自身，其安全性和稳定性目标是在保护银行客户合法利益的基础上，维系自身经营管理的安全和稳定；而外部监管的实施主体是政府的银行业主管部门，例如中国银行业监督管理委员会，其安全性和稳定性目标是在保护银行客户合法利益的基础上，维系银行业整体的安全和稳定，防止宏观经济运行遭受到银行体系崩溃的不良影响。银行业监管部门的主旨在于促进银行以安全和稳健的方式运营，帮助银行规避相关业务风险。如保护银行免于遭受存款挤兑或破产的威胁，避免银行倒闭的连锁效应，阻止银行体系的崩溃。银行监管的方法多为法律性和行政性的，包括制定银行资本和流动性的数量标准、资产质量标准等法律法规，勒令停业或关闭、免除负责人职务、要求进行资产重组等，这一方面可以引导银行的经营管理方向，另一方面也可以防止银行大范围破产等极端现象的出现，稳定社会公众对于银行业的信心。

20 世纪上半叶，在全球性经济大萧条和金融危机的影响下，西方各主要发达国家都实行了较为严格的银行监管制度，其监管目标主要在于维系银行业运营的稳定，创造公平竞争的市场环境，防止银行垄断和倒闭，确保货币政策的有效制定和实施等等。其中具体的监管措施包括对银行类金融机构设立、变更、终止以及设置分支机构等的监督管理，对资本金、从业人员资格、业务范围尤其是混业还是分业的监督管理，对业务活动尤其是涉及资金价格即利率的监督管理等等。从 20 世纪 70 年代以后，全球经济局势发生了剧烈的变化，例如石油危机带来的能源价格上升，布雷顿森林体系崩溃所带来的全球汇率重构，巨量资金全球流转带来的市场利率波动，全球性的高通货膨胀率与低经济增长率并行等等。为顺应全球经济环境的变化，金融业尤其是银行业也在发生着巨大的变革，现代信息技术在银行业中广泛应用，银行的产品和服务创新活动层出不穷，传统的银行业监管模式的矛盾和弊病逐渐显现出来并日趋激化。从 20 世纪 80 年代开始，商业银行为了满足自身生存和发展的要求，不断加大现代信息技术在业务领域的应用，由此而产生的银行产品和服务的创新化、竞争环境的复杂化以及金融活动的国际化等趋势都直接推动了银行监督管理体制的变革。

信息时代的银行监管变革举措主要包括以下具体内容：第一，放松了对存贷款利率的限制，改善银行经营环境，增强银行利用有利投资机会的能力，使银行在金融市场中处于更加公平的竞争地位。第二，打破了对金融业务领域的经营限制，推动了更加广泛和深入的金融竞争。在银行监管体制变革之前，银行等金融机构早已在现代信息技术的帮助下展开了许多实质性的金融交叉业务经营活动，银行监管法规的变化承认了这种混业经营的趋势，并进一步放开了在金融业务领域相互竞争的限制。尤其是银行业务与证券业务领域的相互融合趋势，在20世纪90年代以后得到了进一步加强，银行通过开展证券业务，不但扩大了经营范围，也增强了自身的竞争实力，推动了社会金融效率的提高。第三，各国金融监管部门为顺应金融活动的变化趋势，对金融监管机构和体制也做出了相应的改革，例如赋予各专业监管机构更多权限，构建各监管机构之间的协调合作机制，在全球开展金融监管合作等。第四，银行监管机构利用现代信息技术手段，加大了对银行过度风险投资的限制，加强了对银行风险资产的监管，采用了诸如资本充足率管制、非现场稽核、审慎性监管、存款保险以及银行破产等一系列的手段和方法，来监督和管理整个银行体系的风险性因素，为银行业的稳健运营提供保障。

从未来发展趋势看，信息时代银行服务的电子化、自动化、智能化、网络化等特征必将为银行监管带来更多更严峻的挑战，随着现代信息技术在银行业务领域的普及应用，派生出来的风险更加难以察觉、测量和控制，银行监管的难度在不断加大。因此，信息时代的银行监管必须在高新技术条件下全方位地展开，在银行产品和服务不断创新之际，尤其是高科技含量的金融产品层出不穷之时，银行监管机构必须配备相应的现代信息技术手段和工具，培育符合信息时代要求的高素质监管队伍，才能满足信息时代银行监管的要求。

参考文献

[1] 刘精诚，李祖德：《货币史话》[M]，北京：中国大百科全书出版社2000年版。

[2] 詹向阳：《商业银行营销实务》[M]，北京：中国金融出版社2000年版。

[3] 马丁·迈耶：《大银行家：电子时代的货币、信用与银行》[M]，何自云译，海口：海南出版社2000年版。

[4] 刁生富：《信息时代的中国现代化》[M]，广州：华南理工大学出版社2001年版。

[5] 贺培：《经济与金融体系中的支付系统》[M]，北京：中国财政经济出版社2001年版。

[6] 金光华等：《电子货币》[M]，上海：立信会计出版社2001年版。

[7] 王先玉，黄深厚，李燚：《现代商业银行组织管理与人才管理》[M]，北京：中国金融出版社2001年版。

[8] 周洛华：《信息时代的创新及其发展效应》[M]，上海：复旦大学出版社2001年版。

[9] [法] 让·里瓦尔着（Jean Rivoire）：《货币史》[M]，任婉筠，任驰译，北京：商务印书馆2001年版。

[10] [美] 戴维·H. 布泽尔（DavidH. Buzzell）：《银行信用卡》[M]，夏玉和译，北京：中国计划出版社2001年版。

[11] 叶乃沂，何耀琴，杨莉，王谦：《电子商务：信息时代的管理与战略》[M]，成都：西南交通大学出版社2002年版。

[12] [意] 马利齐奥·维琴齐尼：《货币史：便利的交换体

系》[M]，龚春雷译，成都：四川人民出版社2002年版。

[13] 蔡浩仪：《抉择：金融混业经营与监管》[M]，昆明：云南人民出版社2002年版。

[14] 肖怡：《信息时代商业企业管理变革与创新》[M]，广州：广东人民出版社2002年版。

[15] 尹龙：《网络金融理论初论：网络银行与电子货币的发展及其影响》[M]，成都：西南财经大学出版社2003年版。

[16] 中国银联战略发展部：《中国银行卡产业发展报告（2003）》[M]，上海：上海远东出版社2003年版。

[17] 万后芬：《金融营销学》[M]，北京：中国金融出版社2003年版。

[18] 周英，赵凡：《金融营销学导论》[M]，北京：中国金融出版社2003年版。

[19] 张卓其：《电子银行安全技术》[M]，北京：电子工业出版社2003年版。

[20] 张素华：《网络银行风险监管法律问题研究》[M]，武汉：武汉大学出版社2004年版。

[21] 张宽海：《高等院校电子商务本科系列教材——网上支付结算与电子商务》[M]，重庆：重庆大学出版社2004年版。

[22] [美] 斯蒂芬·哈格（Stephen Haag）：《信息时代的管理信息系统》[M]，严建援译，北京：机械工业出版社2004年版。

[23] 惠平：《金融创新与商业银行业务发展》[M]，西安：陕西科学技术出版社2005年版。

[24] 赵英，帅青红：《基于SET协议的电子支付系统及其应用》[M]，成都：电子科技大学出版社2005年版。

[25] 李宗怡：《中国银行安全网构建基础研究》[M]，北京：经济管理出版社2006年版。

[26] 邹亚生：《银行营销导论》[M]，北京：对外经济贸易大学出版社2006年版。

[27] 帅青红：《电子支付结算系统》[M]，成都：西南财经大学出版社2006年版。

[28] 王国刚，王国言：《全球视角下的金融混业现象：多维度透析》[M]，北京：人民出版社2006年版。

[29] 杨有振，王月光，段宏亮：《中国商业银行风险预警体系的构建》[M]，北京：经济科学出版社2006年版。

[30] 战松：《网络金融实务》[M]，成都：西南财经大学出版社2006年版。

[31] 马蔚华：《风险之本：商业银行风险管理理论与招商银行实践》[M]，北京：华夏出版社2007年版。

[32] 刘乃琦，谌黔燕：《生活在信息时代：信息技术发展》[M]，成都：电子科技大学出版社2007年版。

[33] 朴明根：《银行经营管理学》[M]，北京：清华大学出版社2007年版。

[34] 杨忠海：《金融混业经营与中国金融业的选择》[M]，黑龙江：黑龙江人民出版社2007年版。

[35] 翟立宏，陈颖，王胜邦：《面向IT专业的银行实务基础》[M]，成都：西南财经大学出版社2007年版。

[36] 赵林：《银行风险研究及信用社风险防范实务》[M]，武汉：长江出版社2007年版。

[37] 马蔚华：《银行卡业务营销技巧》[M]，北京：清华大学出版社2008年版。

[38] 牛少彰，崔宝江，李剑：《信息安全概论》[M]，北京：北京邮电大学出版社2008年版。

[39] 苏昌蕾：《银行卡业务处理》[M]，上海：华东师范大学出版社2009年版。

[40] 蒋丽君：《金融产品营销》[M]，大连：东北财经大学出版社2009年版。

[41] 帅青红：《银行信息系统管理概论》[M]，北京：中国金融出版社2010年版。

[42] 苏宁，许罗德：《中国银行卡产业发展研究报告2010》[M]，北京：中国金融出版社2010年版。

[43] 孙森：《网络银行》[M]，北京：中国金融出版社2010年版。

[44] 龚玉霞：“中国商业银行再造及创新研究”[D]，天津：天津大学，2005年。

[45] 惠平：“中国国有商业银行战略转型研究”[D]，厦门：厦门大学，

2006 年。

[46] 吉猛：“商业银行信息系统内部控制研究”[D]，上海：同济大学，2006 年。

[47] 王学斌：“银行卡市场研究：一个网络经济学视角”[D]，上海：复旦大学，2006 年。

[48] 何祺：“中国保险企业分业与混业经营模式研究”[D]，上海：上海交通大学，2007 年。

[49] 欧阳世伟：“中国大型商业银行经营模式的研究”[D]，北京：北京交通大学，2007 年。

[50] 欧阳勇：“网络时代银行中介功能研究”[D]，成都：西南财经大学，2007 年。

[51] 苏惠香：“网络经济技术创新与扩散效应研究”[D]，大连：东北财经大学，2007 年。

[52] 许春芳：“网络经济发展规律与网络信息商品和服务定价理论研究”[D]，长春：吉林大学，2007 年。

[53] 杨娥：“混业经营趋势下金融企业的边界选择”[D]，上海：上海社会科学院，2009 年。

[54] 杨剑：“权力、网络经济特征与财富分配”[D]，上海：上海社会科学院信息技术空间，2008 年。

[55] 赵刚：“商业银行信用卡业务信用风险管理研究”[D]，上海：华东师范大学，2007 年。

[56] 郑军：“信息技术对企业纵向边界的影响机制”[D]，山东：山东大学，2007 年。

[57] 周密：“我国商业银行金融创新系统的运作及其组织演化研究”[D]，南京：河海大学，2007 年。

[58] 李新力：“论信息时代的银行竞争方略”[J]，《新金融》2001 年第 8 期。

[59] 黄太斌：“浅析信息时代银行电子化的发展”[J]，《中国金融电脑》2001 年第 5 期。

[60] 李晓欣，吴俊峰：“信息时代银行业的变革和发展思路”[J]，《中国金融电脑》2002 年第 11 期。

[61] 杨丽华：“论国有商业银行的营销管理”[J]，《当代经济管理》

2003 年第 25 期。

［62］白山，黄飞鸣："信息时代银行业如何塑造竞合优势"［J］，《商业时代》2005 年第 35 期。

［63］陈静："我国银行业信息化发展若干趋势"［J］，《金融电子化》2009 年第 9 期。

［64］高廷民："差额清算业务回顾与发展前景分析"［J］，《金融电子化》2009 年第 3 期。

［65］宫霄峻："引领'环球金融'的技术革新"［J］，《金融电子化》2009 年第 3 期。

［66］焦德华，乌日娜："信息技术角色的转变——现代化银行发展之利器"［J］，《金融电子化》2009 年第 3 期。

［67］李明富，王宏："网银创新因定位而变"［J］，《金融电子化》2009 年第 4 期。

［68］李庆余："科技支撑网点转型向纵深推进"［J］，《金融电子化》2009 年第 2 期。

［69］倪亚飞："央行 ACS 模式探讨"［J］，《金融电子化》2009 年第 2 期。

［70］王嵩，李坚，隆永红，孙龙，卢小群，张永福："电子渠道闹'革命'［J］，《金融电子化》2009 年第 4 期。

［71］郑国中，潘镭："整合渠道推动网银服务生生不息"［J］，《金融电子化》2009 年第 4 期。

［72］周永汉："直接银行"促成业务新格局［J］，《金融电子化》2009 年第 4 期。

［73］朱晓阳："实现支付系统日间业务核对功能"［J］，《金融电子化》2009 年第 3 期。

［74］Murray Sargant："面对新生代客户银行如何成功实施转型"［J］，《金融电子化》2009 年第 3 期。

［75］Raymond Chan："下一代银行 IT 架构"［J］，《金融电子化》2009 年第 3 期。

［76］中国互联网络信息中心："中国互联网络发展状况统计报告"［R］，2007 年。

后　记

伴随着21世纪的到来，高科技与银行的结合更加紧密，银行服务体系也发生着剧烈的变革。为了总结信息化对银行业所带来的冲击，规划未来银行服务体系发展的方向，我们编写了《信息时代的银行服务》一书。

信息时代的商业银行服务体系已经完全不同于传统银行，现代商业银行信息化建设的最显著的标志就是构建了数据集中的技术平台，这不但为银行提供了一个以客户信息为中心的综合业务系统平台，而且也促成了银行内部统一的业务应用平台的搭建，银行服务正从“账务”中心向“客户”中心转变，银行内部组织机构也向着“扁平化”模式发展。利用信息化的手段，现代商业银行的服务模式向全天候、全方位发展，自助式服务，个人、家庭理财，跨国际金融服务等无实体的、多功能的全新银行服务方式不断涌现。

与其他行业相比，银行不但是最早实现信息化的行业，而且是信息化程度最高的行业之一，现代银行已经成为信息化革命的舞台。从当前针对银行业务的技术支撑来看，为商业银行开发的信息系统已经从原来满足单项业务处理需求的简单模式，逐渐发展成为对商业银行内部业务流程的整体重构，满足和推动了商业银行的信息化进程，并且在银行信息系统开发过程中已经出现了技术超前发展的趋势，这也为信息时代的商业银行服务体系未来的发展和创新提供了更加广阔的空间。

信息时代的银行技术架构和作业模式已经发生了改变，银行的管理理念、管理技术、管理知识以及工作流程也必将随之转变。根据信息时代的特征，我们在《信息时代的银行服务》一书中，对银行服务体系进行了全新的解读和阐释，对银行核心业务系统进行了全新的分类，将客户账务管理、客户信息管理、银行信息管理及银行账务管理等作为信息时代银行服务的核心，根据全新构建的系统框架对银行服务的业务流程进行了总结和分析。我们还讨论了信息时代的现代支付清算系统，信用卡和智能卡等新型银行产品，自动柜员机与网络银行等信息化银行渠道，并对传统银行服务与现代信息化银行服务进行比较。最后，还对信息时代银行业的未来发展方向进行了展望，对信息时代银行内部控制和外部监管模式进行了规划。信息时代的商业银行服务正在发生着巨大变化，我们希望通过《信息时代的银行服务》一书给读者以直观清晰的揭示和总结。

最后，感谢为《信息时代的银行服务》的编著工作提供资料和辅助的西南财经大学信托与理财研究所的叶林峰、杨溢、罗侦和李婧茹等研究员，感谢花旗集团基金会提供的支持和帮助。由于水平有限，本书难免存在着偏差和失误，敬请各界朋友斧正！让我们携起手来，共同促进中国金融信息教育事业更加健康地发展！

战　松

2011 年 7 月